111 GRÜNDE, WERDER BREMEN ZU LIEBEN

Nina Willborn & Thomas Andre

111 GRÜNDE, WERDER BREMEN ZU LIEBEN

Eine Liebeserklärung an den großartigsten Fußballverein der Welt

Aktualisierte und erweiterte Neuausgabe mit elf Bonusgründen

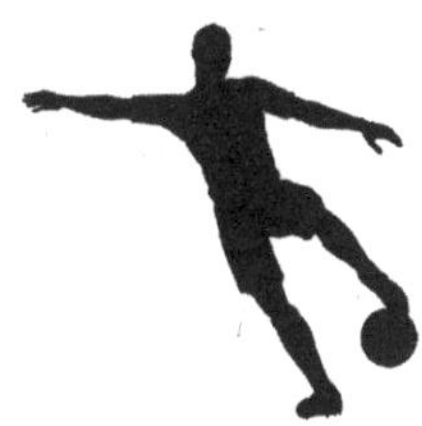

WIR SIND DER ZWÖLFTE MANN,
FUSSBALL IST UNSERE LIEBE!

INHALT

WERDER-LIEBE

Vorwort zur erweiterten Neuausgabe

In den vergangenen Jahren ist etwas in Bewegung geraten im Fußball. Sicher, viel Geld war schon immer im Spiel, das eben auch ein Geschäft ist. Die Scheichs, die Chinesen, die Brause-Ableger und die Volkswagens: Für einen Klub wie den SV Werder sind sie fast biblische Plagen oder, säkularer ausgedrückt, Repräsentanten eines ernsthaften Problems. Wir konkurrieren mit Vereinen, die an Gelddruckmaschinen angeschlossen sind. Vereinen, für die der Begriff »Wirtschaftlichkeit« eine andere Bedeutung hat als für ein solide rechnendes Unternehmen wie Werder Bremen.

Klingt ein wenig weinerlich? Und wenn schon. Tatsache ist, dass der Niedergang unseres Vereins nicht nur selbst verschuldet ist – bei Weitem nicht. Externe Faktoren kommen dazu, wenn ein auf internationale Auftritte abonnierter Klub mit einem Male Jahr für Jahr gegen den Abstieg kämpft. Aber wir wären keine Bremer, verharrten wir im Status des Anklägers. Die Dinge sind, wie sie sind, und es wäre ja noch schöner, stellten wir jetzt den Spielbetrieb ein.

Und es ist ja auch so, dass sich Werder Bremen von Zeit zu Zeit eben doch anschickt, einen gepflegten Ball zu spielen und die Konkurrenz mit Siegesserien oder überzeugenden Auftritten zu verblüffen. Im Frühjahr 2017 verlor Werder unter Trainer Alexander Nouri elf Spiele lang nicht und gewann von diesen Spielen sogar neun. Leider lief es aber schon ein paar Monate später mal wieder richtig schlecht, weil Werder es zu einiger Meisterschaft darin gebracht hat, sich immer die Hinrunde so richtig schön zu versauen. Auf Nouri folgte der nächste Trainer, der von Werders Zweiter hochgezogen wurde. Florian Kohfeldt wurde wegen seiner Vorgänger, der mehr oder weniger schnell entzauberten Übungsleiter Nouri und Skripnik, einige Skepsis entgegengebracht. Aber zum

Zeitpunkt der Niederschrift dieser Zeilen lässt sich sagen: Kohfeldt, das könnte tatsächlich einer sein, der die so dringend ersehnte Werder-Renaissance bewerkstelligt.

Aber machen wir uns nichts vor. Der Fußball allgemein braucht eine Wiedergeburt. Im ausgehenden zweiten Jahrzehnt des gar nicht mehr so neuen Jahrtausends sind wir müde geworden. Müde angesichts der Allgegenwart des Kommerzes und der Allmacht des Geldes, angesichts der verbrecherischen FIFA, der Korruption, der Aufsplitterungen der Spieltage, der Montagsspiele, der Serienmeisterschaften der Bayern, des Gehaltswahnsinns und der Dumpfheit der hochbezahlten Helden abseits des Platzes. Fußball ist der Sport, den wir so sehr lieben, aber er existiert schon lange auch in einer Version, die ganz schön scheiße ist.

Harte Worte? Wahre Worte.

Und es sagt ja eigentlich fast jeder. Und mit Sicherheit jeder, der nicht zufällig Fan der so wahnsinnig abgehobenen, im Grunde überhaupt nicht faszinierenden Hyperkapitalistenvereine Real Madrid, Manchester United oder Paris St. Germain ist. Die Champions League, das ewige Sehnsuchtsziel eines Vereins wie Werder Bremen, ist den Großklubs längst zu langweilig geworden. Es ist immer öfter die Rede von der europäischen Superliga. Möge sie dennoch nie kommen.

In Bremen behalfen wir uns in der Epoche des kolossalen Abgeschlagenseins mit den Techniken der Nostalgie. Also der Kunst, sich in die Vergangenheit zu versenken und dann erfrischt wieder aufzutauchen. Dank der bittersüßen Hinwendung ans Gestern können wir noch mal Titel und Triumphe feiern. Die Sehnsucht nach den alten Tagen stillen wir, indem wir uns die Aufnahmen anschauen: Wiese im Hamburger Stadion, April 2009. Micoud in München, 2004. Der Europokalsieg von 1992. Und doch mischt sich in diese nie ganz verblichenen Erinnerungen das Hier und Heute. Max Kruses 15 Saisontore 2016/2017, die sind jede Betrachtung wert.

Werder hat weiter gespielt, gekämpft, Aufgaben von wahrlich existenzieller Schwere gemeistert. Werder hat mit dem Rücken zur Wand gestanden, hat unsere Nerven strapaziert, hat auf luschige Auftritte wieder beinahe heldenhafte folgen lassen. Werder hat unter der Woche fast nicht mehr gespielt, was bei uns Kindern des Flutlichts mittlerweile zu Entzugserscheinungen führt. Werder hat dafür gesorgt, dass Stadt, Umland und Region vereint wie nie zuvor hinter einer Mannschaft standen. Werder hat mit uns, seinen Fans, in der Saison 2015/2016 den Klassenerhalt am letzten Spieltag wie einen Champions-League-Sieg gefeiert.

Wir haben uns einfach umprogrammiert: Wenn Werder nicht mehr um Titel spielt, sondern gegen den Abstieg, dann ist unten eben oben.

Es muss ein besonderer Verein sein, wenn die Anhänger so klaglos abhandengekommene Sieg-Gewissheiten akzeptieren und Heimspiel für Heimspiel aus dem Weserstadion einen Fußballtempel machen. Auch wenn dort Fußball nun schon länger nicht mehr ausschließlich zelebriert wird. Werder, das darf man sagen, ist größer als jede Delle in der Erfolgskurve. Und Werder wird auch wieder auferstehen, irgendwann. Vielleicht mit Investor, vielleicht ohne. Irgendwann werden sich die Großklubs eine Auszeit nehmen, irgendwann wird am Osterdeich wieder die Magie am Werk sein, die es braucht, wenn man den Etablierten ein Schnippchen schlagen will.

Der englische Klub Leicester City hat es 2016 vorgemacht, als er als Abstiegskandidat die Unverschämtheit besaß, die Bonzen von Manchester City, Chelsea FC und wie sie alle heißen, einfach mal komplett hinter sich zu lassen.

Wir hoffen einfach weiter, und wir setzen unsere Hoffnung in der Gegenwart des Sommers 2018 auf den neuen Trainer Florian Kohfeldt, der so begeisternd und klug über Fußball sprechen kann, und den Sportdirektor Frank Baumann, der tolle Spieler wir Jiri Pavlenka, Thomas Delaney und Ludwig Augustinsson an die Weser lotsen konnte.

Werder Bremen, der Riese von der Weser, wird ein phänomenaler Verein bleiben, in dem mit Liebe und Hingabe daran gearbeitet wird, Stadt und Fans stolz zu machen. Manchmal ist dabei ein in der 88. Spielminute des letzten Saisonspiels reingestocherter Siegtreffer viel mehr wert als der Fünferpack eines Starstürmers in einem Spitzenspiel.

Was so oder so gilt: Fußballfans sind zahlengeil, aber noch wichtiger als die numerische Fußballabstraktion ist doch ganz klar die gute Geschichte, oder? Der Fußball ist eine einzige große Erzählung, und eines seiner schönsten Kapitel schreibt selbstverständlich immer noch der ruhmreiche SVW. Werder Bremen ist eine richtig tolle Geschichte, eine mit Höhen und Tiefen, mit legendären Spielern, legendären Spielen und legendären Erfolgen, mit großartigen Anekdoten und frechen Sprüchen, überraschenden Wendepunkten und glanzvollen Epochen. Von alldem will dieses Büchlein erzählen: in jetzt nicht mehr 111, sondern sogar 122 kleinen Stücken, die am Ende ein großes Ganzes ergeben.

Es gibt natürlich noch viel mehr Gründe, Werder Bremen zu lieben, als nur diese 122 – allein schon deswegen, weil jeder einzelne Werder-Fan seinen einen, ganz speziellen Grund hat, diesem Verein so über alle Maßen zugetan zu sein. Die Erinnerung ist genau das: süß wie eine Madeleine, bitter wie eine Grapefruit. Unsere Fan-Existenz ist ein Stapel von Vergangenheitsbildern, die sich vor uns anordnen wie in einem Kaleidoskop: Aílton heulend im Münchner Olympiastadion nach dem 3:1-Meistercoup gegen die Bayern. Borowski, Klasnić, Owomoyela und Co. singend und tanzend in Stellingen nach dem Sieg am letzten Spieltag im Derby gegen den HSV 2005/2006. Das 2:3 gegen den 1. FC Kaiserslautern im Pokalfinale im Mai 1990 – das zweite verlorene Endspiel in Folge. Natürlich der verschossene Kutzop-Elfmeter am 22. April 1986, der Werder zum Meister gemacht hätte.

Man kann gar nicht genug Bücher schreiben, um den SV Werder zu preisen, und deswegen ist die Regalreihe mit den Werder-

Bremensien auch schon ordentlich gefüllt. Dieses schmale Büchlein passt da noch rein, es ist eine gleichzeitig subjektive und trotzdem auch umfassende Sammlung der besten Werder-Geschichten und eine Beschreibung dessen, was es bedeutet, Werder-Fan zu sein. Man kann die Geschichten am Stück lesen oder einzeln, chronologisch oder querbeet, ganz egal – nur bierernst wird die Lektüre nie sein. Unsere Methodik ist natürlich ein Trick: Wir wollen in erster Linie Werder-Geschichten erzählen. Jede von ihnen ist, gerade auch wenn sie vielleicht gar nicht so spektakulär oder erst mal kritisch klingt, eine Liebeserklärung – weil der SV Werder einzigartig ist. Auch wenn er im Pokal auf St. Pauli 1:3 verliert, sich in der Champions League blamiert oder wieder nur Elfter wird.

Möge *111 Gründe, Werder Bremen zu lieben* jedem Werderaner ein Vademecum sein, das ihn an seine schönsten Erlebnisse als Werder-Fan erinnert und an Titel und Triumphe, an Siege und Sensationen. Leute, wir sind etwas Besonderes, in guten und in schlechten Zeiten. Nie vergessen! Wir halten zusammen, trotz allem, und wir bleiben die Guten!

Grün-weiße Grüße gehen raus an alle,
die das Herz am rechten Fußballfleck tragen,
Nina Willborn und Thomas Andre

1. KAPITEL

GRÜN WIE GRAS UND WEISS WIE SCHNEE

GRUNDSÄTZLICHES I

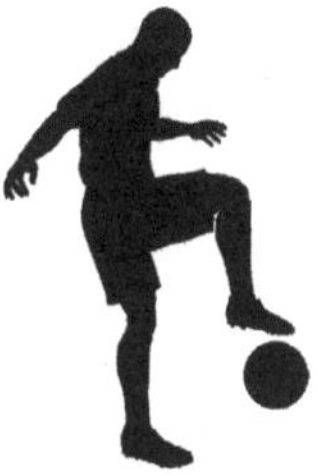

1. GRUND

Weil man sich den Verein nicht aussucht

Der hervorragende britische Autor Nick Hornby hat zu diesem Thema in seinem Buch *Fever Pitch* (Pflichtlektüre für jeden Fußballfan!) folgenden Satz geschrieben: »Ich verliebte mich in den Fußball, wie ich mich später in Frauen verlieben sollte: plötzlich, unerklärlich, unkritisch und ohne einen Gedanken an den Schmerz und die Zerrissenheit zu verschwenden, die damit verbunden sein würden.«[1] Drei Ausrufezeichen. Mehr muss man eigentlich gar nicht sagen.

Außer, dass die Liebe zu einem Verein ausdauernder ist als die meisten zwischenmenschlichen Beziehungen. Bei Werder singen wir »lebenslang grün-weiß« – und das ist wirklich ernst gemeint.

Fußball-Anhänger sind die Schwäne im Fan-Reich: Sie leben monogam, bleiben ihrem Klub treu, ein ganzes Fan-Leben lang. Die Autoren kennen keinen einzigen Ex-Fan welchen Klubs auch immer. Der fabelhafte Hornby (er verfiel Ende der Sechzigerjahre Arsenal London) schreibt in *Fever Pitch* auch folgenden Satz: »Die natürliche Grundhaltung eines Fußballfans ist tiefste Enttäuschung, egal, wie es gerade steht.«[2] Das stimmt auch.

Aber in jedem Fußballfan wohnt ebenso die tiefe Überzeugung, dass all das Leid für etwas gut sein muss. Dass er irgendwann für seine Qualen belohnt werden wird. Wie könnte man sonst, siehe FC St. Pauli, siehe Fortuna Düsseldorf oder Eintracht Braunschweig, wie könnte man sonst jahrelang und ohne persönlich schweren Schaden zu nehmen durch dunkle Täler namens Regionalliga wandeln oder Zwangsabstiege, gar Insolvenzen ertragen? Doch nur, weil man als Fan der festen Überzeugung ist, dass alles irgendwann gut werden muss.

Nicht-Fußballfans verstehen das nicht. Und sie haben ja auch recht. Es *ist* schon komisch mit uns. Würde man seine Lieblingsband immer noch als solche bezeichnen, hätten sich Besetzung und Musikstil völlig verändert? Würde man immer noch Kleidungsstücke seines favorisierten Modelabels tragen, wenn dort plötzlich ein anderer Chefdesigner einen anderen Stil produzieren ließe? Trüge man sein Lieblingsparfüm ein Leben lang, wenn es plötzlich in einem anderen Flakon daherkäme und völlig anders röche? Wohl kaum. Auf den Fußball übertragen, macht der Fan all das mit. Und er findet es völlig selbstverständlich. Es ist absolut schizophren, aber es ist so. Hat einen erst mal ein Verein erwischt, bleibt es dabei. Wie in jeder langen Beziehung hat auch die zwischen Klub und Anhänger gute und schlechte Phasen. Ein Fan geht vielleicht kurze, manchmal heiße Affären mit anderen Vereinen, manchmal sogar anderen Sportarten, ein. Aber es bleiben Affären. Unsere erste große Liebe verlassen wir nie.

In unserem Fall, hier werden wir jetzt mal ganz persönlich, war das mit Werder so: Im Grunde würden hier jetzt ein Kaiserslautern- und ein Schalke-Fan schreiben. Das sind zumindest die favorisierten Vereine der meisten Menschen in unseren Heimatorten. Der Autor dieses Büchleins, von Kindesbeinen an den schönen Künsten zugetan, und außerdem immer auf der Suche nach einer Möglichkeit der Opposition, entschloss sich aus Prinzip schon früh gegen den Traditionsklub aus der Pfalz. Die Kumpel und der Bruder waren beinah allesamt Bayern- oder FCK-Fans – also musste es für den Autor unbedingt ein anderer Klub sein. Sein Glück, dass Mitte der Achtziger Rudi Völler in Grün-Weiß in der *Sportschau* auftauchte und für Werder ganz formidable Tore schoss. Ein Blitz, rosarote Herzchen, peng!, da war sie, die Fußball-Liebe auf den ersten Blick. Als Bremen die Meisterschaft 1988 feierte, war es um den Autor längst geschehen. Keine Frage, dass er sich später für den Studienort Bremen entschied, fest davon ausgehend, eines Tages vorm Rathausbalkon Titel und Pokale zu feiern.

Die Autorin hatte es nach einer abgesehen von Welt- und Europameisterschaften fußballfreien Jugend ebenfalls zum fleißigen

Studieren an die Weser verschlagen. Und als eines schönen Herbsttages im Jahr 2002 der Co-Autor anfragte, ob man nicht gemeinsam das Weserstadion besuchen wolle, sagte sie zu – für Kulturwissenschaftler gehört teilnehmende Beobachtung schließlich zum Pflichtprogramm. Und da war er dann, der Blitz. Spielminute, Spielstand egal, rosarote Herzchen, peng! Völlig nebensächlich, dass Werder Leverkusen am Ende mit 3:2 (vier von fünf waren Bremer Treffer ...) aus dem Stadion schoss. Wenige Wochen nach der geplant einmaligen teilnehmenden Beobachtung stand die Autorin im Ticketcenter und bekam wundersamerweise ohne monatelange Wartezeit eine Dauerkarte ausgehändigt. Als in der neu anbrechenden Saison mit Johan Micoud der George Clooney des Fußballs aufdrehte und ganz Bremen verzauberte, war es um sie, vom Auslandssemester in Paris eh noch frankophilisiert, vollends geschehen.

Man kann sich in Werder oder jeden anderen Klub auf dieser Welt auf viele Arten verlieben. Mal ist es Prägung durch Eltern oder Freunde, mal sind es Bilder von einem irgendetwas feierndem Team, mal ist es eine einzige Spielszene, die einen für immer fasziniert. Bei uns waren es im Grunde genommen zwei Spieler, die uns mit Werder zusammenführten. Beide sind schon längst keine Bremer mehr, aber Fans sind wir immer noch. Wir wohnen nicht mehr in Bremen, haben aber noch unsere Dauerkarten und verbringen fast jedes zweite Wochenende mehr Zeit im Zug als im Stadion. Wir haben mit Werder gewonnen, aber genauso oft schon bitter verloren. Wir schimpfen in der Woche zwischen zwei Spielen und währenddessen 90 Minuten lang auf die eigene Mannschaft. Aber wehe, ein Gladbach-, HSV-, Bayern- oder Sonstwas-Fan maßt sich an, zum Thema Werder etwas zu sagen: Dann verteidigen wir unseren Verein bis zum Letzten. Komplett schizophren. Fans halt.

2. GRUND

Weil Werder die schönste Raute hat

Ein ebenes Viereck mit gleich langen Seiten nennt man Raute. Oder, wenn es mehrere sind, Rauten. Man kann zu einer Raute auch Rhombus sagen – das klingt aber nicht so schön. Wichtig ist bei der echten Raute, dass ihre gegenüberliegenden Seiten parallel sind und die gegenüberliegenden Winkel gleich groß. Aus sechs Rauten kann man ein Gebilde mit dem tollen Namen Parallelepiped basteln. Aus zwölf sogar ein Rhombendodekaeder. Ein auf der Spitze stehendes Quadrat, mit dem sich ein anderer norddeutscher Verein schmückt, geht so grade noch als Sonderfall der Raute durch. Und hier hört die Mathematik-Nachhilfe mangels weiterführender Kenntnisse auch schon wieder auf.

Wir stellen trotzdem nun folgende These für die folgende Beweisführung auf: Werder hat die schönste Raute der Welt. Von der Schönheit der grün-weißen Farbgestaltung ist im nächsten Grund die Rede. Hier soll es zunächst um die Form gehen. Werders heutiges Logo – das W mit den unvergleichlich sich einander zuneigenden Enden in einer grünen Raute mit schmalem weißem Rand – gibt es seit 1929. Es ist die weitaus gelungenste Version, sieht man sich die vier Vorgänger an. Werders Gründungswappen von 1899 würde man heute wohl als, nun ja, unleserliches Gekrakel bezeichnen. 1902 folgte ein neuer Versuch, nun wurde die Abkürzung »FVW« (Fußball-Verein Werder Bremen) diagonal in ein Wappen geschrieben. Neun Jahre später, 1911, sah die modifizierte Version ungefähr so aus wie Hoffenheims Logo heute. 1924 dann, der Verein hieß inzwischen SV Werder Bremen, besann man sich aufs Wesentliche, nämlich das W. Das kam erst mal umrahmt von einem Ei daher, bevor die frühen Werder-Designer 1929 erneut die Zeichenstifte schwangen, dem W eine geschmackvollere Form verpassten und aus dem Ei die Raute werden ließen. Das war's!

Geradlinig, schnörkellos, elegant und gleichzeitig dynamisch: Wie der Klub, so das Wappen. Eine ähnliche Formsprache hat übrigens auch die Gladbacher Borussia.

Das besonders Schöne an der Werder-Raute ist nun, dass man sie als Fan nicht nur auf Devotionalien aller Art bewundern kann. Thomas Schaaf, ein ausgemachter Fan des gleichseitigen Vierecks, dachte sich nämlich Mitte der 2000er-Jahre, dass Werders Logo auch Werders Spiel geradlinig, schnörkellos, elegant und sehr dynamisch aussehen lassen könnte. Wie gedacht, so gemacht: In der Meistersaison 2003/2004 (und auch noch in den Jahren danach) verzückten die Bremer ganz Deutschland mit Schaafs Version des 4-4-2 mit Mittelfeld-Raute. Schon klar, Werder war und ist inzwischen nicht mehr der einzige Verein, der diese Variante des Spielsystems (defensiver Mittelfeld-Spieler als untere Spitze der Raute, zwei Außenbahnspieler als rechte und linke Spitze plus ein offensiver Mittelfeldspieler als obere Spitze) im Repertoire hat. Aber damals mit Frank Baumann, Fabian Ernst, Krisztián Lisztes und Johan Micoud hatte Thomas Schaaf eine außerordentlich schöne Raute gebastelt – und dieses System überhaupt erst in Deutschland zum systemtechnischen Must-have der folgenden Spielzeiten gemacht. Die Werder-Raute auf dem Trikot und auf dem Rasen. Ach, es war eine tolle Zeit mit tollem Fußball!

Die Spieler tragen sie so oder so immer auf dem Trikot und wir Fans sie und das W (mindestens) in unseren Herzen. Unser Logo, unser Verein. Das sagen uns auch die Sterne: Am abendlichen Firmament, gleich neben der Milchstraße, prangt Kassiopeia als funkelndes, ewiges Werder-W. Und in ganz besonderen Nächten sieht es so aus, als ob rund um das Himmels-W ein elegantes, schnörkelloses gleichseitiges Viereck flimmert. Werder – die schönste Raute des Universums. Was zu beweisen war.

3. GRUND

Weil Grün und Weiß die schönsten Farben sind

»Olé, olé, grün wie Gras und weiß wie Schnee, das ist unser SVW, das ist unser SVW, olé …« Diesen Song hätten die ersten Werderaner so nicht gesungen. Laut der ersten Vereinssatzung 1899 waren die Vereinsfarben Grün und Rot. Aber schon zwei Jahre später ging das Rot (die Farbe der Bremer Landesflagge) irgendwie verschütt. Vielleicht war das farbpsychologisch gar nicht so schlecht, denn Grün und Rot sind komplementäre Farben, also einander entgegengesetzt. Wie Werder und Bayern zu besten Lemke-Hoeneß-Zeiten. Aus dem unseligen Rot wurde dann Weiß. Es hätte farbtechnisch auch wesentlich schlimmer kommen können, siehe Osnabrück (lila und weiß), FC St. Pauli (braun und weiß) oder US Palermo (schwarz und rosa).

Alles im grün-weißen Bereich? Klar doch, wenn Werder gewinnt. Die Farbzusammenstellung ist dafür jedenfalls keine schlechte Grundlage. Grün gilt als Farbe des Wachsens und Gedeihens, der Zuversicht. Im Mittelalter stand es für eine beginnende Liebe. Von Grün heißt es auch, es könne beruhigend wirken – vielleicht ja auch auf Schiedsrichter, bei denen man immer damit rechnen muss, dass sie eine Rote Karte aus ihrer Arbeitskleidung (normalerweise in Dortmund-Farben!) hervorzaubern.

Dazu unschuldiges Weiß, das ja immer ein bisschen die (bekanntlich grüne) Hoffnung auf elegantes Spiel symbolisiert. Man denke nur an Real Madrid, die Mutter des »weißen Balletts«. Auch Werder kann ballettartig spielen, in guten Phasen. Und wenn das mal wieder nicht so gut gelingt, sieht man immerhin auf weißen Trikot-Teilen besonders gut die grün-braunen Spuren, die leidenschaftlicher Einsatz nun mal verursacht.

Offiziell trägt Werders Hauptfarbe mit der Nummer 6024 im RAL-Farbsystem den Namen »Verkehrsgrün«. Und auf den »Verkehr« auf dem Rasen kommt es ja auch an in diesem schönen Sport.

Grün und Weiß sind sowieso *die* Fußballfarben schlechthin. Der Ball? Überwiegend weiß. Gespielt wird auf grünem Untergrund, alle Linien sind weiß. Von daher ist Werder-Spielern ihr Arbeitsplatz sozusagen auf den Leib geschneidert – umso besser, wenn das auch im übertragenen Sinn hinkommt.

Zum ersten Mal trug eine Werder-Elf den grün-weißen Look 1907. Und dabei blieb es dann auch erst mal, abgesehen von der »Speckflaggen«-Ausnahme in den Jahren 1971–1973, bedingt durch eine werderwirtschaftliche Notlage. Da sprang die Stadt als Trikotsponsor ein, und die Spieler trugen rot-weiße Trikots, auf denen statt des Werder-Ws als Emblem der Bremer Schlüssel prangte. Aber sonst: Grün und Weiß, meist im Verhältnis von etwa 70:30. Bis zum Jahr 2003, als – aus welchen marketingtechnisch bestimmt supertollen Gründen auch immer – plötzlich Orange in Werders Farbwelt auftauchte. Immerhin: Mit dem modischen Unfall namens »Papageientrikot« in Grün-Orange wurde Werder Double-Sieger. Inzwischen ist die Signalfarbe (Gott sei Dank) wieder auf dem Rückzug – was den Klub allerdings nicht von vereinzelten Farbexperimenten abhält. Tim Wieses rosa Torwarttrikot 2006/2007, zum Beispiel. Für die einen Kult, für die anderen ein Augengraus. Auf jeden Fall ein Hingucker. Aber auch das ändert nichts an der Tatsache: Werder ist und bleibt grün-weiß.

Übrigens: Grün heißt auf Esperanto, der internationalen Kunst-Sprache, »Verda«. Klingt ausgesprochen wie? Genau.

4. GRUND

Weil wir die Coolen sind. Und die Guten.

Der durchschnittliche Mitte-Styler trägt gerne Hosen, die auf halb acht hängen, und 'ne Basecap andersrum. Er trinkt Club Mate, hat Riesenkopfhörer auf den Lauschern, im Rucksack gerne mal ein

MacBook und auf dem die neuen Pladden von Grizzly Bear und den Shins. Und wenn er am Rosenthaler entlangschlurft mit dem Handy am Ohr, dann will er auch gar nichts anderes sein als ein Hipster, und die wachsen und gedeihen nirgends so gut wie in Berlin, weil man sich dort vor lauter Nichtstun vor allem auch um Stil-, Mode- und sonstige ästhetische Fragen kümmern kann. Der typische Mitte-Styler, ätzte mal ein uns namentlich bekannter Fan des SC Freiburg, sei auf jeden Fall Werder-Fan. Dazu ist zunächst zu sagen, dass der SC Freiburg, genauso wie zum Beispiel auch der FC St. Pauli, selbst über einen extremen Hipness-Faktor verfügt. Hip sein, das heißt ja auch, zum richtigen Zeitpunkt dem richtigen Verein anzuhängen. Am besten schon vor allen anderen. Allerdings sind Vereine wie die genannten ja eben gerade nicht hip, sondern zeitlos in ihrer Beliebtheit. Weshalb wir die Behauptung des alemannischen Heißsporns und Hipsterhassers brüsk zurückweisen: Nicht jeder Hipster ist Werder-Fan und nicht jeder Werder-Fan ist Hipster.

Klar sind wir Werderaner die Coolen. Klar sind wir besonders in den geilen Nullerjahren eine gute Wahl gewesen für Fußballfans. Klar sind wir für viele, die Geschmacksfragen für die entscheidenden halten, eine attraktive Wahl. Weil Werder, trotz einer empfindlichen Delle seit 2009, für ästhetisch anspruchsvollen und grundsätzlichen Hurra-Fußball steht. Martin Walser hat angeblich mal gesagt, dass nur eine Sache unsinniger als Fußball sei: das Reflektieren über Fußball. Was für eine blödsinnige Einlassung (übrigens wieder von einem Alemannen) – was macht mehr Spaß, als über Fußball zu philosophieren? Werder zum Beispiel gehört für viele Fans seit vielen Jahren in bestimmte Zusammenhänge, wo es um eine Idee vom offensiven Spiel geht, die etwa ein Fußballintellektueller wie Menotti sehr mag. Damit können sich viele identifizieren, das macht Werder en vogue.

Und trotzdem sind wir, und das macht unsere Beliebtheit aus, vor allem auch: die Guten. Weil unser Image, das für viele so enorm anschlussfähig ist, ja den Tatsachen entspricht. Werder gilt als sympathisch, weil es als David gegen Goliathe kämpft und dabei oft gewinnt. Werder ist sympathisch, weil es ein Verein ist, der seinen Prinzipien treu bleibt und sich von den Zeitläuften nicht kirre machen lässt. Und wenn das der Hipster in Berlin-Mitte cool findet, dann sagen wir: Willkommen im Klub der Werderphilen. Klebt euch 'nen »100 Prozent Werder«-Aufkleber auf den Apfel am Rechner, zieht euch die Werder-Mütze auf und rasiert euch ein »W« in den Hipsterbart.

Und dann stellt euch mal beim Bremen-Trip an den Werder-Imbiss im Steintorviertel, esst 'ne Currywurst und trinkt ein Haake-Beck. Muss ja nicht immer veganes Essen sein und auch nicht immer Bionade. Ihr wollt eine neue Gattung gründen und Proll-Hipster sein? Das geht besonders gut in der Stehplatzkurve im Fußballstadion. Probiert's einfach aus. Und wenn ihr demnächst einen Freiburg-Fan seht, der eine grimmige Schnute zieht: Seid nett zu ihm. Er weiß, dass er nicht allein Everybody's Darling sein kann.

Er ist ja nur so sauer, weil der SC immer, wirklich immer gegen Werder auf den Sack bekommt.

5. GRUND

Weil Werder die Nummer eins im Norden ist

Ohne die Derbys würde dem Fußball einiges fehlen. Um nicht zu sagen: beinah alles. Na ja, zumindest aber die Hochgefühle, die sich nur einstellen, wenn ein Gegner aus einer Stadt besiegt wurde, in der man mit dem Zug in einer guten Stunde einfahren könnte, wenn man denn wollte. Noch besser ist es, wenn man tatsächlich eine Tour an diesen Ort unternommen hat, mit vielen Gleichgesinnten, um den depperten Rivalen aus der Vorstadt in dessen eigenem Revier zu demütigen. That's fun! Gotta love it! Großartig! Unvergleichlich! Auswärtssieg, Auswärtssieg!

Wenn Bremer in Hannover oder Wolfsburg gewinnen und erst recht in Hamburg, dann steppt der Bär. Es gibt nichts Schöneres unter der Sonne. Dass die Glückshormone bei bestimmten Siegen mehr und schneller Karussell fahren als bei anderen, ist letztlich natürlich irrational – das gilt allerdings für ziemlich viele Erscheinungen der Fan-Kultur. Andererseits will man ja auch den schöneren Garten als der liebe Nachbar haben. Oder? Und wenn man, rein hypothetisch, die Möglichkeit hätte, ins Wohnzimmer des Spießers von nebenan zu schleichen und dort die Ordnung der Dinge ein wenig durcheinanderzubringen – würde man das nicht tun? Der ein oder andere bestimmt. Weil es so schön ist, wenn der von nebenan sich ärgert. Weil der uns in vielen Dingen so ähnlich ist, mentalitätsmäßig und so. Im Großen und Ganzen jedenfalls. Die Wolfsburger werden sogar mit Vorliebe im Ausland mit uns verwechselt. Muss man sich mal vorstellen. Nur weil sie unser Wappen nachgemacht haben. Und weil sie Diego und Naldo geholt haben. Und Allofs.

Apropos: Genau deswegen mögen wir den VfL Wolfsburg nicht. Ein Großkonzern hat diesen Verein gekapert, und wenn der keine Tore schießt, dann schießt VW ihm Geld zu und das nicht zu knapp. Wie unsympathisch. In Wolfsburg soll der Erfolg gekauft werden. Hannover 96 und der Hamburger SV, bekanntlich in inniger Fan-Freundschaft verbunden, haben wenigstens eine Tradition, sind aber halt nicht die Nummer eins im Norden, denn das sind wir.

Beliebter sind wir sowieso. Vor allem aber sind wir erfolgreicher: Die Ära der stets sehr selbstbewussten Hamburger ist mindestens 100 Jahre her – die haben seit 1987 keinen Titel mehr gewonnen, da braucht es keine große Rechenkunst, um festzustellen: Geil geht anders. Wird schon auch an den langen Jahren der Entbehrung liegen, dass gerade die Hamburger Fans so sagenhaft unangenehm sind; zumindest, wenn sie sich in großer Zahl zusammenrotten. Von uns behaupten natürlich wiederum sie, hochgradig nervig zu sein, aber das ist Blödsinn. Bremer sind die nettesten Menschen auf dem Erdenrund, nie triumphalisch, selten siegesbesoffen, im Vergleich zu anderen Fangruppen ganz sicher zurückhaltend, kurz: die Krone der Schöpfung.

Aber ein bisschen seltsam ist es manchmal trotzdem: Selbst zu Champions-League-Zeiten, als der HSV doch mit dem Fernglas nach uns suchen musste, hallte der Gesang, der von der Nummer eins im Norden kündete, durchs Stadion – mit einer Inbrunst vorgetragen, als gelte es, die identitätsstiftenden Sätze bis nach Hamburg zu singen. Dort leben selbstverständlich wesentlich mehr Werderaner, als Hamburger in Bremen leben – und für ihr Tor zur Welt brauchen die sowieso erst mal unseren Schlüssel, wer wüsste das nicht.

Bevor die Bundesliga 1963 ihren Betrieb aufnahm, gab es übrigens quasi nur Nordderbys. Dem HSV muss man eine gewisse Dominanz in den Jahren der Oberliga Nord zugestehen: In den 16 Spielzeiten zwischen 1948 und 1963 wurde er 15 Mal Meister. Glückwunsch dazu, liebe Hamburger.

Für Werder standen damals auch Spiele gegen Bremerhaven 93, Holstein Kiel und Altona 93 auf dem Spielplan. Die Älteren unter uns werden sich erinnern. Ein gewonnenes Schlagerspiel, um einen leider etwas aus der Mode gekommenen Begriff zu verwenden, gegen Hannover oder Hamburg, sogar gegen den meistens netten FC St. Pauli kann heute noch über andere Enttäuschungen hinwegtrösten. Is' 'ne ganz gute Erfindung, so ein Derby.

6. GRUND

Weil Werder nicht Bayern München ist

Tja, die Bayern. Der Stern des Südens. Die Großkopfeten. Der Rekordmeister. Die Seriensieger. Der FC Hollywood. Die Startruppe. Der Klub, in dem Franz Beckenbauer, Gerd Müller und Sepp Maier spielten. Karl-Heinz Rummenigge, Lothar Matthäus und Stefan Effenberg. Spieler also, die Geschichte schrieben und Ehrenplätze in der Bundesliga-Historie besetzen. Sie beanspruchten diesen Platz auch, würde man ihn ihnen nicht freiwillig zugestehen. Sie haben nämlich das Bayern-Gen. Von dem reden sie auch gerne. Wer das Bayern-Gen hat, und wer von ihm spricht, der ist ja vor allem selbstbewusst. Sehr selbstbewusst.

Aber was das Bayern-Gen ist, das ist trotzdem nicht so klar. Meistens erwähnen die Bayern-Spieler, wenn sie über das Bayern-Gen fabulieren, wie sehr die Beschaffenheit ihres Charakters doch darauf ausgerichtet ist, unbedingt und immer gewinnen zu wollen. »Weiter, immer weiter«, rief der blonde Bayern-Recke Oliver Kahn einst, als er über das Movens seines Vereins philosophierte. Wir wiederum spinnen den Mythos vom Bayern-Gen, das, wie der polyglotte Bayern-Vorstand Karl-Heinz Rummenigge sagen würde, grundsätzlich absolut »bayernlike« ist, wir spinnen diesen Mythos jetzt mal geschwind weiter. Oder besser: Wir dechiffrieren dieses ominöse Gen und finden Chromosomen mit eindeutigem Text. Der Bayern-München-Mensch, egal ob Trainer, Manager, Spieler, Präsident, Fan oder Uli Hoeneß, ist selbstsicher bis an die Schwelle zur Arroganz. Er hält es für ein Naturrecht, immer den Sieg davonzutragen und sich die Vitrine mit allerlei Schalen und Pokalen vollzustellen. Er glaubt, dass er den Platz an der Sonne gepachtet hat. Der Bayern-München-Mensch ist vom Grundgedanken her immer das, was der Werder-Bremen-Mensch nicht ist.

Wir in Bremen sind froh über unser Image, das praktischerweise deckungsgleich mit unserer Wesensart ist. Wir gelten als und sind tatsächlich bodenständig, seriös, verlässlich, bescheiden, dabei aber nicht ohne Ehrgeiz. Wir haben nicht so viele Titel wie Bayern München gewonnen, stinken aber eben auch nicht vor Geld. Wir erreichen mit viel weniger Mitteln sportliche Erfolge, können aber auch gönnen: Denn die Bayern haben sich ihren herausragenden Status ja auch erarbeitet, anders als die Betriebssportgruppen von VW, der VfL Wolfsburg, von Bayer, Bayer 04 Leverkusen, und von SAP, die TSG Hoffenheim. Wir kämen aber nie auf die Idee, aus Machtkalkül und Kraftmeierei bei anderen Vereinen die besten Spieler abzuwerben, so wie es die Krake Bayern München traditionell tut. Viele Bremer wurden von den Bayern weggekauft, immer wurde dabei ihr Talent erkannt, oft sollte es aber lieber auf Münchner Auswechselbänken versauern, als das Bremer Spiel weiter so zu versüßen, dass es bajuwarischen Ambitionen in die Quere kommen könnte.

Nach München wechselten unter anderem Andreas Herzog, von dem aus seinem Bayern-Jahr eigentlich nur die präpotente Herumschubserei durch seinen eigenen Torwart Olli Kahn in Erinnerung ist, Mario Basler, Tim Borowski, Torsten Frings (über Borussia Dortmund), Valérien Ismaël und gleich zwei Mal Claudio Pizarro. So gut gespielt wie in Bremen haben sie alle in München nie, und trotzdem steht ihr Zug gen Süden, der in den Neunzigern begann, für einen Verfall der Sitten: In den Achtzigern wäre man als Bremer nie zu den Bayern gewechselt. Die gute, alte Zeit. Irrational, klar. Aber was wäre der Fußball ohne Folklore? Werderaner, bleibt bei Werder! Vergesst Bayern!

7. GRUND

Weil Werder immer da ist, in guten und in schlechten Zeiten, und weil nach jedem Spiel das nächste folgt

Es gibt verschiedene Fußball-Sozialisationen. Glücklich sind die, die Bremer sind und von Vaddern mit ins Stadion genommen wurden, als sie noch ganz Kind waren und gar nicht verstanden, dass es ziemlich ungemütlich war in dieser kalten Betonschüssel, über die graue Wolken zogen, angetrieben von einem fiesen Wind. Die nicht sahen, dass mit dem langen Herrn in der Abwehr, der Per Røntved hieß, genau ein guter Fußballer in einem Bremer Trikot herumlief.

Egal, das ist Fußball, das ist aufregend – so beginnen Liebesbeziehungen, die ein ganzes Leben halten, auch wenn sie in den schmerzhaften Siebzigern beginnen. In den Achtzigern war es einfacher, Werder-Fan zu werden; da war es kein bärenstarker Däne, sondern ein Norweger, der elegant in Werders Defensive seinen Dienst verrichtete. Er hieß Rune Bratseth und war der Libero des erfolgreichsten Werder-Teams aller Zeiten. Wer damals Fan wurde, der schmeckte den süßen Geschmack des Erfolgs und freute sich immer auf – das nächste Spiel. Denn das kommt immer, der Fußball ist der große Rhythmusgeber im Leben eines Fans. Er strukturiert unsere frei flottierenden Existenzen; und das Wichtigste: Auch auf ein schlechtes Spiel folgt immer das nächste. Das ist gut, und das lernten auch wir Werder-Fans, die wir nicht in Bremen in den Siebzigern lebten und irgendwann im Jahr 1986 oder 1987 anfingen, Fußball im Radio zu hören, wo die Moderatoren so wundervoll beruhigende und die Kommentatoren in den Stadien so aufgeregt aufputschende Stimmen hatten. Wir lernten, dass Werder Bremen nicht jedes Spiel gewinnt und das nächste Spiel noch nicht einmal notwendigerweise Besserung bringen muss – eine der wichtigsten Lehren überhaupt für den Werder-Freund. Es war in der Saison 1989/1990, als der erfolgsverwöhnte Fan plötzlich vier Mal in Folge miterleben musste, dass Werder ein Spiel verlor: ein Schockerlebnis. Und am Ende der Saison wurde Werder Bremen nur Siebter; vorher, in diesem ganzen glorreichen Jahrzehnt, das doch mit einem Abstieg begonnen hatte, war der Verein nie schlechter als Fünfter gewesen. Was war da denn los? War Werder nicht der Erfolgsgarant, der Glückshormonbeschleuniger?

Eben nicht immer, und trotzdem drehte sich die Fußballerde weiter um die Sonne, die doch immer auch wieder über Bremen lachte. Auch in den Jahren zwischen 1995, als Werder leider Borussia Dortmund den Vortritt im Kampf um die Meisterschaft lassen musste, und 2003; in diesen Jahren spielten wir keine besondere Rolle in der Bundesliga. Erst mit Thomas Schaaf ging es ja bergauf, steil bergauf und dann ab 2009 fürs Erste beinah ebenso steil bergab. Werder ist in guten Zeiten da und in schlechten, und das gilt in doppelter Hinsicht. Wenn Werder gut ist oder schlecht; wenn wir gut sind oder schlecht. Mal gewinnt Werder, wie es will, national und international, 8:1 gegen Arminia Bielefeld oder 3:2 gegen Real Madrid, mal verliert Werder böse und gemein, 1:7 gegen Borussia Mönchengladbach und 2:7 gegen Olympique Lyon. Mal wird Werder ständig Elfter, mal im steten Wechsel Zweiter, Dritter oder gar Erster.

Und mal reißen wir den geilsten Typen auf, schreiben die besten Klausuren oder Hausarbeiten unseres Lebens, werden im Büro befördert, bekommen die tollste Praktikumsstelle oder den begehrtesten Ausbildungsplatz, feiern die besten Partys, heiraten die schönsten Frauen und zeugen die süßesten Babys. Dann wieder werden wir von der Liebe unseres Lebens verlassen, verlieren unseren Job und brechen uns beim Skifahren beide Beine. Wir werden auf kein Fest eingeladen und trauern um unsere Katze oder unseren Opa. Wer immer da ist, ist Werder. Der Fußball ist die beste Party überhaupt und außerdem die wichtigste Trostreichung. Danke.

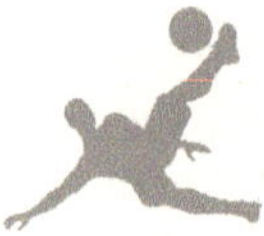

8. GRUND

Weil Werder für Lieblingsspiele zuständig ist

Lieblingsspiele können nie welche der Nationalelf sein, nie welche aus der weiten Welt des Fußballs, in der es Champions-League-Perlen gibt und andere große Europapokalabende mit dem FC Barcelona, dem FC Liverpool, Juventus Turin und Borussia Dortmund. Arsenal London vs. Manchester United kann auch ganz nett sein, aber das Größte sind doch, es versteht sich von selbst, Werder-Spiele.

Aber welches ist das ultimative, das beste, das tollste? Eines, das man im Weserstadion gesehen hat oder nur live im Fernsehen?

Muss es zwangsläufig eines sein, nach dessen Ende die Bremer einen Pokal in den Händen halten? Ist es ein glanzloses 1:0 in Frankfurt im Frühjahr 1988, nach dem zufälligerweise der zweite Meistertitel eingetütet ist? Oder ein berauschendes 3:0 in Stuttgart fünf Jahre später, gleichbedeutend mit der nächsten Meisterschaft? Das 2:0 gegen den AS Monaco im Europapokalfinale? Ein 4:0 in Stellingen beim HSV, in dessen schicker, neuer Arena?

Sicher, ein Sieg sollte es schon sein. Vielleicht sogar einer in einem eigentlich ganz unwichtigen Spiel, sagen wir: eines gegen den 1. FC Nürnberg. An einem tristen Septemberabend im Jahr 2002, englische Woche, vierter Spieltag. Man ging gerne zu Werder, klar, aber man erwartete kein Feuerwerk der Fußballkunst. Der beste Spieler, in diesem Fall Torsten Frings, war mal wieder gegangen, weggekauft von der solventeren Konkurrenz, in diesem Fall aus Dortmund. Werder war dürftig in die neue Saison gekommen, wenigstens wurde Hamburg zu Hause geschlagen, aber auswärts in Bielefeld und bei 1860 München gab es derbe Klatschen. Eine spielerische Linie hatte das Werder-Spiel nicht, Aílton gerierte sich mehr und mehr als launische Diva, saß oft auf der Bank und war unzufrieden. So weit, so normal alles – Werder Bremen war kein Spitzenklub, schon lange nicht mehr. Aber mit einer gewissen Neugier war man doch an diesem Dienstag an den Osterdeich gekommen. Es sollte ja ein neuer Spieler auflaufen, ein Franzose, der zuletzt in Parma gespielt hatte.

Johan Micoud war sein Name. Man hatte zu Hause schon mal geübt, wie man seinen Namen ausspricht. Grundsätzlich ließ es sich gut an mit ihm, er hatte, so erinnert man sich jedenfalls, erzählt, wie sehr er sich auf Bremen freue. Auf eine neue Kultur und so; wir hofften ja auf etwas mehr Kultur im Werder-Spiel. Die Haltung Micoud gegenüber lässt sich am besten mit den Begriffen »wohlwollend« und »skeptisch« beschreiben, aber was wir dann an diesem doch eigentlich so gewöhnlichen Abend in einer doch eigentlich so gewöhnlichen Zeit zu sehen bekamen, machte uns sehr, sehr zu schaffen: So viel Euphorie war nämlich lange nicht dagewesen. Damit konnte man erst mal gar nicht umgehen. Es entzieht sich genauer Kenntnis, wen man damals ungläubig anstarrte, wem man den Ellbogen in die Seite hieb; wir wissen aber noch ganz genau, wie glücklich wir waren, weil das Werder-Spiel plötzlich so anders aussah.

Aílton erzielte drei Tore und stand nie (na ja, fast nie) im Abseits, er stürmte immer wieder auf das Tor der Gäste zu, in Szene gesetzt von Johan Micoud, diesem einen Spieler, der alles veränderte. Das 2:1 markierte er selbst, wir meinen uns an seinen Torjubel genau zu erinnern, eine erhabene Pose, ein Lächeln, mit dem er fröhlich und staunend selbst den Treffer und das ganze Spiel einordnete – das ist es also, Bundesliga, Deutschland, Werder?

Selten sind wir so optimistisch nach Hause gegangen, einfach rundum zufrieden. Das Leben war schön, Werder Bremen auf dem richtigen Weg, morgen würde es nicht regnen. Deswegen ist dieses Kräftemessen mit dem 1. FC Nürnberg das Lieblingsspiel: Es war der Beginn einer Ära. Wir konnten das damals nicht wissen, aber es lag etwas in der Luft. Und das wiederum wussten wir.

9. GRUND

Weil man Werder auch trotz eines total besch... Spiels lieben kann

Dass etwas in der Luft lag, wussten wir auch beim nun folgenden Beispiel eines absolut enttäuschenden, eines, ja, seien wir ehrlich, sehr schlimmen Spiels. Man konnte das »etwas« sogar sehen, damals, nachmittags, auf der Autobahn in Höhe Sittensen: Schnee. Und nicht nur ein bisschen, sondern sehr, sehr viel Schnee fiel an diesem 25. Januar 2006. Um 20.30 Uhr sollte am Millerntor, beim damaligen Drittligisten FC St. Pauli, das Viertelfinale im DFB-Pokal angepfiffen werden. Die Meinungen im Reporter-Mietauto kurz vor dem Elbtunnel waren einhellig: »Das wird hundertprozentig abgesagt!« Wusste man doch, dass das Millerntor, anders als heute, noch kein schickes neues Zweitligastadion war, sondern eben die charmante, aber vor allem im Winter eisige Bruchbude. Der Rasen: trotz aller Versuche eine Landschaft aus Schnee und Eis.

Entsprechend vehement redeten Thomas Schaaf und Klaus Allofs lange vor dem Anpfiff auf Schiedsrichter Dr. Felix Brych (aus München!) ein – ohne Erfolg. Die *Bild-Zeitung* dokumentierte ihre Wutausbrüche. Allofs: »Wenn sich einer unserer Nationalspieler verletzt, wir deshalb die WM verlieren, dann ist der Schiedsrichter dieses Spiels schuld!« Schaaf: »Wenn sich hier irgendjemand verletzt, werden wir richtig laut. Der Platz ist indiskutabel!«[3]

90 Minuten bevor es losgehen sollte, wurde es auch noch zappenduster: totaler Stromausfall. Ein Spaß, sich in der Finsternis zu den Reporterplätzen durchzutasten, zum Teil abbruchreife Mini-Holzkabinchen auf der alten Haupttribüne, zum Teil auch Tribünensitzplätze, die längst von normalen Fans eingenommen worden waren. Dann halt stehen, in halbgebückter Haltung, weil den Raum in Kopfhöhe schon eine TV-Kamera beanspruchte. Es wäre halb so schlimm gewesen. Aber dann kam dieser Werder-Auftritt. Schon nach zehn Minuten war klar: Das hier wird ein ganz, ganz bitterer Abend.

Die Pauli-Spieler kämpften, schlitterten, grätschten um die Wette. Keiner von ihnen hatte Handschuhe an – zumindest in der Erinnerung – im Gegensatz zu Borowski, Micoud, Klose und Co., die in den ersten Minuten so spielten, als würden sie das Spiel am liebsten ganz dick eingemummelt von der Bank aus verfolgen. Werders technisch hochbegabte Nationalspieler und der Schnee-Rasen: offensichtlich keine gute Kombination, und eine solche gelang folglich keinem Bremer. Dann glich plötzlich doch noch Micoud nach Klose-Vorlage St. Paulis frühe Führung durch Dinzey aus. Es sah zwar nach Abseits aus (und war es auch), was soll's, das

Tor zählte, die TV-Kamera geriet kurz ein bisschen ins Wanken in dieser 27. Minute. Und erneut, als kurz vor der Pause Miro Klose auf den Eis-Boden knallte und sich schwer an der Schulter verletzte. Vielleicht nahm das Richtmikrofon der Kamera auch die Flüche dieser Minuten auf, sendefähig im öffentlich-rechtlichen Fernsehen wären sie auf keinen Fall gewesen.

Um es kurz zu machen: Werder verlor nicht nur Miro Klose, der anschließend vier Wochen lang mit einem Sehnenanriss fehlte. Werder verlor auch das Pokalspiel völlig verdient mit 1:3, weil sich keiner der Spieler an die zugegebenermaßen wirklich unglaublichen Bedingungen anpassen konnte. Eleganz war nicht gefragt an diesem Abend, die Bremer scheiterten kläglich. Selbst beim Elfmeter in der 80. Minute, den Borowski verschoss. Keine Spur von Willen war zu sehen. Gegen einen zwei Klassen schlechteren Gegner ergab sich Werder in sein Schicksal. Es war – einfach nur grausam. Und verdammt kalt.

Immerhin einen halbwegs komischen Moment hatte dieser Abend doch noch: als Thomas Schaaf lange nach Abpfiff erfolglos versuchte, aus einem Kippfenster des St.-Pauli-Klubheims und damit dem Party-Trubel zu entkommen, weil ein Sanitäter-Einsatz die Tür versperrte. Nicht mal das gelang ihm. Und angesichts seiner Miene in diesem Moment kippte die Stimmungslage. Der Ärger über die bremische Bräsigkeit verwandelte sich in Unmut über den ach so kultigen FC St. Pauli, der an diesem Abend abgesehen von der Leistung der Drittliga-Spieler nichts, aber auch gar nichts zustande brachte. Dieses Spiel war eine dieser Niederlagen, die den Fan hin- und hergerissen zurückließ. Natürlich hatte Werder grottenschlecht gespielt und deshalb zu Recht verloren. Und doch auch wieder nicht, weil die Rahmenbedingungen das Spiel lange vor dem Anpfiff entschieden hatten.

Manchmal verhält es sich mit dem Fan und einem schlechten Spiel seiner Mannschaft ein bisschen wie mit einem Beziehungsstreit, wenn einer einen großen Fehler gemacht und ihn zugegeben hat. Es fallen böse Worte und kurz danach herrscht erst mal Funkstille. Niederlagen können wehtun, sie können auch nachhaltig verletzen. Aber im Normalfall, wenn die Beziehung gesund ist und ein gutes Gefühlsfundament hat, ist alles ein paar Tage oder in schlimmeren Fällen ein paar Wochen später verziehen. Grundsätzlich erinnern uns Niederlagen daran, dass Fußball eben ein Spiel ist, das keine vorher schon festgelegte, immer wiederkehrende Erfolgs-Garantie besitzt. Nach bitter verlorenen Spielen kramt man als Fan manchmal in seinem Gedächtnis, um sich, und sei es nur aus Protest, an die schönsten Momente mit seinem Verein zu erinnern. Und sich dann zu fragen: Wieso können wir nicht mal wieder spielen wie damals? Werden wir je wieder einen Titel feiern? Niederlagen machen den Fan wütend, aber auch demütig. Denn er weiß: Die einzige wirklich wirksame Medizin gegen den Schmerz bekommt er von seinem Verein, in Form des nächsten Erfolgs.

»Rache« für das Schneespiel nahmen die Bremer übrigens 2009, also drei Jahre später. In der 2. Pokalrunde bescherte das Los Werder wieder St. Pauli. Dieses Mal im Weserstadion, am 23. September. Dass das 1:3 nicht vergessen war, bewies der SVW mit seinem Ankündigungs-Plakat. Über einem Bild des Millerntor-Rasens von 2006 stand in großen Lettern: *Zum Glück ist Sommer.* Das Spiel endete 2:1. Na also.

2. KAPITEL

ALTE HELDEN, ERSTER TITEL, DANN IMMER PLATZ 11 UND EIN ABSTIEG

DIE SECHZIGER UND SIEBZIGER

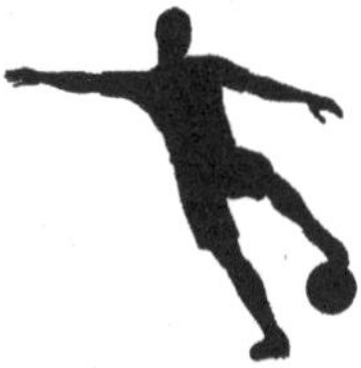

10. GRUND

Weil Werder die Bundesliga mitgegründet hat

Wäre die Bundesliga ein Mensch, würde man sie neumodisch wohl einen Best Ager nennen. Nicht mehr ganz jung, vielleicht mit ein bisschen schütterem Haar inzwischen und an der einen oder anderen Stelle nicht mehr ganz so knackig. Aber hey, 50 Jahre (diesen Geburtstag feierte man in der Saison 2012/2013) sind heutzutage echt kein Alter! Da geht die Sause erst so richtig los. Man kennt sich inzwischen aus im Leben und im Job, kann deshalb auch manchmal halblang machen und einfach das Dasein genießen. Vor allem, wenn man gesund geblieben ist und über die Jahrzehnte immer schön ein bisschen Geld beiseite gelegt hat – und das hat sie nun wirklich, unsere Bundesliga. Uns geht's gold, im Gegensatz zu den teilweise inzwischen verarmten Tanten und Onkeln anderswo in Europa.

50 Jahre Bundesliga, und Werder war beim Startschuss am 11. Januar 1963 natürlich dabei. Als einer von neun Klubs, die in einem ersten Rutsch für sportlich und wirtschaftlich interessant genug vom Deutschen Fußball-Bund befunden wurden, um mitzumischen in dem neuen deutschen Sport-Abenteuer. Neben Werder waren Köln, Dortmund, Schalke, Eintracht Frankfurt, Nürnberg, Hertha, HSV und Saarbrücken die Klubs der ersten Stunde. Beworben für das neue Fußball-Oberhaus hatten sich übrigens 46 der 74 damaligen Oberligisten, zugelassen wurden (trotz starker Proteste) nur 16, nicht wie heute 18 Vereine. Leverkusen und Mönchengladbach mussten anfangs leider draußen bleiben, ein Trauma, das vor allem bei »Vizekusen« möglicherweise die tiefsitzende Furcht vor Titeln erklärt. Den Nordlichtern war's wurscht, sie waren mit eben Bremen, dem HSV, Preußen Münster und Eintracht Braunschweig gut vertreten, als es am 24. August 1963 offiziell losging. Der Rest der ehrenwerten Gesellschaft: Meidericher SV, Kaiserslautern, Karlsruhe,

Stuttgart und 1860 München (ja, die Bayern stießen tatsächlich erst zwei Jahre nach der Gründung hinzu!). Seitdem hat es nur der HSV geschafft, sich derart festzukrallen, dass er keine einzige Saison verpasste. Wir bleiben dem selbst ernannten Dino aber bislang hart auf den Fersen, verbrachten 49 Spielzeiten im Fußball-Oberhaus. Und mal ehrlich, als weltgewandter Hanseat muss man auch mal den Vorgarten, also die 2. Liga, bestellen, statt bräsig immer nur im eigenen Haus rumzusitzen.

Bevor Werder in die Bundesliga starten durfte, musste das Weserstadion schick gemacht werden: Der Ausbau für mindestens 35.000 Zuschauer und die Installation einer Flutlichtanlage waren die Auflagen. Der *Weser-Kurier* titelte am 13. August 1963 vor der Generalprobe gegen Honved Budapest (2:1): »Auf großen Ansturm vorbereitet! Beim Weser-Stadion stehen 800 Parkplätze zur Verfügung! Straßenbahn mit 25 Sonderzügen!« Die reichen heute nicht mehr aus. Weil Werder in der Bundesliga längst eine echte Erfolgsrechnung ist.

11. GRUND

Weil Werder das erste Gegentor der Bundesliga kassierte

Die Bundesliga war noch keine Minute alt am späten Nachmittag des 24. August 1963, da war's schon passiert: Werder Bremen lag gegen die Dortmunder Borussia zurück. Ob Friedhelm »Timo« Konietzka der Rechtsschuss aus acht Metern nun aber nach 35, nach 51 oder erst nach 58 Sekunden gelang, darüber gehen die Meinungen inzwischen auseinander. Ist eigentlich auch völlig egal, Tor ist Tor. Oder eben Gegentor – ein frühes Ärgernis in Werders Bundesliga-Historie. Aber immerhin ein Ereignis für die Geschichtsbücher, auch wenn sich dessen Dokumentation im Nachhinein als gar nicht so einfach gestaltet hat. Von dem Moment, als Konietzka traf, existiert nämlich kein Film-Material. Der (einzige) Kameramann im Weserstadion war schlicht und einfach zu spät an seinem Arbeitsgerät erschienen. Warum, darüber sind sich die Experten ebenfalls uneins. Verspätete sich der arme Mann aus unerfindlichen Gründen, oder lag es daran, dass Schiedsrichter Alfred Ott die Partie nicht wie angesetzt um 17 Uhr, sondern schon ein paar Minuten früher angepfiffen hatte?

Fotos gibt es ebenfalls nicht, weil die Fotoreporter (es müssen sehr optimistische Bremer gewesen sein) allesamt ihre Plätze hinter dem Gästetor bezogen hatten oder knapp eine Minute nach Anpfiff noch auf dem Weg dorthin waren. Und von den 32.000 Fans schaffte es wohl auch keiner, blitzschnell auf den Auslöser der eigenen mitgebrachten Kamera zu drücken: Konietzka, 2012 in der Schweiz gestorben, suchte jahrelang nach einem Bildbeweis seiner Glanztat. Trotz Aussicht auf eine Belohnung bekam er aber keinen zu sehen. Und so verbindet man bildlich vor allem Lothar Emmerich mit dem ersten Bundesliga-Tor: Vom Jubel des Vorlagengebers gibt es Aufnahmen, auf denen Konietzka (ebenfalls jubelnd) nur im Hintergrund zu sehen ist. Vielleicht wiederholte er sein Kunststück deshalb zwei Jahre später: Auch Rekordmeister Bayern bekam sein erstes Bundesliga-Gegentor von Konietzka, der inzwischen zu den Löwen vom TSV 1860 gewechselt war und gegen den damaligen Aufsteiger Bayern auch in der 1. Minute traf.

Aber zurück ins Weserstadion 1963: Da spielte nach dem frühen Schock dann plötzlich nur noch Werder! Willi Soya (34.), Arnold »Pico« Schütz quasi mit dem Wiederanpfiff (46.) und Theo Klöckner (50.) sorgten für das Premieren-Tor-Trio auf der richtigen Seite. Konietzka durfte in der 90. Minute noch den Schlusspunkt setzen. 3:2 der Endstand, ein auch heute noch typisches Werder-Ergebnis. Damals war es neben Schalkes 2:0 gegen Stuttgart der einzige Heimsieg des ersten Bundesliga-Spieltags – also auch fast ein Fall für die Geschichtsbücher. Konietzkas erster Lektion sind natürlich inzwischen noch viele gefolgt. Werder hat unfassbar dumme, überflüssige Gegentore genauso kassiert wie unhaltbar schöne. Immerhin: Anders als nach der ersten Saison, die für Werder auf Platz 10 endete, ist unser »ewiges« Torverhältnis nicht mehr negativ: 2976 Treffern stehen vor der Saison 2016/2017 nur 2556 Gegentore gegenüber.

12. GRUND

Weil Max Lorenz und Pico Schütz Werders alte Helden sind

Beckenbauer ist der Bayern-Heros, Uwe Seeler der HSV-Heros. Sportlerbiografien, deren Ruhm eng mit demjenigen ihrer Vereine verknüpft ist. Beckenbauer hatte ja noch ein zweites Leben und sogar ein drittes, er war Teamchef der Nationalelf und Veranstalter der WM in Deutschland, Letzteres quasi alleine. Man verbindet ihre Namen mit einer bestimmten Zeit und einem bestimmten Klub, und weil Beckenbauer und Seeler auch heute noch ziemlich redselig sind und das Geschehen in ihren Klubs unentwegt kommentieren, werden sie nie in der »Was macht eigentlich …?«-Rubrik auftauchen.

Bei Max Lorenz und – Gott hab ihn selig – Arnold »Pico« Schütz, der am 14. April 2015 verstarb, ist das ein bisschen anders. Die beiden sind wahrscheinlich die beiden größten Werder-Idole aus den Kinderjahren der Bundesliga. Namentlich Schütz, Jahrgang 1935, der unglaubliche 17 Jahre für Werder spielte und in Ober- sowie Bundesliga sagenhafte 826 Spiele für seinen Verein machte, darf man mit Fug und Recht als Legende bezeichnen, er spielte beinahe auf allen Positionen. Seeler nannte ihn einmal eine der größten Persönlichkeiten, die die Bundesliga hervorgebracht hat. Aber auch der Mittelfeldstratege Lorenz, Jahrgang 1939, war einer der Lieblinge der Bremer Fußballfans. Lorenz war von 1960 bis 1969 bei Werder, ehe er die schlechte Entscheidung traf, seine Karriere in Braunschweig ausklingen und sich dort in den Bundesliga-Wettskandal verwickeln zu lassen. Er spielte 250 Mal für Werder und 19 Mal für die Nationalelf, wurde Meister und Pokalsieger zusammen mit Schütz – und war doch, auch wie Schütz, nie ein Superstar wie Titelsammler Beckenbauer oder Torjäger und Nationalstürmer Seeler. Der wurde übrigens in seiner Karriere genauso oft Pokalsieger und Meister wie unsere Bremer Jungs.

Das waren sie wirklich: Lorenz stammte aus Hemelingen, sein Vater war, so geht die Sage, kein Stück begeistert, als der junge Max, damals beim Kaffeeröster Jacobs angestellt, sich anschickte, vom SV Hemelingen an den Osterdeich zu wechseln. Der Stammhalter setzte sich zum Glück durch und wurde 1965 sensationell Meister mit Werder, dem Verein, der in den Oberligajahren immer gegen die Hamburger Konkurrenz den Kürzeren gezogen hatte. Schütz kam aus Walle, er arbeitete als Güterbesichtiger im Hafen. So war das damals, als Fußballer zwar gut verdienten, aber noch keine Professionellen waren, wie man sie heute kennt. Schütz wäre vor seinem Engagement fast nach Reutlingen gewechselt (eine von diesen »Beinah«-Geschichten, die zum Fußball gehören wie der Torschrei und der Abseitspfiff), dann kassierte ihn der damalige Werder-Einkäufer und Geschäftsführer Hans Wolff ein. Wolff sagte mal, er könne jeden Spieler der Welt holen, »egal, ob Indianer, Eskimo oder Chinese«. Potzblitz!

Mit Wolff verbindet man heute in Bremen übrigens besonders auch die Floptruppe von Anfang der Siebzigerjahre, als Werder Bremen mit Macht und Moneten zurück in die Spitzengruppe der Bundesliga wollte. Die Millionenelf wurde ein Millionengrab, trotzdem sie alle an die Weser wechselten: Weist, Neuberger, Laumen, Dietrich, aber leider nicht Netzer – wir erinnern uns: die berühmte Stadionzeitung, die Werder nicht in seine Hände geben wollte, deshalb blieb er in Gladbach. Ohne Sinn und Verstand stellte der Geldprasser Wolff damals ein Team zusammen, das nicht funktionierte.

Die Nummer mit Schütz war dagegen einwandfrei. Man stelle sich nur vor, der wäre wirklich nach Schwaben gegangen! Dann wäre

Schütz jetzt nicht Ehrenspielführer des ruhmreichen SV Werder, dieser phänomenale Häuptling über viele Jahre, der im Einsatz für seine Mitspieler zum Tier werden konnte. Am 17. November 1965 im Weserstadion war es, als der enthemmte Schütz in brachialer Manier seinen gefoulten Mitspieler Didi Ferner rächte und einem Spieler von Gegner Partizan Belgrad eine reindonnerte. Er sah in diesem Achtelfinalspiel des Europapokals der Landesmeister den einzigen Platzverweis seiner Karriere, er war ja sonst ein besonnener, nie unfairer Typ. Aber die Jugoslawen, die zu allem Unheil auch noch weiterkamen, hatten ihn zur Weißglut getrieben mit ihrer unfairen Spielweise, wie der legendäre Sportreporter Heinz Fricke in einem seiner Werder-Bücher berichtet.[4] Heute kaum vorstellbar: wie Pico nach der Roten Karte dem ebenfalls vom Feld geschickten Jugoslawen Bečejac nachsetzte, angestachelt noch von einem Mitspieler (Heinz Steinmann: »Wenn du dich beeilst, kriegst du ihn noch!«), und nur von einem jugoslawischen Journalisten daran gehindert werden konnte, den Kerl ordentlich zu vertrimmen. Der Journalist büßte für seinen patriotischen Einsatz mit dem Verlust eines Schneidezahns, und das alles vor Publikum, übrigens.

Da war was los, damals.

13. GRUND

Weil nur Werder einen »Eisenfuß« Horst-Dieter Höttges hatte

Opa sagte immer, dass Otto Rehhagel der schlimmste Treter sei, der je in der Bundesliga gespielt habe, und er zog damit einen Enkel auf, der ihm, dem Bayern-Fan, öfter mal eine lange Nase drehte. Wie, Treter? Der sitzt doch nur friedlich auf der Bank! Na ja, ab und an schleudert er mal Trinkflaschen weg und plärrt ein bisschen herum. Aber sonst? Opa, der Schwätzer … Ihm gebührt dennoch das Verdienst, einem den Typus des bisweilen derbe zulangenden Verteidigers ins Bewusstsein geführt zu haben.

Der härteste der Harten spielte lange in Bremen. Er heißt, natürlich, Horst-Dieter Höttges, eigentlich aber Eisenfuß. Herr Höttges hielt, Achtung Fußballersprech, fast anderthalb Jahrzehnte die Knochen für den SV Werder hin. Er ängstigte zwischen 1964 und 1978 seine Gegner (Gerd Müller: »Mein allerhärtester Gegenspieler!«) zu Tode, und das nicht nur im Werder-Dress, sondern auch im Trikot der Nationalelf. Sepp Herberger, der viele schöne, wahre und kluge Sätze gesagt hat, flötete, so muss es Werders Superverteidiger jedenfalls vorgekommen sein, er war ja nicht unempfänglich für Komplimente, einst in Richtung des Europameisters von 1972 und Weltmeisters von 1974: »Es ist für jeden Spieler eine Strafe, gegen diesen Mann zu spielen.« Ein Mann, der mit Werder 1965 gleich mal Meister wurde, später auch Zweiter und Vierter, in den Siebzigerjahren aber eher nicht auf der Sonnenseite des Vereinsfußballs stand, sondern immer mit einem Bein in der 2. Liga. »Solange ich bei Werder spiele, steigt der Verein nicht ab«, behauptete Höttges stets, und er sollte recht behalten. Ohne ihn hielt Werder nur eine Spielzeit in der Bundesliga durch, dann ging's runter.[5]

Ja, unser Eisenfuß hat viele Spiele in seiner Karriere verloren. Leider war er es auch, der Jürgen Sparwasser beim legendären 0:1 gegen die DDR bei der WM 74 gewähren ließ. Er war gerade eingewechselt worden, da gelang den anderen Deutschen das Siegtor. Und als er einmal in seinem Wohnort Achim einen Ausflug in die Kommunalpolitik machte, ging die Sache auch schief. Man erzählt sich, den Christdemokraten Höttges hätte damals genau ein Wähler als Bürgermeister haben wollen. Klingt eigentlich zu schön, um wahr zu sein. Nur Burdenski hat mehr Spiele für Werder gemacht als Höttges. Kein anderer Werderaner hat so viele Länderspiele (66) absolviert wie der gebürtige Mönchengladbacher, der wohl zum HSV gegangen wäre, wären die Bremer nicht so hartnäckig hinter ihm her gewesen.

Am Tag nach dem Finale gegen Holland übrigens war Höttges zumindest in einer Boulevardzeitung der prominenteste deutsche Fußballer – und das, obwohl er während der WM 74 kaum zum Einsatz gekommen war. Er hatte nur in dem bereits erwähnten Spiel gegen die DDR mitgespielt, ganze 22 Minuten. Als die Zeitung nun recht einfallslos »Wir sind Weltmeister« titelte, grinste Höttges als Werbefigur für »Esso« vom Seitenrand. Seine Botschaft: »Wirtschaftliches Fahren und Selbstbedienung gehören zusammen.«

Sensationell.

Wir möchten nicht wissen, wie hoch der Benzinverbrauch einer Karre ist, die vom großen Horst-Dieter Höttges, dem Eisenfuß der Nation, gesteuert wird.

14. GRUND

Weil der deutsche Fußball Werder den Libero verdankt

Franz Beckenbauer gilt ja als der größte Held des deutschen Fußballs. An die Weser hat es den Kaiser während seiner ruhmreichen Karriere leider nie für länger verschlagen – er zog nach seinem USA-Engagement Anfang der Achtzigerjahre Hamburg vor. Ohne Bremen aber, das kann man schon so sagen, hätte es die Lichtgestalt womöglich nicht gegeben. Dass Franz Beckenbauer zum berühmtesten deutschen Fußballer aufstieg, hatte viel mit seiner Rolle auf dem Feld zu tun. Als Libero konnte Beckenbauer bei Bayern München und in der Nationalmannschaft sein überreichlich vorhandenes Talent bestens umsetzen. Der Libero – der freie Mann vor der Abwehr – wurde in Bremen erfunden. Von Werders erstem Meistertrainer, Willi »Fischken« Multhaup.

Multhaup war nach seiner ersten Werder-Saison 1963/1964 wahrlich kurz vor der Verzweiflung. Die Bremer Fußballautoren Hans-Otto Busche und Heinz Fricke schreiben in *Das große Werderbuch* von des Trainers Stoßseufzer angesichts des sportlichen Mittelmaßes: »Was soll ich nur noch machen?«[6] Seine Spieler dachten nicht im Traum daran, die Vorgaben des gebürtigen Esseners umzusetzen. Wahrscheinlich, weil sie einfach nicht kapierten, worauf der eigentlich hinauswollte.

Max Lorenz beschrieb das Dilemma so: »Multhaup hat uns den Libero angeschnackt. Wir konnten damit erst gar nichts anfangen, weil niemand in Deutschland mit Libero spielte.« Kein Verein hatte diesen freien Verteidiger hinter der Abwehr, der mangels zugeteiltem Gegenspieler einen guten Teil seiner Zeit damit zubringen konnte, Angriffe einzuleiten. Abwehrspieler hatten zerstörerische Arbeit zu leisten, die Stürmer die Tore zu schießen, fertig. Multhaup wollte mit seiner Idee von angreifenden Abwehrspielern nichts weniger als den deutschen Fußball revolutionieren. Dass das Konzept funktionierte, zeigte sich zum ersten Mal bei einem USA-Turnier in der Liga-Spielpause. Werder überraschte brasilianische, italienische, schottische Teams – kaum wiederzuerkennen waren die Fast-Absteiger. In der folgenden Spielzeit dann erst recht nicht mehr.

»Fischkens« Werderaner wurden zwar vom mit 62 (Multhaup) und 53 Jahren (Edu Hundt) ältesten Trainer-Duo der Bundesliga gecoacht, spielten aber den modernsten Ball. Weil nicht nur Werders erster Libero, der elegante Helmut »Jaggel« Jagielski, sondern auch dessen Mitspieler nun die Vorteile des neuen Systems begriffen hatten: dass es Gegner verwirrt, wenn die Rollen Abwehr/Angriff nicht mehr in Stein gemeißelt sind, dass es überdies auch fürs Mannschaftsklima gut sein kann, wenn sich nicht immer nur einer für die Tore feiern lassen darf. 54:29 Tore nach 30 Spielen und 41 Punkte standen am Ende der Saison im ewigen Werder-Buch – und die erste Meisterschaft. Multhaup hatte seine ganz persönliche Revolution geschafft.

Deutschlands Klubs, allen voran natürlich die Bayern, kopierten das Werder-System in den folgenden Jahren bis zur Perfektion: mit

Beckenbauer als Maximalversion. Auch Lothar Matthäus hatte die Rolle des letzten wahrhaft freien Mannes irgendwann ziemlich gut drauf. Offenbar hat er sie sogar dermaßen verinnerlicht, dass seine in buntem Reigen geführten Beziehungen gar nicht anders können, als früher oder später zu scheitern.

Weil die alte griechische Weisheit des Heraklit von der fließenden Veränderung (»panta rhei«) auch im Fußball-Universum ein Grundgesetz ist, verwandelte sich ab ungefähr 1990 auch das Libero-System. Heute gibt es keine reinen »Fünfer« mehr, die die traditionelle Trikotnummer nach dem sogenannten Chapman'schen WM-System tragen. Die Aufgaben eines Liberos teilen sich heute grob gesagt die defensiven und offensiven Mittelfeldspieler. Weil aber der große Fluss der Fußballmoden manchmal doch ein Kreislauf ist, feierte der Libero ein großes Comeback. Und natürlich war ein Bremer – na ja, irgendwie geht er schon als einer durch – beteiligt: Otto Rehhagel. Als griechischer Nationaltrainer sorgten »Rehakles'« Mannen bei der EM 2004 in Portugal für einige Furore. Sie schockierten die restlichen Teilnehmer durch das gute alte System, das seit zehn Jahren keiner mehr spielte, dermaßen, dass einer nach dem anderen kapitulierte. Europameister wurde Griechenland. Mit Rehhagel, der den Libero wieder ausgemottet hatte. Es war der reine Wahnsinn.

15. GRUND

Weil Werder La Ola erfunden hat

Die Mexikaner haben 1986, bei der Höhen-WM, La Ola erfunden, die Welle? Das lustige Aufsteh- und Wiederhinsetzspiel mit den hoch gerissenen Armen? Nee, werden jetzt einige Besserwisser sagen, die mit Tante Wikipedia auf Du und Du sind, die Audience Wave ist in den USA erfunden worden, wo sonst. 1981 war das, bei einem Football-Spiel der University of Washington. 1984 sei La Ola dann erstmals dem Weltpublikum gezeigt worden, bei einem Fußballspiel während der Olympischen Spiele in Los Angeles.

Alles falsch.

La Ola ist in Verden erfunden worden, und zwar am 31. Juli 1963, also schon sagenhafte 20 Jahre vorher. Gerhard Zebrowski, von 1959 bis 1969 der begnadete Rechtsaußen des SVW, weiß das ganz genau. Er ist, wie alle Altkicker und Ehemalige, ein formidabler Geschichtenerzähler. Ein heroischer Beschwörer des raunenden Imperfekts und ein Kind der Bundesliga. Zebrowski, wie die Werderlegenden Hans Schulz, Pico Schütz und Max Lorenz Bremer von Geburt und Idol der frühen Sechzigerjahre, reiste einst mit seinem Team zu einem DFB-Pokal-Heimspiel ins niedersächsische Umland. Genau: ein *Heim*spiel in Verden. Das Weserstadion wurde wohl gerade umgebaut, ganz genau weiß das Zebrowski nicht mehr, und das gilt auch für die Witterungsbedingungen. Es muss ein trüber Sommerabend gewesen sein, »die Sichtverhältnisse waren katastrophal«, erinnert sich Zebrowski, »irgendwie neblig und diesig«, wegen der Aller, die ganz in der Nähe des Stadions fließt – hohe Luftfeuchtigkeit. Die eine Seite des Stadions, sagt Zebrowski, »bekam nicht mit, was auf der anderen geschah, und sehen konnte man vom Tor nur bis zur Mittellinie«.

Aber Werder wollte über Tasmania Berlin in die nächste Runde des Pokals, den der Verein ja zwei Jahre zuvor gewonnen hatte – der erste Titel der Klubgeschichte. Und in der 74. Minute war es dann Zebrowski, der den entscheidenden Treffer erzielte. Aber komisch, die Leute freuten sich gar nicht. Was war denn da los? Hatten die das Tor etwa gar nicht gesehen? Er ist dann auf Nummer sicher gegangen, der Stürmer Zebrowski, »ich lief jubelnd über die Aschenbahn neben dem Feld, sicher hundert Meter weit«. Und es passierte was? Alle Zuschauer, an denen Zebrowski vorbeirauschte, rissen die Arme hoch, einer nach dem anderen – die Premiere der La Ola. So erzählt Zebrowski das augenzwinkernd. 12.000 Zuschauer waren damals dabei, sie alle können es bezeugen.

Zebrowski stammt aus einer anderen Fußballzeit, aus einem romantischeren Sportzeitalter, als die Belohnung für den Meistertitel eben keine Riesenprämie war, sondern eine Dauerkarte fürs Weserstadion auf Lebensdauer. In der ewigen Torjägerliste der Bremer ist Zebrowski, Jahrgang 1940, mit seinen 40 Toren im Werder-Trikot noch gut mit dabei. Er hat ein B-Länderspiel für die Nationalelf gemacht, an einem Einsatz fürs A-Team ist er mehrere Male knapp vorbeigeschrammt. Mal heiratete er, mal musste er zum Bund, irgendwas war immer. Eine stolze Trophäe in seiner Vitrine hält er besonders in Ehren: Es ist dies der Eisenhower-Pokal, den man ihm bei einem Turnier in Amerika überreichte. 1964, vor der Meistersaison, war Werder zu einer Reise nach Übersee aufgebrochen, hatte New York, Los Angeles und Chicago besucht und an einem internationalen Kräftevergleich teilgenommen, unter anderem mit Heart of Midlothian und Blackburn Rovers. Keiner erzielte damals mehr Tore als Zebrowski, acht Stück in sechs Spielen. Eisenhower ist dafür der glänzende Beweis.

Wenn andere ihn geärgert haben, hat Zebrowski meist eine gute Antwort zu geben gewusst. Als der Duisburger Keeper Manglitz sich am 28. November 1964 vom kleinen und wuseligen Bremer Stürmer vor der Ausführung einer Ecke nicht irritieren lassen wollte, schickte er ihn im rauen Fußballsprech von dannen: »Hau ab, du Floh, was willst du hier?« Schließlich waren schon 87 Minuten gespielt, der MSV war dicht davor, einen Punkt aus dem Weserstadion mitzunehmen. Zebrowski tat, wie ihm geheißen, tatsächlich. Nur stand er bei der von Horst-Dieter Höttges geschlagenen Ecke plötzlich genau da, wo der Ball hinflog. Zebrowski drückte ihn an den Innenpfosten, von da sprang er ins Tor zum Siegtreffer. »Siehste«, sagte der Torschütze nach Abpfiff, »hättest du mich mal da stehen lassen, dann wäre das Spiel unentschieden ausgegangen.«

Gefreut haben sie sich damals über Zebrowskis folgenschwere Folgsamkeit, die Zuschauer im Weserstadion, aber La Ola hat keiner gemacht. Nur in Verden wussten sie, wie's geht.

16. GRUND

Weil Franz Böhmert aus Versehen bei Werder landete

Am 6. Januar 2005 traf sich alles, was im deutschen Fußball Rang und Namen hat, in Bremen. Der Anlass für den Aufmarsch der Sportgrößen war allerdings ein trauriger: Franz Böhmert, einer der ganz großen Werderaner, war am 28. Dezember 2004 im Alter von 70 Jahren an den Folgen eines Schlaganfalls gestorben. Im Bremer Dom erwiesen dem »Doktor« 1300 Menschen die letzte Ehre. Franz Böhmert führte die grün-weißen Geschicke zwischen 1970 und 1999 als Präsident, danach als Aufsichtsrats-Vorsitzender. Neben seinen Ämtern bei Werder war er auch im Vorstand des DFB-Liga-Ausschusses, waltete vier Jahre lang als Mitglied des DFB-Vorstands.

Böhmert war ohne Frage einer der beliebtesten Funktionäre im deutschen Fußball, und kein anderer blieb so lange in seinen Spitzenämtern. Mit dem Namen Böhmert sind für immer die ganz großen Werder-Erfolge verbunden: drei Meisterschaften, der Europapokal der Pokalsieger, fünf DFB-Pokal-Siege. Er holte Otto Rehhagel zwei Mal nach Bremen, die beiden wurden enge Freunde. Er holte Willi Lemke in den Verein. Werder verdankt Böhmert zu großen Teilen das Image des ruhigen, seriös und zumindest öffentlich ohne Skandale geführten Bundesliga-Klubs. Kurz: Ohne den aus Sachsen-Anhalt stammenden Anästhesisten wäre der SV Werder wohl nicht das, was er heute ist.

Wie Böhmert und Werder einst zueinanderfanden, ist eine schöne Geschichte. Und vielleicht eine Art Beweis für die Existenz einer Macht namens Schicksal. Wie es Hans-Otto Busche und Heinz Fricke in *Das große Werderbuch* von 1983 erzählen, führte Böhmert und Bremen nämlich die Vergesslichkeit des damaligen Verwaltungs-Lehrlings Klaus-Dieter Fischer, inzwischen Böhmerts Nachfolger als Präsident, zusammen. Werder suchte Anfang des Jahres 1963 einen neuen Vereinsarzt und Fischer, zu der Zeit

Praktikant im St.-Jürgens-Krankenhaus, schaltete sich in die Überlegungen ein. An fußballbegeisterten Doktoren herrschte in Bremen wahrlich kein Mangel, nur vergaß Fischer, sich die Namen der heilkundigen Kandidaten zu merken. Also verlegte er sich im Gespräch mit Krankenhaus-Finanzdirektor Heini Seiler auf die äußere Beschreibung: »Schlank und dunkelhaarig« sei der Mann, den er sich ausgeguckt habe und den er gerne zum Vorstellungsgespräch schicken wolle. Seiler kombinierte flugs: »Das kann nur Dr. Böhmert sein, der weiß alles über Fußball!« Als dann aber der schlanke, gut aussehende, dunkelhaarige Doktor im Weserstadion auflief, staunte Fischer: Diesen Mann hatte er noch nie gesehen! Sei's drum, im Gespräch überzeugte Böhmert. Schon bald saß er neben den Trainern auf der Bank, jederzeit bereit, aufzuspringen, wenn seine medizinische Hilfe gefragt war. Noch wenige Monate vor seinem Tod, anlässlich seiner Bestätigung im Aufsichtsrat, diktierte Böhmert den Medien in die Blöcke: »Werder ist für mich wie eine Droge.«

Seit dem 13. Juli 2005 hat der SVW eine neue Adresse. Statt »Am Weserstadion« steht nun »Franz-Böhmert-Straße«, Nummer 1c, im Briefkopf. Zu Ehren unseres »Doc«.

17. GRUND

Weil Werder auch mal ein gebrochener Pfosten hilft

Im Fußball müssen Tore fallen. Tun sie auch, zu Tausenden jeden Tag, überall auf der Welt, wo gerade ein Spiel läuft. Das ist normal, es ist schließlich Sinn und Zweck der ganzen Veranstaltung. Ganz selten fallen aber auch Tore, die besser nicht fallen sollten. Und die, wenn sie fallen, für ganz schön viel Verwirrung sorgen.

Ein solcher Tor-Fall ereignete sich am für Kuriositäten aller Art hervorragend geeigneten 1. April 1998 im Madrider Bernabeu-

Stadion. Da fiel noch vor dem ersten Schiedsrichterpfiff des Champions-League-Halbfinales zwischen Real und Borussia Dortmund eins der Tore einfach um. Die sich daraus ergebende Spiel-Verzögerung um 76 Minuten kommentierten Marcel Reif und Günther Jauch so genial, dass sie später für ihre Stegreif-Sternstunde mit Sätzen wie »Noch nie hätte ein Tor einem Spiel so gut getan« (Reif) oder »Falls Sie erst später eingeschaltet haben – Sie haben etwas verpasst: Das erste Tor ist schon gefallen!« (Jauch) den Bayerischen Fernsehpreis bekamen.[7]

In der Geschichte der besser-nicht-(um)gefallenen Tore hat auch Werder einen Platz. Die Bremer spielten nämlich in der »Mutter aller Tor-Fälle« eine wichtige Rolle. Und das kam so: Die Bundesliga-Begegnung am 27. Spieltag zwischen Fast-schon-Meister Borussia Mönchengladbach und Werder plätscherte am 3. April 1971 beim Stand von 1:1 mehr oder weniger ereignisarm vor sich hin. Aber dann, es lief die die 76. Minute, versuchte Gladbach-Stürmer Herbert Laumen, einen Freistoß von Günter Netzer im Bremer Strafraum zu erreichen. Die Aktion ging daneben, Werder-Torwart Günter Bernard fing den Ball ab – und wurde Sekunden später Augenzeuge eines unglaublichen Vorfalls. Laumen hatte nämlich bei seinem Spurt so viel Schwung bekommen, dass er im Tor landete und sich im Netz verhedderte. Beim Versuch nun, sich wieder zu befreien, zog und zerrte Laumen an den Maschen, woraufhin – knack – der linke Pfosten brach. Das (offensichtlich morsche) Tor fiel komplett in sich zusammen, die Fans am altehrwürdigen Bökelberg hatten ihren Spaß. Gladbach in der Folge nicht so, denn Schiedsrichter Gert Meuser brach das Spiel nach mehreren erfolglosen Versuchen, das Tor wieder aufzurichten, in der 88. Minute ab. Ersatz war damals nicht so schnell zu beschaffen, und so wertete das Sportgericht des Deutschen Fußball-Bundes die Partie später mit 2:0 für Werder. Drei geschenkte Punkte, deren Wert allerdings überschaubar blieb: Bremen landete am Ende der Saison auf Platz 10, Gladbach wurde trotzdem Meister.

Ansonsten hatte der Torfall von Mönchengladbach noch drei Folgen: Herbert Laumen wechselte am Saisonende nach Bremen und sorgte in den kommenden beiden Saisons dafür, dass für Grün-Weiß 18 regelkonforme Tore fielen. Der gebrochene Pfosten gehört heute zu den Top-Exponaten im Museum der Borussia. Die weitaus wichtigste Konsequenz war aber, dass seit dem 3. April 1971 in allen Bundesliga-Stadien Aluminium-Tore Standard sind.

18. GRUND

Weil bei Werder eine Halbzeit nicht immer 45 Minuten dauert

Foul ist bekanntlich dann, wenn der Schiedsrichter pfeift. Start und Schluss und Halbzeit auch. Normalerweise. Die folgende Geschichte trug sich im November des Jahres 1975 zu. Zu einer Zeit also, als es noch keine elektronischen Anzeigetafeln gab, Bundesliga-Spiele noch nicht von 182 Kameras inklusive einer aus der Vogelperspektive rundum überwacht wurden und die Laufwege einzelner Spieler als abstrakte Kunstwerke auch noch nicht tags drauf in den Fachmagazinen zu bewundern waren. Syndesmosebänder, Adduktoren, vordere und hintere und seitliche Schienbeinkopfreizungen – alles noch nicht entdeckt. Manche sagen die gute, es war eben vor allem die alte Fußball-Zeit.

Die Winter waren allerdings auch damals schon verdammt kalt, und da braucht der Mensch was Warmes zu essen. Ein typisches deutsches Winteressen, auch das hat sich seit den Siebzigern nicht verändert, ist Gans. Am besten mit Rotkohl und vielen Klößen. Ob diese Zusammenstellung auch als Sportlernahrung durchgehen kann, ist äußerst diskussionswürdig. Mit »Ja, auf jeden Fall!« beantworteten sich diese Frage Schiedsrichter-Betreuer Richard Ackerschott und der vom DFB zu seinem dritten Bundesliga-

Einsatz für die Partie Werder Bremen gegen Hannover 96 eingeteilte Unparteiische Wolf-Dieter Ahlenfelder – und hauten kurz vom Anpfiff mächtig rein. Wie nun jeder weiß, der so eine Gans zumindest teilweise schon mal verdrückt hat, ist man danach satt. Mehr als satt sogar. Noch heute gilt Schnaps als guter »Verteiler« von allzu fettigem Mageninhalt, damals natürlich erst recht. Und so genehmigte sich auch Ahlenfelder ein paar Gläser Bier und darauf (mindestens) einen Schnaps. Dass dieser aber entgegen der (offenbar nicht auszurottenden) Annahme nicht besonders hilfreich bei der Verdauung ist, sondern seine Wirkung lediglich weiter oben im Körper verrichtet, zeigte sich dann auf dem Spielfeld.

Es lief die 32. Minute, Ahlenfelder griff zur Pfeife, blies hinein – in der Annahme, es sei an der Zeit, die Pause anzukündigen. Allgemeines Erstaunen, sogar Verwirrung machten sich – nun ja – *breit*. Nach einer kurzen Diskussion mit Werder-Abwehrspieler Horst-Dieter Höttges (»Sind Sie sicher, dass schon Pause ist?!«) und dem Linienrichter ließ sich Ahlenfelder umstimmen. Elf Minuten ließ er weiterspielen, die Halbzeit gab's dann immerhin nur 90 Sekunden zu früh. Zu seiner Ehrenrettung sei gesagt: Bei dem Spiel handelte es sich um ein 0:0, dessen früheres Ende aus ästhetischen Gründen durchaus vertretbar gewesen wäre. Ahlenfelder selbst rechtfertigte seinen Aussetzer später mit den schönen Worten: »Ein Bier und ein Malteser zum Mittagessen, das wird doch wohl erlaubt sein. Wir sind Männer und trinken keine Fanta!«[8]

Der DFB ließ im Nachhinein Gnade walten und Ahlenfelder noch 103 weitere Bundesliga-Spiele pfeifen. In Bremen ehrt man den eigenwilligen Schiedsrichter noch in einigen Kneipen. Wer dort einen »Ahlenfelder« bestellt, bekommt ein Bier und einen Malteser serviert.

19. GRUND

Weil Rudi Assauer in Bremen das Manager-Handwerk nicht gut genug lernte

Im Spätsommer 2004 war Jürgen L. Born aber mal so richtig sauer. Born, damals Vorstandschef des glänzend in die Saison gestarteten SV Werder, echauffierte sich kräftig über Rudi Assauer, den Schalke-Macher, und dabei ging es auch um Bremer Pils. Und das kam so: Assauer hatte die gesamte Hansestadt in einen Schockzustand versetzt. Mit den beiden am Saisonende ablösefreien Werder-Stützen Aílton und Mladen Krstajic hatte er fest einen Wechsel nach Gelsenkirchen verabredet. Das war natürlich eine Frechheit. Die hoch verschuldeten Schalker gingen in Bremen auf Spielerjagd, und ausgerechnet der »schöne Rudi«, der von 1970 bis 1981 bei Werder als Spieler und Manager angestellt war, gerierte sich als Oberförster. Vor allem zwischen Ex-Präsident Franz Böhmert und Assauer bestanden noch enge Bande, was Born auf die Palme brachte, auf gut Freund mit dem Doc machen, »und dann hierher ins Stadion kommen, noch die Biere kostenlos trinken, und nebenbei die Spieler abpflücken«.[9] Volle Breitseite gegen Assauer! So und nicht anders!

Assauer wurde für eine Zeit lang der bestgehasste Mann in Bremen, und Schalke rutschte in der Unbeliebtheitsskala noch vor den HSV und die Bayern. Dabei war in dem Herzen des gebürtigen Nordrhein-Westfalen auch immer ein Platz für Werder reserviert. Assauer war in der mittelprächtigsten Phase der Bremer Vereinsgeschichte, den Siebzigern, erst Mannschaftskapitän, dann Manager geworden – als 32-Jähriger, und, wie Arnd Zeigler in seinem Buch *Lebenslang grün-weiß* schreibt, als Erster überhaupt, der so ein »richtiger« Manager war.[10] Assauer ging mit Werder in die 2. Liga und führte den Klub danach zurück in die Bundesliga.

In der Saison 1977/1978, als Werder den Abstieg gerade noch einmal vermied, rettete Assauer den Verein sogar als Trainer und

Manager in Personalunion vor dem Desaster. Am Ende ging er nach Schalke, weil dort mehr Zuschauer zu den Spielen kamen. Zum Glück hatte er in Bremen das Managerhandwerk nicht so wirklich perfekt gelernt. Er schaffte es zwar, den Schalkern ein schickes Stadion hinzustellen, und einige unbedeutende Titel wie den Uefa-Pokal 1997 gewann er auch, aber Meister wurde auch er mit Schalke nie. Spieler verpflichtete Assauer mit Vorliebe, wenn sie ein Bremer Trikot trugen: Zuerst wechselte Oliver Reck als Torwart zu den Knappen, dann wurde sein Nachfolger bei Werder, Frank Rost, auch sein Nachfolger in Gelsenkirchen. Nach Krstajic und Aílton ging auch Fabian Ernst aus der Bremer Meistermannschaft zu Schalke. Das Gute: Sie alle spielten bei Schalke nie mehr so gut wie vorher in Bremen. Mesut Özil dagegen, der den umgekehrten Weg ging und aus dem Ruhrpott in den Norden wechselte, wurde erst bei uns richtig, richtig gut.

Dass Frank Neubarth, der ehemalige Werder-Stürmer, als Trainer der Schalker keinen Erfolg hatte, passt ebenfalls in diese Reihe. Schalke, das bringt's halt nicht.

20. GRUND

Weil Werder auch die 2. Liga ganz gut gewuppt hat

Immer nur Elfter zu werden ist ja auch irgendwie langweilig. Deswegen ließen es die Werderaner, in den Siebzigerjahren die graue Maus der Fußball-Bundesliga, wie man sie besser nicht hätte erfinden können, in der Saison 1979/1980 richtig krachen. 93 Gegentore kassierte die zuerst von Wolfgang Weber, dann nominell von Fritz Langner und in Wirklichkeit aber von Manager Rudi Assauer trainierte Mannschaft in dieser schlechtesten Werder-Spielzeit aller Zeiten. Dabei stand mit Dieter Burdenski doch ein Nationaltorwart zwischen den Pfosten. Es war ein Albtraum. 0:5 gegen den 1. FC Köln, 4:6 gegen 1860 München, 0:5 beim HSV – das waren typische Ergebnisse in diesem Jahr. Gerade auswärts war Werder notorisch schwach, weshalb Assauer einmal auf einen letztlich jedoch wirkungslosen mentalen Trick verfiel. Vor dem Spiel in München prophezeite er, um den Druck von der Mannschaft zu nehmen, Werder werde gegen die Bayern ohnehin fünf Stück bekommen. Ging ganz gut auf, der Plan, das Spiel endete 7:0 für Bayern.

Und so kam es dann zum einzigen Zweitligajahr des ruhmreichen SVW. Die Gegner: Erkenschwick, Solingen, Bocholt, Lüdenscheid. Willkommen in der Provinzhölle. Wenn man sich das Mannschaftsfoto von damals anschaut, sieht man 18 Spieler, die, selbst wenn man ihre merkwürdige Haar- und Barttracht ignoriert, ganz grundsätzlich zum Gotterbarmen bemitleidenswert in die Gegend gucken. Beziehungsweise ins Weserstadion. Das war damals eine baufällige Schüssel. Die Vereinskasse war leer und Werder Bremen dringend angeraten, den sofortigen Wiederaufstieg in die Wege zu leiten. Und das schaffte die Mannschaft auch ziemlich souverän, obwohl gerade das bereits erwähnte Mannschaftsbild davon kündete, wie wenig Lust die Mannschaft auf diese Mission hatte. Sie gelang mithilfe der alten Säcke Erwin Kostedde und Klaus Fichtel, mithilfe junger Spieler, deren Namen für Gänsehaut bei jedem Werder-Freund sorgen, weil sie die großen Achtzigerjahre prägen sollten: Mithilfe des unvergleichlichen Johnny Otten also und des gigantischen Norbert Meier wuppte Werder den Wiederaufstieg. Und im Frühjahr 1981, am Ende der Zweitligasaison, begann eine Ära in Bremen. Der Werder-Trainer Kuno Klötzer (einst Spieler in Bremen) verunglückte so schwer mit seinem Auto, dass er die Mannschaft nicht mehr betreuen konnte. Otto Rehhagel, 1976 erstmals in Bremen und ein Bundesliga-Wanderarbeiter, den man nur rief, wenn Not am Mann war, kehrte an die Weser zurück. Es sollte eine lange und fruchtbare Beziehung werden. Und nach dem Aufstieg verließ dann Assauer den Verein, um zu Schalke zu gehen und keinen Meistertitel zu gewinnen. In Bremen ging man dagegen durchs Tal der 2. Liga, um danach die höchsten Berge der Bundesliga zu erklimmen. Deswegen lieben wir sogar unser Jahr da unten, wo eigentlich niemand hin will. Wer damals als Fan in Liga 2, wo manchmal nur 6500 Zuschauer zu einem Spiel im Weserstadion kamen, dabei war, der trägt heute ein imaginäres Ehrenabzeichen. Er ist das Wesen von einem anderen Stern, das in der Kneipe bestaunt wird; er ist der Typ, der nie selbst für sein Bier zahlen muss. Der Mann hat so viel symbolisches Kapital in seiner persönlichen Fan-Historie zusammengetragen, dass man es ihm nicht übel nimmt, wenn er beim Bundesligaheimspiel gegen den FC Augsburg mal kurz Verzicht übt oder das Stadion fünf Minuten vor Abpfiff verlässt, weil er nicht in den Stau geraten will.

Alder, der war in Erkenschwick dabei!

3. KAPITEL

TORFLUT, KONTINUITÄT UND LINKE PROBLEMFÄLLE

WERDERS PHILOSOPHIE

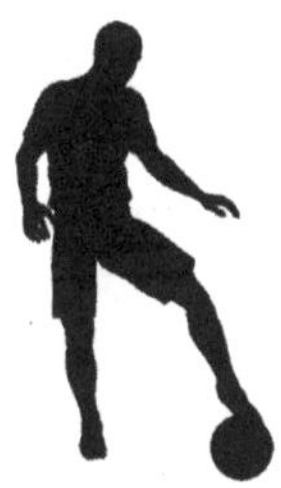

21. GRUND

Weil Werder kein Maskottchen hat

Genau genommen müsste die Überschrift heißen »Weil Werder kein Maskottchen *mehr* hat«. Denn auch der SVW hat sich in seiner ruhmreichen Geschichte durchaus schon an vermeintlich glücksbringenden Tieren versucht, die Suche nach einem zum Verein passenden Exemplar inzwischen allerdings eingestellt. Und das ist eine sehr weise Entscheidung, denkt man daran, was bei der Wahl eines Maskottchens so alles danebengehen kann. Von mitleiderregend (der hosenlose Löwe Goleo bei der WM 2006) bis zu »Was-zum-Teufel-ist-das?!« (die britischen Olympia-Zyklopen) gab es in der Geschichte der Sport-Maskottchen schon so ziemlich alles.

1964 dachte man allerdings an der Weser noch anders. Werders erstes Maskottchen entsprang einem plumpen Kopier-Versuch: Der 1. FC Köln hatte die erste Meisterschaft der neugegründeten Bundesliga errungen, was – so vermutete der Legende nach ausgerechnet die bremische Fleischerinnung – zu großen Teilen dem Geißbock »Hennes« (damals war es Hennes II., seit 2008 ist Nummer acht in Amt und Würden) zu verdanken war. Die Metzgermeister wählten also einen besonders hübschen Heidschnuckenbock aus und übergaben das Tier dem SVW, auf dass er Glück bringen möge. Analog zum Kölner Helden Hans »Hennes« Weisweiler wurde das Bremer Pendant nach Arnold »Pico« Schütz benannt. Und siehe da: »Pico« mit seinem Werder-Deckchen auf dem Rücken am Spielfeldrand half tatsächlich, Werder wurde 1965 Meister! Mit diesem Titel hatte »Pico I.« seine Wunderkräfte dann offenbar schon aufgebraucht.

Seine Nachfolger blieben sportlich erfolglos. Anfang der Neunzigerjahre setzte die Möwe »Werdi« schnell zum Sturzflug an, eine aufblasbare (!) Version der Bremer Stadtmusikanten stieß ebenfalls auf wenig Gegenliebe bei den Bremern. Dann gab man in der Maskottchen-Frage auf. Und so läuft bei heutigen Werder-Spielen kein armer Student Gefahr, in einem unbequemen Kostüm steckend von gegnerischen Fans aufs Unschönste beleidigt zu werden. Oder in einem ungeeigneten Moment seinen Kopf zu verlieren.

Klar, Kinder finden Maskottchen wie »Berni«, den Bayern-Bären, das Gladbach-Fohlen »Jünter«, Stuttgarts Krokodil »Fritzle« oder Dortmunds Biene »Emma« super. Die sind ja auch kuschelig anzufassen und stolpern überwiegend freundlich grinsend durch die jeweiligen Stadien. Oder machen wie der »Schachtscheißer« von Erzgebirge Aue Kult aus einem ehemaligen Schmähgesang. Aber: Für die Identifikation mit dem Lieblingsklub braucht man sie eigentlich nicht. Als Bremer kann man sich, im Gegensatz zu den HSV-Anhängern, zwar keine tollen Geschichten davon erzählen, wie der pummelige Dino »Hermann« einmal als Einziger nüchtern und tapfer vom Sofarand winkend stundenlang auf einer Geburtstagsparty ausharren musste – und das auch noch in Bremen. Wir sind in den letzten Jahrzehnten ganz gut auch ohne Adler, Löwe, Seehund, Ritter oder sonst was über die Runden gekommen. Das verbindet uns mit Hannover und dem FC St. Pauli, der offiziell eh zu cool für eigentlich alles ist, aber mit dem Totenkopf längst ein inoffizielles Maskottchen hat.

Moment mal – ein inoffizielles Maskottchen? Vielleicht sollte Werders Marketing-Abteilung einfach mal bei Ailton anrufen. Der macht den Job bestimmt auch ohne Bezahlung …

22. GRUND

Weil Werder nicht nur Fußball kann

Das vergessen viele Fans ganz schön oft: Bei Werder wird nicht nur Fußball gespielt. Nicht umsonst heißt der Klub ja ganz offiziell und schon seit 1920 Sport-Verein Werder Bremen von 1899 e.V. Und die anderen Disziplinen wie Leichtathletik, Schach oder Tischtennis werden von den Werderanern auch mit Erfolg betrieben. Da holen wir – auch wenn das in der Regel nicht so viele Leute mitbekommen wie beim Fußball – ebenfalls Titel und Pokale.

Marga Petersen (1919–2002) zum Beispiel gewann 1952 olympisches Silber mit der 4-mal-100-Meter-Staffel, außerdem räumte die Leichtathletin zwischen 1947 und 1951 vier Mal die deutsche Meisterschaft ab und wurde 1947 zur Sportlerin des Jahres gewählt. Inzwischen ist es um Werders Leichtathleten ein bisschen stiller geworden, was Erfolge angeht. Aber im Tischtennis spielte Werder in der Saison 2012/2013 zum ersten Mal in der Champions League. Davon können die Fußballer leider oft nur träumen ... Die Abteilung »Turnspiele und Gymnastik« wiederum wirbt auf der Werder-Homepage damit, die meisten aktiven Vereins-Mitglieder zu stellen. Dazu zählen auch Korbball (seit 1949 dabei) und Prellball (seit 1976, Werder-Präsident Klaus-Dieter Fischer zum Beispiel war mal Spieler) sowie alle Angebote von Baby- bis zur Senioren-Fitness.

Und natürlich sind bei Werder auch die Freunde des Denksports gut aufgehoben. Die besten Schachspieler sind in der Bundesliga vertreten, insgesamt stellt Werder sieben Mannschaften in diversen Ligen. Größte Erfolge: der Pokalsieg 1996 und die Meisterschaft 2005. Die holten die Schachspieler am 8. Mai im Weserstadion – genau 365 Tage nach dem Meister-Sieg der Fußballer bei Bayern München. Auf den Rathausbalkon durften sie allerdings nicht.

Zwischen Schach und Fußball, das erzählt auch der passionierte Schachspieler Felix Magath immer wieder gerne, gibt es ja grundsätzlich einige Gemeinsamkeiten, was Spielzüge oder Taktik angeht. Bei Spielkommentaren fällt manchmal auch der Ausdruck »Rasenschach« – das ist dann meistens aber kein Kompliment, sondern meint ein extrem defensives (und für Zuschauer langweiliges) Ball-Hin-und-her-Geschiebe. Einer, der wie Magath für beide Sportarten ein Herz hat, ist Marco Bode. Er kam in der Grundschule ans Brett, weil er bei der Verlosung für die Plätze in der nachmittäglichen Fußball-AG Pech hatte. Das mit dem Fußball hat bei Bode ja später doch noch geklappt, Gott sei Dank. Im Schach hätte sein Talent nicht für die Bundesliga gereicht, trotzdem ist er Fan geblieben und spielt am liebsten die Blitz-Version. Bodes größte Erfolge: ein Remis gegen einen Bundesligaspieler des SV Werder und der Vergleich mit Großmeister Garri Kasparow, gegen den er in einem Online-Simultan-Spiel nach eigener Aussage »ziemlich lange« durchhielt. Auch auf offizieller Ebene kam er in Schachkreisen zu Ehren: Bode wurde zum offiziellen Botschafter für die Schacholympiade in Dresden 2008 ernannt.

23. GRUND

Weil Werder ein großes Herz für seine Ex-Profis hat

Wenn sich der SV Werder Bremen bildlich selbst darstellen würde, was käme heraus? Eins dieser Bilder, die Foto-Ateliers gerne zu Werbezwecken in ihren Schaufenstern ausstellen: ein großes Familien-Porträt mit allen, wirklich alle Mann, für dessen Aufnahme sich jeder in seinen Sonntagsstaat geworfen hat und dann hübsch geordnet Aufstellung nimmt. Im Normalfall hat dann der Onkel dritten Grades in Reihe zwei links hinten zwar gerade die Augen zu, Großtante Urselchen dreht den Kopf zur Seite, und das kleine Cousinchen vorne zieht eine Schnute. Egal, Hauptsache, die ganze Familie ist drauf. Was für Außenstehende vielleicht lustig, oder manchmal auch seltsam bis schrullig anmutet – für die Porträtierten ist es der Beweis: Wir, dieser bunt gemischte Haufen, gehören unwiderruflich zusammen. We are family, in guten wie in schlechten Zeiten.

Das Bild der fröhlichen grün-weißen Familie ist eines, das dieser Verein sehr gerne von sich selbst zeichnet. In Bremen will man sich nach außen hin nicht als international operierender Konzern darstellen. Nein, bei Werder, da gelten noch Werte und Traditionen, da schreibt man Zusammenhalt, das Menschliche, ganz groß. Hier wird jeder mit offenen Armen und Herzen empfangen. Und, das ist schon lange zur guten Sitte geworden: Hier darf jeder so lange bleiben, wie er möchte. Zumindest solange er keine goldenen Löffel klaut (oder bis ihm selbiges nachgewiesen werden kann).

Und so hätte der verdiente Werderaner Tim Borowski bei seinem Abschied als Profi eigentlich nur halb so viele Tränen vergießen müssen, wie er es im Mai 2012 tat. Es war ja nur der Abschied von seinem Leben als Werder-*Spieler*, nicht der Abschied von der großen Familie Werder Bremen. *Natürlich* blieb der treue Boro, der nur eine Saison eine Art Auslandspraktikum bei Bayern München absolvierte, dem SVW länger erhalten. Erst als Auszubildender im Management, dann als Sportchef der 2. Mannschaft und seit Ende 2017 als Co-Trainer der Profis.

Und wer Borowski in seinem neuen Leben, dem hinter den Kulissen, nicht alles zur Seite stand: So viele alte Weggefährten! Als da waren: Chefscout Frank Ordenewitz, bis zu seiner Entlassung natürlich Thomas Schaaf und Frank Baumann. Der ehemalige Kapitän ist neuerdings der Shooting-Star unter den »ewigen« Werderanern: Als »Lehrling« von Klaus Allofs angefangen, ist Baumi jetzt dessen Nach-Nachfolger als Sportchef. Eingesetzt wurde er vom Aufsichtsrat. Dessen Chef seit 2014: unser Ehrenspielführer Marco Bode.

Der Nachwuchsbereich – ein schier unerschöpfliches Reservoir an Ex-Profis auf dem Sprung zum Trainer. Viktor Skripnik zum Beispiel hat ihn geschafft. Sein ehemaliger Co-Trainer auch: Torsten Frings! Als Robin Dutt gehen musste, machten beide von der U23 rüber. Mirko Votava, bis 2017 verantwortlich für die Geschicke der U19. Er beschrieb das Werder-Familien-Gefühl gegenüber dem Magazin *11 Freunde* einmal folgendermaßen: »In Bremen fühlt man sich irgendwie so … (zögert) ja, so häuslich. In Berlin und Madrid habe ich mich auch wohlgefühlt. Aber bei Atletico habe ich irgendwann zu meiner Frau gesagt: ›Ich will nach Hause!‹ Da hat sie mich gefragt: ›Nach Prag?‹ ›Nein‹, habe ich gesagt, ›nach Bremen‹. Meine Frau wäre lieber in Madrid geblieben. Viele Fußballer bleiben deshalb in Bremen, weil es ihre Stadt geworden ist.«[11] Thomas Wolter blieb ebenfalls, ist heute Leiter des Nachwuchsleistungsbereichs, genau wie Nachwuchskoordinator Björn Schierenbeck. Selbst »Eisenfuß« Horst-Dieter Höttges bringt Werders U15 als Co-Trainer noch den einen oder anderen knallharten Abwehrtrick bei. Uwe Harttgen leitet als Dr. phil. das Jugend-Internat, Karl-Heinz Kamp fahndet als Spielbeobachter und Scout ständig nach neuen Borowskis. Ex-Spieler über Ex-Spieler, wo man auch hinguckt beim SVW.

Vorstand Klaus-Dieter Fischer hat die Werder-Philosophie in einem Interview mal so erklärt: »Es ist Teil unserer Politik, Spielern eine Perspektive zu geben. Es hat viele Vorteile, Ehemalige einzubinden. Sie kennen sich im Profi-Fußball aus. Sie kennen die Vereinsstrukturen, und Werders Führung weiß, mit wem sie es zu tun hat.« Da hat er wohl recht. Man kennt sich und hat in vielen Jahren obendrein kapiert, wie der jeweils andere eben tickt. Es ist ein bisschen wie bei der Mafia, aber im Guten natürlich: Einmal in der Familie, für immer in der Familie.

Borowski wird nicht das letzte Familienmitglied bleiben, das seine Karriere nach der Karriere im Verein beginnt. Denn alle wissen: In Bremen, in Bremen, da lässt sich's gut leben. Ganz besonders kommod als Teil der großen Werder-Familie.

24. GRUND

Weil Werder lieber 5:4 als 1:0 spielt

Das akustische Signal, mit dem im Weserstadion ein Heimtor angezeigt wird, ist ein Schiffshorn. Bisher hat man das überaus sonore, aber vor allem laute Tuten über 1800 Mal vernommen. Tooooooor im Weserstadion! Tooooor für Werder Bremen!! Das Stadion des SVW ist grundsätzlich ein guter Ort für Fußballfans, die gerne viele Tore sehen. Bei Werder Bremen, das haben die Barden Klaus &

Klaus schon vor unendlich langer Zeit sehr richtig erkannt, wackelt regelmäßig die Wand. Und zwar mal die Abwehrwand des Gegners, mal die eigene.

Spiele mit der Beteiligung von Werder können die Regisseure der Bundesliga-Konferenzen im Fernsehen oder im Radio schier zur Verzweiflung treiben, weil alle fünf Minuten zum jeweiligen Spielort der Bremer geschaltet werden muss und von den anderen Partien kaum einer was mitkriegt. Als Zuschauer oder Zuhörer mit grün-weißem Herzen ist das mal ein sehr schönes, mal ein sehr trauriges Erlebnis. Aber mit den Jahren lernt der Werder-Fan eben auch, die schmerzhafte Schönheit von Gegentoren zu schätzen oder sie zumindest zu ertragen.

Während die Bayern eher als Klub gelten, bei dem man ein schönes, aber torarmes 1:0 zu schätzen weiß, hält man als Werder-Fan die alte Weisheit »hinten muss die Null stehen« für ein Märchen. Das war zugegebenermaßen nicht immer so, König Otto zum Beispiel war ein großer Verfechter des Sicherheitsfußballs. Sein Nachfolger Thomas Schaaf indes perfektionierte ein quasi sadomasochistisches System nach dem Motto »Keine Freud' ohne Leid«, wobei im Idealfall Werder eben noch in letzter Sekunde das 5:4 schaffte.

Wenn es gut geht, läuft es so wie beispielsweise in der Saison 2004/2005 (Werder wurde 3.). Rostock – Werder 0:4, Bochum – Werder 1:4, Werder – Nürnberg 4:1, Freiburg – Werder 0:6, Werder – Rostock 3:2, Wolfsburg – Werder 2:3, Hannover – Werder 1:4, Werder – Bochum 4:0, Werder – Freiburg 4:1. Eine Saison, in der nur ein einziges von 34 Spielen mit Bremer Beteiligung torlos endete: ein Heimspiel gegen Mainz.

In der Saison 2011/2012 (Werder wurde 9.) gab es nur auswärts gegen Kaiserslautern ein 0:0. Aber dafür ein 5:3 gegen Freiburg, ein 2:3 in Hannover, ein 3:2 gegen Köln, ein 0:5 in Gladbach und an drei aufeinander folgenden Spieltagen ein 1:4 in München, ein 4:0 gegen Wolfsburg und ein 0:5 auf Schalke. Ach ja, und noch ein 1:4

in Stuttgart. Eine Ergebnis-Reihe, die sich noch beliebig lange und mit beliebig vielen Saisons fortsetzen ließe.

Man kann nun den Werder-Fußball für ein bisschen dumm halten, oder zumindest für sehr leichtsinnig: Was man sich vorne mühsam aufgebaut hat, reißt man stante pede mit dem Hintern wieder ein. Man kann aber auch sagen: Werders Fußball ist konsequent. Wenn wir gewinnen, dann gerne hoch – und wenn wir verlieren, dann eben so richtig. Ersteres macht natürlich unglaublichen Spaß, Letzteres so überhaupt gar keinen. Man kann es auch so sagen: Werders Fußball ist aufregend und anstrengend. Mal in positiver Hinsicht, mal in negativer. Nur eins ist Werders Fußball selten: langweilig.

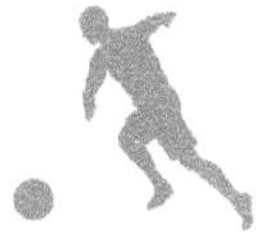

25. GRUND

Weil bei Werder so viele Spieler torgeil sind

Besonders das Werder Bremen unter Thomas Schaaf, das sei hier noch einmal ausdrücklich betont, bevorzugte einen offensiven Spielstil. Das heißt, wie wir wissen, im Idealfall, dass der SVW mehr Tore schießt, als er bekommt. Das heißt auch, dass bei Werder-Spielen eine Tor-Garantie – auf welcher Seite auch immer – quasi eingebaut ist. Darauf kann sich der Fan verlassen. Worauf er sich hingegen nicht verlassen kann: wessen Name im Erfolgs-, also Tor-Fall, jeweils zu bejubeln ist.

Andere Klubs haben einen, maximal drei Spieler, im Normalfall natürlich die Stürmer, denen das Toreschießen überlassen bleibt. Wenn der eine oder andere Stürmer in eine sogenannte Sturmkrise gerät und ein ums andere Mal die Hereingaben vor des Gegners Kiste versemmelt, werden anschließend gerne von den Medien die »Torlos-Minuten« gezählt. »Stürmer XY jetzt schon 867 Minuten ohne Treffer!« Auch Bremens Angreifer ereilt von Zeit zu Zeit eine

Schaffenskrise. Das ist für sie persönlich dann zwar unschön, fürs Publikum hingegen kein Anlass zur Panik. Wenn Klose nicht trifft, macht's eben Diego. Oder Schulz. Oder Naldo. Bei Werder wird das Toreschießen nicht per Spielposition geregelt, hier ist jeder aufgefordert, den Fuß mal hinzuhalten. Selbst als Torwart (Rost!) bleibt man nicht außen vor und hat das Recht, sich in die Liste der aus dem Spiel heraus erzielten Treffer einzutragen.

Ein sehr schönes Beispiel für Werders Tor-Demokratie war die Saison 2007/2008. Eine Spielzeit, in deren Verlauf rekordverdächtige 75 Treffer für Grün-Weiß fielen, sieben mehr als Meister Bayern München nach 34 Spieltagen erzielt hatte. Wirklich Rekord war aber am Ende die Tatsache, dass den 75 Treffern nicht weniger als 20 verschiedene Spieler zugeordnet werden konnten. Diego eröffnete damals den Torreigen mit seinem ersten von 13 Treffern bei einem 2:2 in Bochum. Markus Rosenberg als bester Werder-Schütze der Saison (14 Treffer) beschloss ihn mit einem satten Rechtsschuss zum 1:0 zehn Minuten vor Schluss in Leverkusen. 20 Torschützen: Mertesacker, Fritz, Boenisch, Niemeyer, Baumann, Hunt, Özil, Frings, Harnik und Mosquera (je ein Treffer), Pasanen, Jensen, Borowski, Andreasen (je zwei). Naldo schaffte das Triple, Klasnić sieben, Sanogo neun, Almeida elf. Nur acht Spieler, die Thomas Schaaf aufs Feld schickte, trafen nicht (darunter die Torhüter Wiese und Vander). Würde am Ende jeder Saison statt des Torschützenkönigs die Torschützenkönigsfamilie mit einer goldenen Kanone ausgezeichnet – sie hätte wohl ihren Stammsitz in Bremen.

Sieben Jahre (1985, 1986, 1995, 2004, 2006, 2007, 2008) kamen die meisten (und natürlich die schönsten) Bundesliga-Treffer aus der Werder-Torfabrik. Alles Jahre, in denen das sagenumwobene Kollektiv aus knapp 30 Einzelspielern aufs Schönste harmonierte. Und in denen genau deshalb dann einige unter den Werder-Künstlern ganz besonders hell glänzen konnten. Kein Wunder, dass in diesen Jahren die Auszeichnung zum »Fußballer des

Monats« oft zwischen Bremern hin und her ging. 2005/2006: Insgesamt zehn Nominierungen. November 2003: Aílton siegte vor Micoud. August 2006: Diego vor Klose. Oktober 2006: Diego vor Frings. Und Miroslav Klose schaffte 2006 als Erster nach dem legendären Gerd Müller 1970 das Kunststück, nicht nur Bundesliga-Torschützenkönig zu werden (25 Tore), sondern auch bester Torschütze (5 Treffer) des großen Sommermärchens namens Weltmeisterschaft 2006. Tore, Titel, Sensationen – selbstverständlich made in Bremen …

26. GRUND

Weil niemand sonst so gut aus No-Names Stars machen kann

Wie wir wissen, hat Otto Rehhagel die Fußballwelt mit vielen schönen Bonmots bereichert. Zu seinen Top-Ten-Zitaten gehört auch die schöne Erkenntnis: »Geld schießt keine Tore.« Als er das 1995 feststellte, war er allerdings schon Trainer von Bayern München und musste sich nicht um eine kläglich gefüllte Schatulle sorgen.

Auch die Bremer, stets von hanseatisch-sparfuchsigem Gemüt, wissen natürlich, dass Scheine und Münzen im Normalfall auf dem Platz eher selten zu finden und nur beschränkt einsetzbar sind (außer früher beim FC St. Pauli, wenn Uli Hoeneß vorbeikam). Das große Bremer Geheimnis war aber lange das Insiderwissen, dass die Rehhagel'sche These auch umgedreht stimmt: Tore können Geld »schießen« (lassen). Oder besser noch fließen, in Werders Vereinskasse.

Wenn in den vergangenen Jahrzehnten ein Verein als idealer Durchlauferhitzer, als schneller Brüter von Talenten galt, dann immer Werder. Sicher, das Wort »Ausbildungsverein« ist ein doppeldeutiges, es wird in Bezug auf Werder Bremen ja öfter mal verwendet. Es bedeutet, dass sich in Bremen Spieler mit Talent, an dem noch gefeilt werden muss, zu Spielern mit Fähigkeiten wandeln, die im richtigen Moment eingesetzt werden und damit den viel gepriesenen Unterschied machen. Anders gesagt: Aus unfertigen Spielern werden fertige. Das wiederum bedeutet, dass der Ausbildungsverein irgendwann seine Schuldigkeit getan hat und zu seinem geldwerten Vorteil den Starspieler an einen finanziell potenten Klub veräußert. Mit dem erlösten Betrag macht sich der Ausbildungsverein auf die Suche nach einem neuen Talent, womit die ganze Chose von vorne beginnt.

Ja, der SV Werder ist keiner von den Großen, den Machtfaktoren und Titelhamstern. Er ist natürlich kein Verein in der Nische, aber ganz bestimmt auch keiner, der, um einen ehemaligen Werder-Mitarbeiter zu zitieren, »Fantasiesummen« zahlen kann, weder als Ablöse noch als Gehalt. Man kann sagen, dass dieser fußballfabrikartige Wesenszug das große Talent dieses Klubs ist: Ein unbekannter junger Fußballer wird vorne in die Werder-Maschine (also den Profikader) hereingeschoben und nach einiger Bearbeitungszeit kommt hinten ein angehender Weltstar wieder heraus. Das klappt nicht bei jedem, aber doch erstaunlich oft, wie die Geschichte gezeigt hat. Bei Karl-Heinz Riedle zum Beispiel, der sich später den schönen Beinamen »Air« erstürmte.

Er kam 1987 vom SV Blau-Weiß Berlin an die Weser, für die zugegebenermaßen für damalige Verhältnisse nicht ganz kleine Ablösesumme von 800.000 Euro. Nach drei Jahren Reifezeit konnte Bremen das »Stürmer-Modell« Riedle, inklusive Weltmeisterzertifikat, für 7,5 Millionen Euro an Lazio Rom verkaufen. Ein Rekordtransfer zu dieser Zeit. Ähnlich lief's bei Rudi Völler. Auch er kam als junger, talentierter Stürmer von 1860 München und verließ Werder als internationale Fußballergröße. Nicht anzunehmen, dass er auch ohne den Bremer Brutkasten mal Bundestrainer geworden wäre ... Und dann ist da auch Andreas Herzog, noch so einer, dessen Verpflichtung von den Platzhirschen der Branche erst belächelt, später bewundert wurde.

Ein besonders wichtiger Teil der jüngeren Veredelungs-Vereinsgeschichte war natürlich Klaus »die Spürnase« Allofs. Wie einst Otto Rehhagel konnte Allofs manchmal ein bisschen mehr als andere erkennen in einem fußballbegabten Jungen. Mesut Özil, wer hätte diesem schmächtigen Schalker schon 2008 zugetraut, dass er mal einer der wichtigsten Spieler der deutschen Nationalmannschaft werden würde? Sodass Werder-Fans ab 2010 Siege von Real Madrid und seit 2013 die von Arsenal London auch ein kleines bisschen als Bremer Erfolg feiern können? Ein Weltstar mit Weser-Stallgeruch. Und 18 Millionen Ablöse (bezahlt hatte Allofs an Schalke fünf) sind ja auch 'ne hübsche Stange Geld. Im Jahr 2013 konnte Allofs-Nachfolger Thomas Eichin wahrscheinlich gerade mal den rechten Özil-Fuß (er schießt mit links) bezahlen bei einem damaligen Marktwert von geschätzten 40 Millionen Euro. Aber wo hat er das Zaubern so richtig gelernt? – Eben.

Claudio Pizarro, auch so ein Bremer Erfolgsmodell. Entdeckt 1999 bei Alianza Lima für 1,5 Millionen Euro, verkauft an den FC Bayern für ungefähr das Fünffache (8,2 Mio. Euro). Auch Valérien Ismaël und Miroslav Klose reiften erst unter Allofs und der täglichen Behandlung von Thomas Schaaf zu wahrer Größe heran. Undundund.

Wie singen wir so schön in »Wir sind Weeeeerder Breeeeem«: Hier werden Stars gemacht und nicht gekauft! Es kann sich also nur noch um wenige Monate handeln, bis der nächste Transfererfolg von unserem Fließband fällt.

27. GRUND

Weil Werder Petr Čech nicht verpflichtete. Und Udo Lattek auch nicht. Und Effenberg nicht. Und Schewtschenko. Und Ballack. Und überhaupt …

Das Fan-Gespräch gehört zum Fußball wie Trikot und Auswärtsfahrt, Tippspiel und Torjubel. Das Fan-Gespräch ist das Geschenk, das der Fußball dem Fan macht und der Fan dem Fußball. Der Fan hat sein Thema, denn der Fußball taugt für alles: den Party-Talk, das Bürogeschwätz, den E-Mail-Verkehr, die Vater-Sohn-Kommunikation, um ja nicht über Brisantes reden zu müssen. Ohne das Fan-Gespräch, das gute, gäbe es den Mythos nicht, die Legende, die Heldengeschichte, auch nicht das Gerücht.

Das gute Fan-Gespräch findet nicht so sehr im Stadion statt und auch nicht beim Gucken von Live-Spielen in der Glotze, sondern in der Kneipe vor oder nach dem Spiel. Besonders wichtig ist bei dieser rhetorischen Praxis der unbedingte Wille des Performers, eine sagenhafte, nie gehörte, geheimnisvolle, exklusive Geschichte zu erzählen. Allerdings kann dieses gute Fan-Gespräch auch gerade dem Wunsch Ausdruck verleihen, nicht unter der Prämisse des »Weißt du eigentlich?«, sondern des »Weißt du noch?« allseits Bekanntes zu erzählen. Das gemeinsame Wissen ist der Kitt der Fan-Gemeinschaft, und dann schwärmt man noch mal vom Diego-Tor gegen Alemannia Aachen oder dem astreinen Naldo-Foul gegen Miroslav Klose bei dessen erstem Auftritt im Weserstadion als Bayern-Spieler. Man weint noch mal gemeinsam über den Kutzop-Elfmeter und schüttelt den Kopf über die teure Erfolglos-Truppe von 1971/1972, die nix auf die Kette bekam.

Am besten sind aber die Geschichten darüber, wer einmal fast irgendwo, in diesem Fall bei Werder, gelandet sein soll. Diese Geschichten sind noch besser als die darüber, wer angeblich bald bei Werder spielt, da sie von einer erfolgreichen Zukunft künden, die nie stattgefunden hat, weil der Superstar woanders spielt und dort die Fußballwelt verzückt. Manche dieser Geschichten sind verbrieft, bei anderen kann man keine exakten Aussagen über den Wahrheitsgehalt treffen. Sicher ist zum Beispiel, dass Petr Čech mal in Bremen beim Probetraining war. Er war den Bremern zu teuer, tja. Schade eigentlich. Ist ja ein Super-Torwart aus ihm geworden. 1996 wollte Werder Michael Ballack nur umgerechnet 90.000 statt 100.000 Euro zahlen, heißt es. Er ging dann nach Kaiserslautern. Schade eigentlich. 1997 fuhren der damalige Coach Wolfgang Sidka und Manager Willi Lemke nach Kiew, um den Transfer von Jurij Maximow festzuzurren. Die Ukrainer wollten ganz clever sein und unseren Leuten noch einen Kicker namens Andrij Schewtschenko andrehen. Aber nicht mit Willi! Der ist doch nicht von gestern! Natürlich brachte man nur Maximow mit nach Bremen. So war das schließlich ausgemacht. Wäre ja noch schöner. Schewtschenko wurde dann halt beim AC Milan zum Weltstar. Schade eigentlich. Überhaupt, Willi: Er ließ sich halt immer lumpen. Einmal holte er, so geht die Rede, Stefan Effenberg wegen ömmeligen 50.000 Euro nicht nach Bremen. Schade eigentlich.

Schade auch, dass statt Toni nur Felix Kroos nach Bremen wechselte. Und dass Udo Lattek in den Siebzigerjahren mit Bayern Serienmeister wurde und nicht mit Werder. Schade, dass wegen 1000 Mark mehr im Monat 1969 ein Mann mit dem allerdings überragenden Namen Fritz Rebell als Werder-Trainer verpflichtet wurde und nicht Lattek, der, so erzählt er es heute noch selbst, Uli Hoeneß und Paul Breitner mit an die Weser gebracht hätte. Die Erfolge der Münchner – sie hätten die der Bremer sein können!

Vorbei, vorbei. Überhaupt gibt es Geschichten dieser Art bei vielen Vereinen, weil der Spielermarkt kein Wunschkonzert ist. Oder so. Man weiß halt nie, was das Fußballschicksal mit einem Spieler, einem Trainer oder einem Verein vorhat.

Aber der Schewtschenko, verdammt. Das wär's gewesen.

28. GRUND

Weil hier schräge Typen zu Stars gemacht werden

Otto Rehhagel vertraute man eine Weile lang blind, wenn es um die Verpflichtung neuer Spieler ging. Das Sportliche war vom Zahlenwerk in der Ära Rehhagel streng getrennt, und welchen Auftrag er auch immer Werder-Manager Willi Lemke erteilte – auf dem Fußballplatz standen anschließend kernige Kicker (Borowka, Beiersdorfer, Bode), wendige Wuseler (Meier, Hermann, Otten) und lange Lulatsche (Neubarth, Bratseth, Harttgen), die allesamt Volltreffer waren. Mehr oder weniger. Den jungen Marco Bode, einen gelernten Angreifer, ließ Rehhagel einst auf der linken Seite verteidigen. Bode schluckte das klaglos, aber Rehhagel wäre nicht Rehhagel, hätte er sich dem Nachwuchskicker nicht erklärt. »Wissen Sie, Herr Bode, weshalb Sie linker Verteidiger gespielt haben?«, fragte er also der Legende nach den ahnungslosen Bode. Der konnte nur mit den Schultern zucken, ehe ihn die Trainer-Autorität teilhaben ließ an ihren Gedankengängen: »Weil Sie Abitur haben!«

Meist waren die Rehhagel-Favoriten wahre Musterschüler, kluge Männer mit gesunder Lebensweise. Mario Basler spielte allerdings ebenfalls mal in Bremen. Auch er war eine Rehhagel-Entdeckung (1993 kauften die Bremer Basler von Hertha BSC). Und was für eine: Basler konnte Eckstöße direkt ins Tor schießen, er traf auch bei Freistößen und überhaupt so oft, dass er 1995 sogar Torschützenkönig wurde – als Mittelfeldspieler.

Super-Mario war genial und der Beweis, dass in Bremen schwierige Typen echte Helden werden können. Basler, der sinnenfreudige Pfälzer, rauchte, soff und mochte Kasinos. Er trainierte nicht gerne und gab vor Publikum den Kasper. Er wusste, was im Fernsehen gut ankam, und hatte schon als Spieler eine große Klappe. Alles egal. Wenn der Instinktfußballer Basler auf dem Platz einen Gang hochschaltete und aus der eigenen Hälfte in den gegnerischen Strafraum dribbelte, dann waren alle Eskapaden vergessen, dann konnte man nur noch staunen. Mit Werder wurde Basler 1994 Pokalsieger, mit Bayern später zwei Mal Meister, bevor sie ihn nach einer durchzechten Nacht suspendierten.

In Bremen war der stille Ostfriese Dieter Eilts Baslers Zigarettenkumpan. Muss ein Bild für die Götter gewesen sein, damals; hier der dauerquasselnde Basler (»Das habe ich ihm dann auch verbal gesagt«), dort der maulfaule Eilts (»Wäre meine Oma ein Bus, könnte sie hupen«). Nach der Meisterschaft 1997 mit Bayern München lebte Basler seine nach Schüssen mit ordentlich Schnitt größte Begabung, das Feiern, genüsslich aus. Zur Pläsier des Publikums: Im Fernsehen, so erzählt man sich heute noch, stellte sich der damalige Bayern-Manager Uli Hoeneß am Telefon den Fragen der Zuschauer. Wer sich da zu Wort meldete, war tatsächlich Spaßvogel Basler: »Hier ist der Mario. Sag mal, Dieter, wann wird mein Vertrag verlängert?« Hoeneß' Replik: »Erstens heiße ich immer noch Uli. Zweitens: wenn du wieder nüchtern bist.«

Basler war selten um einen dummen Spruch verlegen, weshalb er auch mal Kolumnist bei einem Boulevardblatt war. Seine beste Zeit, sportlich, hatte er natürlich bei uns. Beim SV Werder blühte der anarchische Fußballzocker früh auf. Das Biotop Werder ist gut für ganz besondere Gewächse wie ihn, das gilt immer noch. Ob's an der Luft liegt? Spieler wie Johan Micoud, Aílton und Diego hatten, bevor sie nach Bremen kamen, ihr Potenzial nie ganz entfaltet, taten sich zunächst schwer mit der Disziplin und Strenge des Fußballs in Europa. In Bremen liefen sie, gerade weil sie etwas Paradiesvogelhaftes hatten, irgendwann zu großer Form auf.

29. GRUND

Weil Werder transfermäßig manchmal auch voll danebenliegt

Carlos Alberto wurde recht schnell zu Carlos »Chaos« Alberto, als er 2007 für fast acht Millionen Euro an die Weser wechselte. So viel hatten die wahlweise als knauserig oder hanseatisch stockseriös geltenden Bremer noch nie für einen Fußballer ausgegeben. Wahrscheinlich bekam der Aufsichtsrat Schnappatmung, als der damalige Werder-Gestalter Klaus Allofs, die bislang olfaktorisch so verdammt gut unterwegs gewesene Spürnase, das Okay für den Transfer einholte.

Aber nun gut, es waren die fetten Jahre in Bremen, da konnte man schon mal einen raushauen. Mit Diego hatte der Meister von 2004 und Komischerweise-nicht-Meister von 2007 (war Werder je besser besetzt als 2006/2007?) zwar schon einen zaubernden Filigranfuß im Mittelfeld, aber was sollte der Geiz, mochte sich der Transfermarktmagier Allofs (Micoud! Klasnić! Ernst! Klose!) gedacht haben: Werder war 2007 definitiv in seine Dekadenzphase eingetreten. Die Sache musste schiefgehen, und sie ging kolossal schief. In den Siebzigern, bei Werders gescheiterter Unternehmung, mit einer Millionenelf sportliche Erfolge einzufahren, passten Einsatz und Ertrag schon einmal auf peinvolle Art und Weise nicht zusammen. Die Älteren unter uns erinnern sich auch noch an Dave Watson, den Kapitän der englischen Nationalelf. Er wechselte 1979 nach nur vier Monaten und nur zwei Spielen und einer Roten Karte zurück in seine Heimat.

Doch der schönste aller Flops war, ganz klar, Carlos Alberto. Zunächst litt er an einer geheimnisvollen Schlafkrankheit, schaffte es aber regelmäßig in Bremer Diskotheken. Er aß gerne Fast Food, prügelte sich mit Boubacar Sanogo im Training und war außerdem so doof, sich beim nächtlichen Zigaretten-, Bier- und Kondomkauf an der Tanke erwischen zu lassen. Was für ein, nun ja, Chaos! Der Lebemann mit den ausgefallenen Frisuren trat in jedes Fettnäpfchen. Besser wurde es für ihn nicht mehr: Ehe Werder ihn 2010 von der Gehaltsliste bekam, wurde er alle halbe Jahre an einen anderen brasilianischen Verein ausgeliehen.

Es gibt diese vermurksten Fußballerlaufbahnen wie Sand an der Copacabana; Karrieren, die keine richtigen werden, weil sich die Dinge nicht fügen. Man muss dafür kein lausiger Bummelant sein wie Alberto – der schoss immerhin einmal ein Tor in einem Champions-League-Finale (2005 beim 3:0 des FC Porto gegen den AS Monaco)! – und seine besten Jahre einfach wegschenken. Manchmal soll es halt nicht sein, davon können auch wir Bremer ein Lied singen.

Die Personalie Alberto stand auch für die Erdung des Spielereinkäufers Klaus Allofs, dem vorher mit tänzelnder Leichtigkeit Wunderbares geglückt war. Den Wunderknaben Özil lotste er nach der Alberto-Blamage noch an die Weser, ein Coup, aber Allofs holte auch Wesley, Ekici und Marin, allesamt teure Spieler, die die Erwartungen nie oder lange nicht erfüllten. Überhaupt war es auch keinesfalls so, dass jeder andernorts gescheiterte Hochbegabte in Bremen urplötzlich funktionierte. Marco Reich zum Beispiel ist da zu nennen. Suboptimale Spielermarkt-Sondierungen – eine Auflistung: Roberto Silva, Marcelo Moreno, Gustavo Nery, Sandro Wagner, Denni Avdić. Und das sind nur die von Klaus Allofs verantworteten Minus-Transfers.

Linksverteidiger, deren Aufzählung sprengte den Rahmen, nennen wir an dieser Stelle mit dem Belgier Jelle van Damme des Namens wegen nur einen, der beweist, dass selbst findige Bremer keine Transfermarkt-Genies sind.

Ja, man darf Werder Bremen auch wegen seiner Transfer-Flops lieben. Wir sind ja nicht perfekt.

30. GRUND

Weil unsere Torhüter ganz spezielle Typen waren

Unser Rekordspieler ist Dieter Burdenski. 444 Mal hütete »Budde« zwischen 1972 und 1988 unser Tor. Zwischendurch war er auch Torwart in der Nationalelf. Entweder er hatte dort Sepp Maier vor der Nase, oder er verletzte sich im falschen Augenblick. Er spielte nur zwölfmal für Deutschland. Burdenski ist einer der ganz großen Spieler der Vereinsgeschichte, aber mit dem Timing hatte er es nicht so, mit Ausnahme seiner Geburt, die das Schicksal ins Jahr 1950 verlegte, als Dieters Vater Herbert, ein Schalker Urgestein, seine Karriere in Bremen ausklingen ließ.

Budde ist von Geburt aus Bremer, aber er erlebte die einzige Meisterschaft seiner Karriere von der Bank aus. Als Werder 1988, im letzten Karrierejahr Burdenskis, den Titel holte, stand Olli Reck im Tor. Das war schon ein bisschen bitter für Budde: Jahrelang hatte er mitgeholfen, den Abstieg zu verhindern, war dann sogar, als Nationaltorwart, mit in die 2. Liga gegangen. 93 Mal hatte Burdenski in der Abstiegssaison hinter sich greifen müssen, wie man so schön sagt, als wäre es nur eine gymnastische Übung, wenn der Gegner einem einen reinsemmelt. Er hatte artig den Angeboten anderer Vereine widerstanden; wobei man sagen muss, dass das damals, vor Bosman, eh noch eine andere Zeit war. Man war vereinstreuer. Budde gehörte zu Werder wie das W auf dem Trikot, und einmal, Mitte der Siebziger, wurde er sogar von seinem Vater trainiert. Aber Herbert Burdenski war im Herzen eher Schalker, Budde ist bis heute Bremer. Er war Torwarttrainer, organisierte Trainingslager und ist seit 2017 Mehrheitseigner des polnischen Erstligisten Korona Kielce.

Den Makel »Schalke 04« hat er allerdings in seinem Lebenslauf: Dort begann der Teenager Burdenski seine Profikarriere. Aber die drei Spiele für die Gelsenkirchener verzeihen wir ihm, er hat es ja besser gemacht als seine beiden Nachfolger Olli Reck (1986 bis 1998 bei Werder, 345 Spiele) und Frank Rost (1992 bis 2002, 147 Spiele), die aus Bremen nach Schalke wechselten und dort viel zu viele Jahre ihrer Karriere verschenkten, was sonst. An Olli Reck, den gebürtigen Hessen, denken wir trotzdem hochachtungsvoll zurück, er gehört ja zur Werder-Generation der Titelsammler. Und manchmal schmunzeln wir beim Gedanken an »Pannen-Olli«, der in seiner besten Saison nur 22 Gegentore bekam, aber manchmal auch für einen Klops gut war. Den schönsten fabrizierte er am 20. Spieltag der Saison 1991/1992, als er beim 4:3-Auswärtssieg der Bremer in München den Bayern den Anschluss zum 2:3 schenkte. Nach einer Ecke und anschließender Konfusion im Strafraum prallte der Ball erst an die Latte und von dort an die Stirn des verdatterten Torwarts, danach schlug er ins Tor ein. Ein Bild für die Götter. Am Ende der Saison wurden die Bayern übrigens nur Zehnter, wann gab es das schon mal, und die Bremer Europapokalsieger. Mit einem tollen Olli Reck.

Der Mann, der gleich zwei Mal sein Nachfolger wurde, ist Frank Rost. Unverkennbar ein Sachse, man hörte es sofort, und Rost, der Quengelgeist, meldete sich oft zu Wort. Was uns erst störte, als er in Schalke und später gar in Stellingen spielte. »Fäustel« Rost, im Jahr 2013 Trainer der HSV-Damenmannschaft, hatte seinen größten Werder-Moment im letzten Spiel der Saison 1998/1999, als Werder im Berliner Olympiastadion Pokalsieger wurde. Gegen Meister Bayern, nach der Last-Minute-Pleite im Champions-League-Finale gegen Manchester United heftig gefrustet, retteten sich die Werderaner ins Elfmeterschießen. Der junge Frank Rost war da dann höchstpersönlich für die besten zwei Minuten einer Saison verantwortlich, die fast zum Vergessen war. Zuerst schoss Stefan Effenberg ziemlich lässig über das Bremer Tor. Dann verwandelte Rost selbst. Und dann hielt er gegen Lothar Matthäus.

Geil, oder?

Eine Ära begründete Rost in Bremen aber nicht. Das wird ihn selbst am meisten geärgert haben. Während er mit Schalke im

Mittelfeld herumgurkte, wurde Werder Bremen 2004 mit dem aus Spanien zurück in die Bundesliga importierten Andreas Reinke Deutscher Meister. Reinke hatte zuletzt in der zweiten spanischen Liga gekickt und war schon über 30, er siedelte in einem alten VW-Bus nach Bremen um: Drei Tage brauchte er für 2800 Kilometer. Akzeptiert von den Fans wurde er sehr, sehr schnell, was auch an eher unglücklich agierenden Vorgängern (Wierzchowski! Borel!) gelegen haben könnte. Reinke (91 Spiele), der ruhige Mensch aus Mecklenburg, hat etwas Einzigartiges im deutschen Fußball geschafft. Er wurde mit zwei Vereinen als Stammtorwart Meister, und nicht mal einer von beiden hieß Bayern München.

Wie sein Nachfolger in Bremen, Tim Wiese, wirkte der Torwart Reinke einst auch in Kaiserslautern – und kam dort 1998 zu Meisterehren. Und nun dann also: Auftritt Wiese. Wahrscheinlich einer der anderswo unbeliebtesten Spieler, die je in Bremen gespielt haben. Aber wir lieben ihn immer noch, für seinen braunen Teint, das Gel im Haar, seine Stilsicherheit in Sachen Mode (Pink kann nicht jeder tragen, oh nein!), die gedankenlosen und immer unterhaltsamen Plappereien (»Was wir spielen, ist für'n Arsch.«), die Fehde mit den Hamburgern (Das war groß, Timmy), seine verrückte Karriere-Planung (Hoffenheim! Wrestling!) und ein bisschen auch für seine Rolle in Turin. Im Jahr 2006 wären wir ja fast ins Viertelfinale der Champions League eingezogen, hätte es Tim Wiese nicht wieder zu spektakulär machen wollen – auch an anderer Stelle ist in diesem Büchlein von diesem epischen Aussetzer die Rede. Ein paar Minuten waren noch zu spielen, mit einem 1:1 wäre Werder weiter gewesen. Aber Wiese, herrje, ließ einen harmlosen Ball wieder fallen, und Emerson, der Juve-Spieler, der schon abgedreht hatte, brauchte den Ball nur ins leere Tor zu schieben. Wiese (194 Spiele) machte in den Derbywochen gegen den HSV drei Jahre später alles wieder gut.

Schwamm drüber.

31. GRUND

Weil Werder sich beharrlich weigert, einen guten Linksverteidiger zu verpflichten

Wenn es eine Problemzone im weltweiten Fußball gibt, dann liegt die hinten links. Da sind sich alle einig, die Herren Trainer, Sportdirektoren, Trainingskiebitze und Gurus. Also muss es stimmen. Wer auf andere Autoritäten als die eigene nichts gibt, der musste sich in den vergangenen Jahren nur ein beliebiges Werder-Spiel anschauen, um sich zumindest davon überzeugen zu lassen, dass jedenfalls in Bremen immer einer besonders dumm aussieht. Der hinten links.

Allein in der Ära Schaaf – ernst gemacht mit der Viererkette hatte bei Werder als Erster der Kurzarbeiter Aad de Mos im Jahr 1995 – versuchten sich Myriaden von Fußballern, die tragischerweise lieber mit dem linken Fuß schießen als mit dem rechten, auf der sogenannten Außenbahn. Ein sprechender Name, denn Spieler wie Christian Schulz, Ludovic Magnin, Sebastian Boenisch, Aymen Abdennour, Victor Skripnik, Duško Tošić, Paul Stalteri, Jelle van Damme, Mikaël Silvestre, Pierre Womé und Petri Pasanen waren Außenseiter im über viele Jahre ganz auf Schönheit und Eleganz angelegten Spiel des SV Werder. Sie durften und konnten nie so richtig mitspielen.

Der linke Abwehrmann, das war in Bremen ein Running Gag. Er ließ die gegnerischen Angreifer reihenweise durchschlüpfen, rannte stets hinterher, wenn es nach hinten ging, und manisch in fremde Abwehrreihen, wenn es nach vorne ging. Flanken segelten grundsätzlich auf die Weser oder den Osterdeich, weshalb sich Adidas irgendwann weigerte, den SV Werder mit Fußbällen auszustatten. Okay – ein Kalauer; dabei waren unsere stets bemühten Mannen auf links doch nie wirklich ein Witz, sondern vor allem Kult. Viktor »der Beckham der Ukraine« Skripnik zum Beispiel, oder Christian

»Schuuuuulz«, der seinen Platz immer eher im defensiven Mittelfeld sah, wie überhaupt die Besetzung eines Linksverteidigers etwas von der Sportstunde im Schulunterricht hatte. Wer als Letzter gewählt wurde, musste halt nach links. Petri Pasanen verteidigte viel lieber in der Mitte, Paul Stalteri machte sein erstes Werder-Spiel als Angreifer, und Sebastian Boenisch wäre wahrscheinlich lieber Leichtathlet geworden. Und so zerschellten auf der Außenbahn immer wieder Lebensträume von eingebildeten Zidanes, Messis und Ronaldos.

Aber mal Hand aufs Herz – ist es nicht auch irgendwie gemein, vom Linksverteidiger quasi die Quadratur des Kreises zu verlangen? Hinten dichtmachen, vorne die Tore in Serie auflegen mit genau gezirkelten Flanken? Da müsste man doch schon ein, ein, ein … ein wer noch gleich eigentlich sein? Dem Werder-Fan fällt wahrscheinlich überhaupt niemand ein, an dessen linker Kunst er sich delektieren könnte. Insofern wir die Bremer Konsequenz, dem linken Phantom gefühlt seit Jahrzehnten hinterherzujagen, ohne je der ultimativen Lösung dieser komplizierten Gleichung habhaft zu werden, dann doch unbedingt loben wollen. Der Weg ist das Ziel, und manchmal gabelt man unterwegs auch jemanden wie Andree Wiedener auf. Und der fängt dann an zu tanzen. Es lebe der Linksverteidiger!

32. GRUND

Weil Werder einfach immer weitermacht und eigentlich immer denselben Trainer hat

Weiter, immer weiter, unbeirrt und unverändert: Das ist der SV Werder auf dem Pfad der Erleuchtung. In Bremen brennt das Licht der Erkenntnis übrigens seit 30 Jahren, man geht hier immer im Kreis herum und begegnet dort stets denselben Gestalten. Sie heißen Thomas Schaaf, Willi Lemke oder Klaus-Dieter Fischer.

Erleuchtet sind all diejenigen, die das Wesen der Kontinuität verstanden haben als Grundlage allen Seins. Warum Parteigänger der aufgeregten Spezies werden, die nur im permanenten Wandel ihr Heil erkennt? Bei uns in Bremen hält das Trainerkarussell jedenfalls nicht an, um uns irgendeinen Fußballuntertanen vor die Füße zu spucken. In Bremen regierte 14 Jahre König Otto, dann kam von 1995 bis 1999 eine Phase der vorübergehenden Verirrung in die Gepflogenheiten der Branche (vier Trainer in fünf Jahren!), dann der Rehhagel-Schüler Thomas Schaaf, der auch 14 Jahre blieb, um dann im Sommer 2013 nach einer bescheidenen Saison Knall auf Fall zu verschwinden.

Schaaf schickte sich an, den Rekordtrainer Rehhagel im Hinblick auf seine Dauertrainiererei ein und desselben Bundesligavereins noch zu übertreffen. Seit 1999 nahm Schaaf stoisch auf der Bank der Bremer Platz, er war der Dauerbrenner unter den Trainern. Wobei das mit dem Brennen so eine Sache ist. Der Unique Selling Point Schaafs ist ja ganz im Gegenteil sein heruntergekühlter Pragmatismus einschließlich gnadenlos effizienter Rhetorik. Im Sinne Schaafs laufen die »Dinge«, um die Lieblingsvokabel des Meistertrainers zu zitieren, dann genau richtig, wenn sie gelassen und bedächtig angegangen werden.

Das Prinzip Schaaf ist universell: Er wechselt nicht gleich die Stammformation, nur weil ein Spieler mal in einer Formkrise steckt. Und er lacht auch nicht einfach mal so, nur weil jemand einen Jokus gemacht hat. Da muss einer schon denselben sehr trockenen Humor – »spröde« wäre ein Wort, das uns hierzu noch einfiele – wie er haben, damit der Thomas mal die Mundwinkel nach oben zieht. Was nicht heißt, dass er kein Humor-Bigstyler wäre. Seine Antwort auf die Frage, was ihm denn besonders wichtig sei, beweist das doch recht eindrucksvoll: »Dass mein Haar gut liegt, denn ich trage es schließlich offen.«

Zurück zum bremischen Trainer-Stoizismus. Wer nicht alle anderthalb Jahre den Coach austauscht, der beherzigt nicht nur ein griechisches Philosophie-Ideal, nein, der bekennt sich auch zum deutschen Geistes-Heros Friedrich Nietzsche, der einst von der ewigen Wiederkunft sprach, der ewigen Wiederkehr des Immergleichen – wäre es nicht schrecklich, wenn nun auch in Bremen die Hast der Moderne einkehrte? Wenn Trainer kämen und gingen? Wenn Werder plötzlich Abwehr könnte? Wäre nicht gerade das langweilig, wenn die Langeweile im Bremer Personalstand auf einmal aufhörte? Werder überdauert alle Moden. Werder macht einfach weiter. Und wenn die Zeiten einmal schlechter werden, verliert man an der Weser darüber nicht den Kopf, sondern gibt sich auch mal mit weniger zufrieden. Man hält es auch hier mit Nietzsche, der sagte nämlich: »Viele sind hartnäckig in Bezug auf den einmal eingeschlagenen Weg, wenige in Bezug auf das Ziel.« Das ist nicht schlecht, stimmen wir dem alten Denkerfritze zu. Bald schon sind wir wieder ganz oben!

4. KAPITEL

OTTO, »WE WON SE CUP«, VERLORENE JAHRE UND EIN NEUANFANG

DIE ACHTZIGER UND NEUNZIGER

33. GRUND

Weil in Bremen König Otto regierte

Erstmals war Otto Rehhagel vom 29. Februar bis zum 30. Juni 1976 in Bremen tätig. Das war in der Zeit, als Werder praktisch in jeder Saison Elfter wurde und noch seine Kräfte sammelte, um in den Achtzigerjahren mit aller Gewalt die Bayern anzugreifen. Über Letzteres kann freilich Wilfried »Willi« Lemke mehr erzählen, bleiben wir einstweilen jedoch bei Otto, dem Außergewöhnlichen, der am 2. April 1981 zum zweiten Mal beim SV Werder anheuerte. Er kam, um zu bleiben. Gefühlt für immer.

Erst 1995 war Schluss für König Otto, die »Trainerikone«, um einen besonders schönen Begriff aus dem Mythenschatz von König Fußball zu verwenden. Zurück ließ Rehhagel einen kräftig aufgehübschten Briefkopf (Meister 1988 und 1993, Pokalsieger 1991 und 1994, Europapokalsieger 1992) und jede Menge einprägsame Formulierungen: »Geld schießt keine Tore« zum Beispiel. Oder: »Die Wahrheit liegt auf dem Platz« – das könnte übrigens in seiner Prägnanz und bestechenden Logik, in seiner philosophischen Tiefe so auch Sepp Herberger, The Godfather of Fußballweisheiten, gesprochen haben.

Rehhagel jedenfalls verdanken wir nicht nur unsterbliche Zitate, sondern auch eine ganze Generation von Werder-Fans. Zum bundesweit beliebten und unverwechselbaren Verein wurden die Norddeutschen in der Ägide Rehhagels. Er führte den ruhmreichen SVW nach seinem einzigen Jahr in der Zweitklassigkeit (1980/81) zurück in die Bundesliga und dort gleich (beinah) an die Spitze. Als die Bremer 1983 als Außenseiter Vizemeister nach dem HSV wurden, damals, horribile dictu!, die Nummer eins in der Fußballrepublik, gab es sogar eine Feier am Rathaus. Später war das nur so, wenn mit Glitzerzeuchs – einem Pokal, einer Schale – gewedelt werden durfte. 1983 aber dürstete Bremen nach Helden, und es ist

Rehhagel zu verdanken, dass die strukturschwache Stadt, in der der Hafen langsam, aber unerbittlich austrocknete, durch den Fußball zu neuem Selbstbewusstsein kam.

Weil Otto bisweilen aber auch zur Selbstherrlichkeit neigte (»Die Entscheidungen, die ich treffe, sind immer richtig.«, »Bei mir darf jeder sagen, was ich will.«) und dies selbst durch seine bisweilen auftretende Selbstironie nicht ausgleichen konnte, machte er sich gerade bei Medienmenschen ziemlich unbeliebt. Die spotteten über seine letztlich doch relativ oberflächliche Begeisterung für die Hochkultur. Wer Reclam-Bücher mit sich herumträgt und den Theatermann Jürgen Flimm seinen Freund nennt, ist nicht zwangsläufig ein Sophokles-Experte, kann aber das beinah Unmögliche schaffen und mit Griechenland Europameister werden; das lehrt das Beispiel Rehhagel.

Halt, einen Freund in der Journaille hatte Rehhagel doch: den unverwüstlichen Rolf Töpperwien. Der ist, wie Rehhagel, ein sogenanntes Kind der Bundesliga, also erst durch den Fußball zu dem geworden, der er ist, und das war über lange Zeiten hinweg ein seltsame Pullis tragender, bei Interviews immer eifrig nickender Zeitgenosse, der insbesondere Otto Rehhagel stets umfassendes Einverstandensein signalisierte. Deswegen nannte man ihn spöttisch den »Putzerfisch«. Wie böse! Doch Töpperwien entsprach wahrscheinlich noch am ehesten dem, wie Rehhagel sich einen Fragesteller wünschte.

Die Rache der Journalisten folgte dann, so geht die Anekdote, in einer legendären Pressekonferenz, in der ein wieder einmal unleidlicher und störrischer Erfolgstrainer der verblüfften Zunft tatsächlich mitteilte, er lasse diesmal nur »Fachfragen« zu. Worauf sich ein Reporter mit folgender Äußerung zu Wort meldete »Ich muss morgen das Kinderzimmer meiner Tochter neu streichen – welche Dispersionsfarbe würden Sie mir empfehlen?« Und das hat dann gesessen, denn niederträchtiger, aber auch hilfloser angesichts der ihrerseits hilflosen Arroganz des Trainers hätte eine Retourkutsche nicht ausfallen können. Der gebürtige Essener Rehhagel war ein gelernter Maler.

Mit Journalisten konnte er halt nicht, und sie konnten nicht mit ihm. In Bremen wird er dessen unbenommen auf immer unvergessen sein, der Erfinder der »kontrollierten Offensive«, der doch gerade in seinen späten Jahren als überkontrollierter Defensivfanatiker die wackeren Griechen so herrlich unerfinderisch und altbacken den Fußballsport lehrte. Noch mit über 70 stand er zuletzt bei Hertha BSC an der Bande. Den Abstieg der Berliner konnte er zwar nicht verhindern, aber sein Programm, wonach das Alter der an der hehren Sache des Fußballs Beteiligten ganz egal ist, wandte er konsequent auf sich an. Es gebe keine zu jungen oder zu alten Spieler, es gebe nur gute und schlechte, hatte er ja einst verfügt. In Bremen hat er jede Menge gute entdeckt.

34. GRUND

Weil nur Werder einen »Werder-Willi« hat

Im unerschöpflichen Fundus der mehr oder minder geistreichen, mit dem Fußball assoziierten Bemerkungen findet sich eine, die sehr viel und gleichzeitig sehr wenig über Willi Lemke erzählt. Der ehemalige Leverkusener Manager Reiner Calmund soll einmal Folgendes zu Willi Lemke gesagt haben: »Mann Willi, du siehst ja echt aus, als sei 'ne Hungersnot ausgebrochen.« Worauf der Willi geantwortet haben soll: »Und du siehst so aus, als seiest du schuld daran.«

Reiner Calmund ist, wie wir wissen, ein sehr dicker Mensch. Willi Lemke ist ein sehr dünner Mensch. Calmund warf nicht nur zu gemeinsamen Zeiten im operativen Geschäft mit Geld nur so um sich, während Lemke, Werder-Manager von 1981 bis 1999, seine Penunzen nur überaus ungern herausrückte. Calmund, der von Bayer pekuniär äußerst großzügig unterstützte Rheinländer, war ein Gourmet, wenn es um die Zusammenstellung des Leverkusener Kaders ging. Der jeweils nächste Brasilianer konnte nicht teuer genug sein. Bei Lemke, dem gebürtigen Hamburger, war stets Schmalhans Küchenmeister.

Ob er das gut fand – Milch und Honig dort, Brot und Wasser hier? Ganz bestimmt nicht, denn Lemke ist herrlich altmodisch. Er ist ein Linker. Nicht irgendwie, wie viele heute, linksbürgerlich, linksliberal, linksganzegal, nein – so richtig mit Klassenkampf und so. Lemke war immer für soziale Gerechtigkeit, er war einst Schatzmeister bei der Bremer SPD, und nach seiner Werder-Zeit kümmerte er sich als Bildungssenator um die berühmte Bremer Schullandschaft, die ja nicht ganz so beeindruckend ist, so von den Leistungen her. Lemke war in den Siebzigern wissenschaftlicher Mitarbeiter in der Bremer Reform-Uni, also known as rote Kaderschmiede. Und er war, einzigartig in der an Unikaten reichen Riege der Fußballmanager, tatsächlich ein Doppelagent. Für den Verfassungsschutz und, was sonst, den KGB. Potztausend!

Der Sozi-Willi wusste aber auch stets auf der Klaviatur des Kapitalismus zu spielen. Für Werder flirtete Lemke, bis 2014 Aufsichtsratschef des Vereins, bisweilen heftig mit dem freien Markt, einmal »verkaufte« er, wenn die Erinnerung nicht trügt, ein Heimspiel an den in Bremen ansässigen Kraft-Konzern (damals Jacobs Suchard), der dann im Weserstadion hemmungslos für seine »Lila Pause« werben durfte. Grundsätzlich verstand der Klassenkämpfer wenig Spaß, wenn es um Konkurrenz und Großkapitalisten ging. Lemkes Fetzerei mit Uli Hoeneß, dem übermächtigen Gegner aus Bayern, ist legendär. Man trug sich so einiges nach, und leider ist es besonders Willi Lemke, der immer noch einigermaßen moralinsauer auftritt und wenig versöhnlich – als wäre Hoeneß der Antichrist.

Willi! Der Hoeneß ist, trotz gewisser Probleme mit den Steuerbehörden, gar nicht ... sooooo schlimm. Humor, wie ihn Lemke in der eingangs zitierten Calmund-Episode offenbarte, ist jedenfalls kein hervorstechendes Wesensmerkmal des Marathonläufers. Ob er immer noch im Affentempo durch den Bürgerpark wetzt? Er ist ja nicht mehr so oft in Bremen, weil er zuletzt Sonderberater des UN-Generalsekretärs ist. Wenn irgendwo in einem Entwicklungsland heute ein Kind im Werder-Trikot herumläuft, dann hat es das von Lemke, jede Wette.

35. GRUND

Weil Rudi Völler mal für Werder gespielt hat

Der erste Vertrag mit Rudolf Völler, genannt »Rudi« oder »Tante Käthe«, wurde in Hamburg unterschrieben, obwohl der Hanauer von 1860 München nach Bremen wechselte (übrigens gemeinsam mit Wolfgang Sidka) – auch 1982 schon war der Spielermarkt eine globale, polyglotte und rastlose Angelegenheit. Hamburg! Der Umschlagplatz für Waren aller Art, und manchmal war auch ein spiddeliger Schnauzbartträger wie Völler darunter.

Ähnlich aufregend ging es, was die Vertragsverhandlungen betraf, in der Causa Völler übrigens weiter. Ein späteres Arbeitspapier, in dem eine weitere Zusammenarbeit mit Werder vereinbart wurde, unterschrieb Völler der Legende nach im topgeilen und glamourösen Szene-Lokal »Casablanca«, nachdem sich die Werder-Macher Lemke, Böhmert und Fischer ganz tief in die Augen geschaut hatten. An Völler baggerten in seinen fünf Bremer Jahren eigentlich ständig irgendwelche Italiener rum. Deren Werben erlag er erst 1987, da wechselte er nach 137 Spielen und 97 Toren im Bremer Dress zum AS Rom.

Als Unvollendeter: Meister wurde Werder ja erst in der Saison nach seinem Weggang. Schon tragisch, denn Völler war über Jahre Werders bester Spieler. Als er über Marseille 1994 in die Bundesliga zurückkehrte, schloss er sich dann ausgerechnet Bayer Leverkusen an, in dessen Vereinsstatuten bekanntlich das unbedingte

Nicht-Gewinnen des Meistertitels zwingend festgeschrieben ist. Weil Rudi schon immer ein Filou war, erklärte er in seinem leicht verwaschenen hessischen Akzent in der stets äußerst gehaltvollen Fußballsendung *ran täglich* (oder war es *ranissimo*?) nach seinem Wechsel ins Rheinland, es sei schon immer ein Traum von ihm gewesen, bei Bayer Leverkusen zu spielen. Er schien das ganz ernst zu meinen.

Denn Völler, der nachmalige Trainer der Nationalmannschaft, trug sein Herz schon immer auf der Zunge – siehe auch seinen famos-ordinären Fernsehstudio-Auftritt bei Waldemar Hartmann nach einem tristen Qualifikationsspiel in Island im Jahr 2003, besser bekannt als die »Mist-, Käse- und Weizenbier-Rede«. Wichtig, dass Rudi da mal völlig zu Recht gegen das Unwesen der Experten und »Gurus« zu Feld zog. Die Dummbabbler und Schlauschwätzer – mit ihnen konnte er nix anfangen. Ein schmuckloses 0:0 gegen Island, na und? Wichtig ist, was hinten dabei rauskommt. Und dass Trainer nicht unbedingt masochistische Lust bei Kritik von außen empfinden müssen, hatte Völler bei seinem Bremer Coach Rehhagel früh gelernt. Besser zurückkeilen, lautete die Devise. Das Wort »schmucklos« beschreibt die Spielweise des sagenhaft torgeilen Spielers Völler übrigens ganz gut. Kabinettstückchen hatte der nie in petto, weshalb, Ironie der Geschichte, Völler eine ganze Zeit lang der Prototyp des deutschen Fußballers war; nicht schön anzusehen, aber effizient. Eben so, wie die Nationalelf unter dem Trainer Völler auftrat.

In Bremen haben sie nur die allerbesten Erinnerungen an Völler, der im Übrigen so frei war, die Schale der bislang letzten Deutschen Meisterschaft im Mai 2004 persönlich im Weserstadion zu überreichen. Wie gesagt, er selbst hat sie nie als Meister in der Hand gehalten, der Vize-Völler der Jahre 1982/1983, 1984/1985 und 1985/1986. Die Meisterschaft blieb ein Wunschtraum, und es war einer der fiesesten Tritte, die die Bundesliga je gesehen hat, der sein Übriges dazu tat, das große Ziel eben nicht zu erreichen. Wenn man erklären will, woher der Begriff »umholzen« kommt, muss man sich nur das Foul des Klaus Augenthaler an Völler am 16. Spieltag der Saison 1985/1986 ansehen. Es war der 23. November 1985, es war die 28. Spielminute, und »Auge«, der Anti-Fußballer, packte einfach mal die Axt aus. Nach der Brachialattacke konnte Völler fünf Monate nicht mehr Fußball spielen, er kehrte erst zum Rückspiel gegen die Bayern im Weserstadion zurück auf den Platz, aber das ist eine andere Geschichte.

Mit Rudi Völler verbinden die Bremer trotz vergeblicher Titeljagd die Erinnerung an eine der besten Phasen der Vereinsgeschichte, in der Werder zur Bundesliga-Spitzenkraft wurde und ein gelockter Instinktfußballer in stürmischen Zeiten an der Weser wie ein Tornado über die gegnerischen Abwehrreihen kam. »Was meine Frisur betrifft, da bin ich Realist«, soll Völler einmal gesagt haben. Was die Bewertung seiner Werder-Jahre angeht, sind wir es auch: So einen wird es nicht mehr geben.

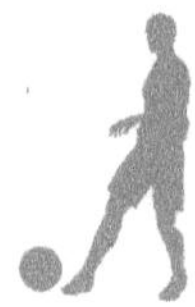

36. GRUND

Weil in Bremen der berühmteste Elfmeter der Bundesliga-Geschichte verschossen wurde

Am 22. April 1986, einem Dienstag, lag Bremen in Tränen, obwohl doch eigentlich noch gar nichts verloren war. Werder war nach einem torlosen Unentschieden zu Hause gegen den FC Bayern immer noch an der Spitze der Tabelle. Zwei Punkte Vorsprung, ein Spiel noch – und Werder hatte wirklich wieder eine herausragende Runde gespielt, wie zuletzt immer in der Bundesliga. In den Jahren zuvor war man zwei Mal Vizemeister geworden. Werder war dran jetzt, die Stadt lechzte nach dem Titel.

Aber es gibt eine geheime Dramaturgie, die das Fußballgeschehen bestimmt, ein Regelwerk, nach dem die Geschichten geschrieben werden, die noch Jahrzehnte später erzählt werden und am Ende eine Form annehmen, die vielleicht gar nicht ihre ursprüngliche gedachte war. Hätte man nach der Partie gegen die Bayern beispielsweise Rudi Völler gefragt, ob es das jetzt war mit dem Titel, er hätte das im Brustton der Überzeugung verneint. Aber im Nachhinein erscheint es als ganz natürlich, dass der verpasste Sieg gegen Bayern, der den vorzeitigen Gewinn der Meisterschaft bedeutet hätte, das Ende aller grün-weißen Träume war.

Es war ja nicht irgendein Spiel gewesen, sondern eines mit einigen Denkwürdigkeiten. Die eine zum Beispiel war die Rückkehr des Rudi Völler nach langer Verletzungspause, den Bayern-Holzfäller Klaus Augenthaler im Hinspiel dreckig gefoult hatte, das andere ist der berühmteste verschossene Elfmeter der Bundesliga-Geschichte. Wäre er drin gewesen, dann wäre Werder jetzt ein Mal mehr Deutscher Meister. Im Internet kann man sich die dramatischen Schlussminuten des Spiels noch einmal ansehen, und das ist zunächst mal auch eine Nostalgiefahrt in tiefe Fußballvergangenheit: Der Schnitt der Sporthosen, die unüberdachten Kurven des Weserstadions, das aus heutiger Sicht überaus seltsame akustische Beiwerk der Gas-Tröten, die Tartanbahn – die alten Bilder sehen nach Schweiß, blauen Flecken und schmutzigen Stollen aus. Das kann man vom Hochglanzprodukt Fußball anno 2013 nicht mehr sagen.

Völler wird in der 77. Minute eingewechselt, eine riesige Traube von Fotoreportern mit klobigem Gerät vor der Bremer Bank begleitet seine Rückkehr auf den Platz. Gegen Sören Lerby holt er kurz vor Schluss einen, *den* Elfmeter, heraus. Völler reißt die Arme hoch, das Stadion tobt. Und dann läuft Michael Kutzop an. Und der Ball klatscht an den Pfosten. Nicht nur der arme Kutzop, dessen Name weit über Bremen hinaus auf immer mit diesem Fehlschuss in Verbindung gebracht werden wird, ist heute noch ein wenig zu bemitleiden; man muss schon eine gewisse Freude am eigenen Leid empfinden, wenn man sich die alten Bilder gerne anschaut. Kutzop verwandelte in seiner Karriere von 40 Elfmetern genau einen nicht.

Vier Tage später verloren die Bremer 1:2 in Stuttgart, während entfesselte Bayern Mönchengladbach mit 6:0 aus dem Stadion schossen. Es soll sehr sonnig in München gewesen sein an dem Tag, an dem die Bayern zum ersten Mal überhaupt in jener Saison Tabellenführer waren, es klingt alles ganz ekelhaft. Rudi Völler, der nie Meister wurde, trug Kutzop die Sache übrigens nicht nach: Der Fehlschütze, der 1988 doch noch zu Meisterehren mit Werder kam, leitet heute die Rudi-Völler-Fußballschule auf Mallorca.

37. GRUND

Weil »Schlitzer« Norbert Siegmann heute Buddhist ist

Es ist ein Foto, das wohl jeder Fußballfan schon mal gesehen hat. Und es ist eins der schrecklichsten Bilder dieses Sports: Der auf dem Rasen des Weserstadions sitzende, schreiende Ewald Lienen. Im rechten Oberschenkel des damaligen Bielefelders klafft mittig eine riesige Wunde, 25 Zentimeter lang und so tief, dass der Muskel zu sehen ist.

Das blutigste Foul der Bundesliga-Geschichte. Verursacht hat es am 14. August 1981, dem 2. Spieltag der Saison 1981/1982, Bremens Norbert Siegmann. Unabsichtlich, wie der Innenverteidiger in Interviews danach immer wieder beteuerte: Seine frontale Grätsche in der 14. Spielminute, bei der sein Stollenschuh Lienens Oberschenkel aufriss, sei eigentlich ein »Allerweltsfoul« gewesen und keinesfalls absichtlich darauf angelegt, Lienen schwer zu schaden. »Ich habe vor ihm angehalten. Wenn ich ihn absichtlich hätte foulen wollen, dann hätte ich gewiss nicht angehalten, sondern …«, erzählte Siegmann 2007 der *Bild-Zeitung*.[12]

Weil die Wunde aber so furchtbar aussah, hatte Siegmann danach seinen neuen Beinamen »Schlitzer« weg. Vorher nannten sie ihn »Zico«, weil er sein Haar ähnlich trug wie die brasilianische Legende.

Lienen stand übrigens keine drei Wochen nach dem Foul wieder auf dem Trainingsplatz; er verklagte trotzdem, allerdings erfolglos, Siegmann und Werder-Trainer Otto Rehhagel. Wohl noch unter Schock stehend, war der Stürmer direkt nach der Verletzung noch mit unversorgter Wunde auf Rehhagel zugerast und hatte ihn beschuldigt, Siegmann angestachelt zu haben. Vor dem Rückspiel gab es Morddrohungen gegen den Werder-Trainer, der deshalb vorsichtshalber mit kugelsicherer Weste auf der Bank Platz nahm. Siegmann war gar nicht erst im Kader. Erst im Herbst 2012, also mehr als 31 Jahre später, versöhnten sich Lienen und Siegmann offiziell, mit Handschlag. Über die Jahre hatten sie nur locker in Verbindung gestanden.

Schiedsrichter Medardus Luca, der die Schwere von Lienens Verletzung damals zunächst gar nicht mitbekommen hatte, zeigte Siegmann für das Foul die Gelbe Karte. Überhaupt flog der in seinen insgesamt 209 Bundesliga-Spielen nicht ein einziges Mal vom Platz. Und nach seinem sportlichen Karriere-Ende 1986 wandte sich Siegmann einem komplett friedlichen Leben zu: Er bereiste zehn Jahre lang alle möglichen Winkel der Welt, sah Mexiko, Japan, Brasilien, Hongkong und die Philippinen. Immer auf der Suche nach dem Sinn des Lebens. Besonders der berühmte nordindische Pilgerort Rishikesh faszinierte ihn. Heute hat Siegmann einen Sinn in seinem Leben gefunden: Er, der das blutigste Bundesliga-Foul beging, lebt seit Jahren als bekennender Buddhist in Bremen. Und ist jedes Mal ein bisschen genervt, wenn die Journalisten wieder bei ihm anrufen. Das passiert immer dann, wenn in irgendeinem Spiel ein Stollenschuh ein Bein aufschlitzt.

38. GRUND

Weil man bei Werder über die Stränge schlagen darf – und das auch noch dem Vereinswohl dient

Der damalige Fortuna-Düsseldorf-Trainer Norbert Meier gab Mitte März 2013 per Vereins-Homepage sein Ehe-Aus bekannt. Woran die Beziehung nach 30 gemeinsamen Jahren scheiterte, erklärte er verständlicherweise nicht en détail. Norbert Meier, rechnet man nach, kannte seine Sieglinde übrigens schon lange vor jenem legendären Kopfstoß gegen Albert Streit 2005, der ihm zweifelhaften Ruhm (und eine dreimonatige Sperre) einbrachte.

In den Tiefen des Werder-Anekdoten-Universums findet sich eine Geschichte, die sich in der frühen Phase der Meier'schen Ehe zugetragen haben soll – und die dem damaligen Werder-Spieler möglicherweise auch eine etwas ungemütlichere Zeit mit seiner Angetrauten eingebracht haben dürfte. Die Geschichte dreht sich um das Verhalten von Spielern außerhalb des Platzes, also außerhalb ihrer Arbeitszeit. Grundsätzlich kann dann natürlich jeder tun, was er gerne möchte. Man sollte sich bei einigen Freizeitvergnügungen nur besser nicht fotografieren lassen oder sonst wie auffallen. Logischerweise sind Vereine grundsätzlich bestrebt, die Fälle, in denen das eine oder das andere schiefgeht, möglichst unter Verschluss zu halten. Bei der Meier-Otten-Anekdote klappte das nicht. Aber wenn man einen schlauen Manager namens Willi Lemke hat, gibt's keinen großen Skandal, weil die Pointe des Managers die Geschichte erst zu einer richtig guten macht.

Die Spieler Norbert Meier und Jonny Otten trafen sich also, so erzählt man sich, eines Abends Mitte der 80er-Jahre in einem Puff. Was sie dort genau trieben, ist nicht überliefert. Es muss auf jeden Fall eine ganze Menge Alkohol im Spiel gewesen sein, sonst wären sie irgendwann mitten in der Nacht nicht auf folgende Idee gekommen: Als sich herausstellte, dass die Barschaft der beiden nicht im Mindesten für die Begleichung der Rechnung ausreichte, wählten sie eine Telefonnummer. Und zwar ausgerechnet die von Willi Lemke! Das spricht wohl für das Vertrauensverhältnis zwischen dem damaligen Werder-Manager und seinen Angestellten – welcher normale Mensch, bitte schön, würde in einer finanziellen Notlage, dazu noch in einem Bordell, mitten in der Nacht seinen Chef anrufen?

Otten und Meier jedenfalls taten es, Lemke schlüpfte aus dem Bett und fuhr zu den beiden. Gewieft, wie er nun mal war (und ist), packte er neben dem benötigten Bargeld noch zwei andere Dokumente in seine Tasche: die Verträge über eine Verlängerung bei Werder, die sich Meier und Otten bislang zu unterschreiben geziert hatten. Sei es, weil sie eben nicht mehr ganz nüchtern waren, oder vielleicht auch aus Dankbarkeit angesichts der schnellen Hilfe – beide unterschrieben noch an Ort und Stelle. Angeblich übrigens auch noch zu schlechteren Konditionen als vorher.

Wer weiß, was passiert wäre, hätten die beiden damals nicht Lemke, sondern vielleicht Rudi Völler, Bruno Pezzey oder Dieter Burdenski aus dem Bett geklingelt. So aber blieben Meier und Otten bei Werder und waren bei den Feiern zur Meisterschaft von 1988 ganz vorne mit dabei.

39. GRUND

Weil Werder gut zu alten Säcken war

Marco Bode war 33, als er seine Karriere im Jahr 2002 bei Werder beendete. Kann man machen. Er hatte ja alles erreicht, als Meister, Europapokalsieger, Pokalsieger, Nationalspieler. Ein gutes Alter für den Schlussstrich. Morgens beim Aufstehen tut zwar schon alles weh, aber man muss noch nicht von der Ehefrau gestützt werden. Dieter Eilts, der stolze Ostfriese mit dem prima Gruppengedanken

(»Wir sind insgesamt so gefestigt, dass jeder die Meinung des Trainers akzeptiert«), war dagegen schon fast 37, als er kurz vor Bode mit dem Fußballspielen aufhörte. Ganz schön lange durchgehalten, was? Und das immer bei Werder!

Wo heute schon Teenager zu Weltstars werden, mutet das Alter, in dem gerade in Bremen von Fall zu Fall noch Fußball gespielt wird, geradezu biblisch an, wie man wohl sagen darf, obwohl unsere Kicker keine Prediger waren – sieht man mal vom sehr gläubigen Wynton Rufer ab. Und es ist auch nie einer mit dem Rollator aufs Feld gekrochen, nur um nach einem letzten Röcheln sein Leben auf dem heiligen Rasen des Weserstadions auszuhauchen. Keine Tattergreise, liebe Leute, keine arthritischen Zeitlupenfußballer, keine geriatrischen Werder-Pensionäre, noch nicht mal überehrgeizige Jung-Senioren – nein, Werders Old-School-Kicker waren Leistungsträger, egal ob sie wie Pico Schütz mit 37 aufhörten, wie Horst-Dieter Höttges mit fast 35 oder wie Mirko Votava mit 40.

Votava ist der älteste Torschütze der Bundesligageschichte: 40 Jahre und 121 Tage war er am 3. Spieltag der Saison 1996/1997 alt, als er bei der 1:2-Niederlage in Stuttgart den Anschlusstreffer machte. Für Statistikfreaks sei noch erwähnt, dass das Spiel am 24. August 1996 stattfand. Wenige Spieltage später schnürte der unverwüstliche langjährige Kapitän die Kickstiefel zum letzten Mal. Zahlen, Zahlen, Zahlen – weiter geht's: Dieter Burdenski stand 1988 noch mit beinah 38 im Werder-Tor, endgültig Schluss machte er drei Jahre später in Holland.

Am besten sind aber die Geschichten von Manfred Burgsmüller und Klaus Fichtel. Wo heute Spieler, wenn sie richtig gut sind, den SV Werder im besten Alter – zwischen 24 und 27 etwa – schon wieder verlassen, wo man bei Neuverpflichtungen immer auch an den Wiederverkaufswert denkt, es muss ja alles wirtschaftlich sein in Bremen, war früher mal der alte Sack bei Werder Bremen der letzte Schrei. Manni Burgsmüller, der ewig lang im Ruhrgebiet gespielt hatte (und ein Jahr auch in Nürnberg) war fast 35, als er an die Weser wechselte, um im zarten Alter von 38 endlich Meister zu werden. Schluss machte er 1990 – mit 41. Was hat man dem für einen Zaubertrank gegeben?

Und was war das Geheimrezept von Klaus Fichtel? Dessen Karriere mutet noch unglaublicher an und, wir können das an dieser Stelle nicht verschweigen, konnte doch wohl nur in einer Zeit spielen, in der der Fußball weniger athletisch war. Fichtel, 1944 geboren und wie Burgsmüller ein Mann aus dem Ruhrpott, wechselte 1980 von Schalke 04 zum frisch gebackenen Zweitligisten Werder Bremen. – So wie übrigens auch Torjäger Erwin Kostedde, der sich als 34-Jähriger den Bremern anschloss, um sie zurück in die 1. Liga zu schießen. 1982 verließ er Werder mit 36, um noch ein Jahr in Osnabrück zu kicken. – Aber zurück zu Fichtel: Der blieb bis 1984, aber nicht, um damit etwa seine verdienstvolle Laufbahn zu beenden.

Nein, Abwehrspieler Fichtel (Spitzname: »Tanne«) kehrte noch einmal für vier Jahre zu seinem Stammklub Schalke 04 zurück. Am 21. Mai 1988, ausgerechnet gegen Werder, bestritt Fichtel sein letztes Bundesligaspiel. Er war 43 Jahre, sechs Monate und zwei Tage alt – ein Altersrekord, der, prophezeien wir jetzt mal, auf ewig Bestand haben dürfte. Jedenfalls solange keine genmanipulierten Kicker auflaufen.

40. GRUND

Weil Rune Bratseth bei Werder gespielt hat

Von den langen Lulatschen konnten sie in Bremen nie genug bekommen. Didi Beiersdorfer, Michael Schulz, Júnior Baiano, Naldo, Per Mertesacker, Frank Neubarth – und es waren noch ein paar mehr. Und auch von den großen Schweigern, den nordischen Recken und Männern aus der Kälte gab es ein paar in Bremen.

Manchmal waren die beiden Gruppen deckungsgleich, das war dann der Bremer Idealspieler. Skandinavier waren hier immer populär. Der Däne Per Røntved war wohl unser bester Spieler in den Siebzigern, und er war auch einer der beliebtesten.

Das Gleiche gilt für den Finnen Petri Pasanen, der 2004 von Ajax Amsterdam zu Werder wechselte, hinten drin immer topseriös und abgeklärt agierte, ohne dabei je die Ruhe zu verlieren. Im gleichen Jahr kam übrigens mit Daniel Jensen ein weiterer Däne zu uns. Der war aber klein. Viele erinnern sich auch noch an Sepp Piontek, den man aber nur fälschlicherweise für einen Dänen hält, weil er lange die dänische Nationalelf trainiert hat. Vorher hatte Piontek ab 1960 über zehn Jahre für Werder gespielt und den Verein auch drei Jahre in der Bundesliga gecoacht; das alles, wie gesagt, als Deutscher. Markus Rosenberg ist nachweislich Schwede, wir haben ihn gerne in unserem Sturm gesehen, auch wenn er viel zu oft vorbeigeschossen hat.

Am liebsten aber war uns unser Norweger, der Mann, der nach Küche und Kochen klang und den wunderbaren Namen Rune Bratseth trug. Was heißt trug, er trägt ihn ja immer noch da oben in Trondheim, wo er geboren wurde und nach seiner Werder-Zeit schnell wieder hinzog. Rune Bratseth, den wir den »Elch« oder »Abwehr-Elch« nannten, wechselte im Winter 1987 zu Werder, obwohl er, wie sich die Kiebitze mit den schärfsten Augen erinnerten, im Probe-Training keinen halb so guten Eindruck wie der Offensivspieler Vegard Skogheim machte, der erst einige Zeit später in Bremen anheuern durfte, ohne allerdings bei Werder viel Glück zu haben.

Bratseth, der staksige Schlaks mit der blassen Haut, spielte sich schnell ins Team und wurde für viele Jahre die beinah wichtigste Stütze im Team Otto Rehhagels. Wo der Ball auch hinflog, der Elch war schon da, um ihn herunterzupflücken. Was für ein Stellungsspiel! Es entzieht sich mangels Anschauung unserer Kenntnis, ob Elche gut im Kurzpassspiel und in der Spieleröffnung sind, oder ob sie am Ende gar lieber Viererkette spielen als Libero. Wäre dies so, dann wären sie zur Zeit des großen Rune besser beim AC Mailand und Arrigo Sacchi aufgehoben gewesen als bei Otto Rehhagel, dem auch heute noch eine heimliche Liebe zum freien Mann nachgesagt wird, in Fachkreisen auch »Libero-Libido« genannt. Unser Bratseth war nicht so schön wie Paolo Maldini, aber als Libero und Elch war er Eins-A, sozusagen ein Spieler der A-Klasse, der nie umkippte und dem Werben anderer Vereine erlag. Vereinstreue ging früher leichter, Jean-Marc Bosman lässt grüßen.

Leider hatte Bratseth das Pech, Norweger zu sein: Denn neben einer lässigen, unaufgeregten Wesensart gab ihm sein Geburtsland eben auch Spielgefährten mit auf den Weg, die nie die Klasse von Italienern oder Niederländern hatten. Weshalb der Kicker der Extraklasse Rune Bratseth mit seiner Nationalelf keine Erfolge feierte. Er war zu gut für sein Land.

Aber genau richtig für Werder. Er war die bestimmende Figur und Ottos Lieblingsspieler, egal, ob Uli Borowka, Michael Kutzop, Gunnar Sauer oder später Didi Beiersdorfer neben ihm spielten. Und er war der einzige Stand-by-Profi in Werders Vereinsgeschichte: In der Saison 1994/1995 war er schon Manager bei Rosenborg Trondheim, als Werder vor dem Spiel gegen den SC Freiburg Personalnöte plagten. Bratseth nahm auf der Bank Platz und sah einen ungefährdeten 5:1-Sieg seiner Bremer. Als er in der 81. Minute eingewechselt wurde, jubelte das gesamte Stadion: Da war er noch einmal, der geschmeidigste Elch, der je gegen einen Ball getreten hat.

41. GRUND

Weil keiner so cool Elfmeter schoss wie Wynton Rufer

Keine Ahnung, ob der lässigste Kicker, der je bei Werder spielte, tatsächlich ständig Kaugummi auf dem Feld kaute. Unserer Erinnerung nach ist dem aber so. Schmatzschmatz in der kurzen Büx, leise gehend, aber nie schlurfend. Und dann der Antritt. Meine Güte, was war der »Kiwi«, der aus Neuseeland stammte, aber einen Schweizer Vater hatte, für ein toller Typ.

Von 1989 bis 1995 lief Rufer für Werder Bremen auf: Er war, das kann man so sagen, in unseren besten Jahren dabei. Mit Rufer wurde Werder Pokal- und Europapokalsieger. Rufer schoss beim magischen 3:2-Achtelfinalhinspielsieg im Jahr 1989 in Neapel den Siegtreffer (Rückspiel: 5:1! Gegen Maradona!), und überhaupt war Ozeaniens Spieler des Jahrhunderts (eine hohe Auszeichnung, gell?) ganz klar ein Abendspieltyp. Seinen größten Augenblick hatte er am 6. Mai 1992 im Stadion des Lichts. Dort, in Lissabon, spielte der SV Werder gegen den AS Monaco im Finale des Europapokals der Pokalsieger, und in der 55. Minute lief Rufer Meter um Meter durch die völlig blanke Spielhälfte der favorisierten Franzosen. Es war ein Konter wie aus dem, hm, sagt man Lehrbuch in Langweildeutsch?

Jawohl, aber wir sagen jetzt, auch wegen des Stabreims: Es war ein Konter wie Kunsthandwerk und Kinofilm, ein Spielzug wie Sahne, aber allererste. Sauber gearbeitet und episch in seiner Ausführung – der tolle Pass von Klaus Allofs, dem Schützen des Führungstreffers, der Sprint Rufers, das Vorbeilegen des Balles an Monaco-Keeper Ettori, der Schuss ins leere Tor. Ein fast 14-Jähriger in einem südwestdeutschen Kaff jubelte damals lauthals in seinem Kinderzimmer, wo er allein und beinah zitternd vor einem kleinen Fernseher saß und in dem Moment wusste: Da ist das Ding.

2:0 gegen Monaco, der erste (und immer noch einzige) internationale Titel in der Geschichte Werders: Morgen konnte der Pubertierende frohen Muts in die Schule gehen, der Neid der Mitschüler war ihm sicher. Heute ist der Junge von einst 20 Jahre älter und Co-Autor eines Fußballbüchleins, er schmunzelt bei der ungefähren Erinnerung an drei damals außerordentlich beseelte erwachsene Männer, die in furchtbarem Englisch in irgendeine Kamera vom Pokalsieg sangen: »We won se Cup, we won se Cup, we won, we won, we won se Cup.« Lemke, Böhmert, Fischer als Chorknaben, war das nicht so?

Und was bleibt noch über Wynton Rufer zu sagen, den Angreifer, der zusammen mit dem deutschen Nationalstürmer Karlheinz Riedle, der mit Marco Bode, Frank Neubarth, Klaus Allofs, Manni Burgsmüller und Bernd Hobsch auf dem Platz stand und insgesamt 59 Bundesligatore erzielte? Niemand, wirklich niemand schoss Elfmeter so cool und formvollendet wie er. Langsamer Anlauf, mit dem Schussbein weit ausholen, bis der Torwart sich bewegt, und dann den Ball einfach in die andere Ecke schieben. Wenn der Torwart sich nicht bewegt, umswitchen im Kopf und so fest in eine Ecke schießen, dass er ihn auf keinen Fall hält. Ganz einfach. Kann trotzdem nicht jeder. Eigentlich, um genau zu sein, nur Wynton Rufer.

Die Erinnerung ist ein Betrüger, ein Trickspieler. Würde man nicht annehmen, dass Rufer an die 20, 25 Elfmeter in der Bundesliga geschossen hat? Alleine an zwei denkt man sofort: die beiden gegen Uwe Gospodarek erfolgreich ausgeführten beim 4:1 gegen den FC Bayern im Meisterjahr 1992/1993. Und natürlich hat, glaubt man, Rufer nie einen einzigen verschossen. Stimmt beides nicht: Es waren vergleichsweise bescheidene zehn Elfer, die der Neuseeländer verwandelte. Und eben auch einen, der nicht reinging, ironischerweise direkt der erste in einem Heimspiel gegen Frankfurt. Den konnte Uli Stein parieren, weil Rufer einfach draufhielt.

Das hat er danach nie mehr so gemacht.

42. GRUND

Weil Werder 1992/1993 in der Rückrunde nur ein Gegentor kassiert hat

Als Entschuldigung, falls dieses Kapitel ein bisschen sehr wehmütig klingt, sei vorausgeschickt: Werder Bremen hat zur Zeit der Niederschrift mit 1:6 bei den Bayern verloren. Ein paar Wochen vorher 0:5 gegen Dortmund, ZU HAUSE! Selbst gegen Freiburg: 2:3. Beim HSV: 2:3. Kurz, hinter dem SVW (und höchstwahrscheinlich auch noch vor ihm) liegen gegentorreiche Wochen und Monate. In den Saisons 2011/2012 und 2010/2011 haben sich zusammen beachtliche 119 Treffer, die nicht für Werder fielen, angesammelt. Ein ziemlich dicker Haufen Gegentore – würde man sie über- und nebeneinanderlegen.

Umso schöner ist es also, sich an die Hochphase des Rehhagel'schen Regiments an der Weser zu erinnern. Es gab tatsächlich eine Zeit, in der Gegentore kein naturgegebener Bestandteil des Bremer Spiels waren; als sie im Weserstadion sogar schon für eine ausgestorbene Gattung gehalten wurden. Werder spielt zu Hause: Tja, da gibt's für die gegnerischen Fans höchstens Chancen zu beklatschen. Ja, so war das, in der Rückrunde der Saison 1992/1993, als Werder auf dem Weg zur dritten Meisterschale war. »Der Sturm gewinnt Spiele, die Abwehr Meisterschaften«, wusste schon Jupp Heynckes. Ein Satz ganz nach dem Geschmack von Tüftler Otto, der nach der Winterpause auch noch die kleinsten Lücken in seiner Abwehr abgedichtet hatte.

Der zu Saisonbeginn verpflichtete Dietmar Beiersdorfer, Rune Bratseth, Thomas Wolter, Uli Borowka, Manfred Bockenfeld, dazu Mirko Votava, Dieter Eilts, Thorsten Legat, Uwe Harttgen und der ebenfalls neue Andreas Herzog: Durch diese Abwehr, durch dieses Mittelfeld war ab Mitte Februar einfach kein Durchkommen mehr. Nirgends. Zumindest im Weserstadion nicht. Auswärts kassierte die Meistermannschaft dann doch noch 14 Gegentore in fünf Spielen, also dem normalen Werder-Schnitt entsprechend. Aber zu Hause:

Sieben Mal zu null. Egal, wer gerade zu Gast war. Fast schon langweilig, oder? Nur in einem Spiel nicht: Na klar, gegen die Bayern. Christian Ziege gelang das fast für unmöglich Gehaltene Ende April dann doch noch.

Der Stürmer überwand den Wesertitan Oliver Reck. Was den Bayern am Ende allerdings so was von gar nichts nützte: Das Spiel verloren sie 1:4. Und die Meisterschaft kurz vor knapp auch, nachdem sie von Spieltag 1 bis zum Spieltag 32 (!) Erster gewesen waren. Trotz der (beinah) gegentorlosen Bremer! Werder war dagegen eher so mittel gestartet, zwischendurch sogar auf Platz 16 abgerutscht. Erst ab dem 22. Spieltag waren sie erster offizieller Bayern-Jäger. Und erst ganz zum Schluss ganz oben, wie sich der ehemalige Geschäftsführer Manfred Müller erinnert: »Wir sind recht entspannt zum Finale nach Stuttgart gefahren. Es hatte ja ganz anders als 1986 kaum einer noch damit gerechnet, dass wir Meister werden können. (...) Zur Pause stand es bei uns in Stuttgart 0:0, auf Schalke im Spiel der Bayern 2:1 für Schalke. Dann schoss Hobsch unser 1:0, Wolter gleich danach das 2:0. Doch eine Viertelstunde vor Schluss führten die Bayern auf Schalke plötzlich 3:2. Da gehen einem die dunkelsten Szenarien durch den Kopf. (...) Es fielen tatsächlich noch zwei Tore, aber in unserem Sinne. Es kam der Pass auf Hobsch und wir siegten 3:0. Die Bayern fingen sich noch das 3:3. Es war vollbracht.«[13]

Ja, schön war's damals.

43. GRUND

Weil Nelson Mandela Marco Bode mal fast mit Steffi Graf verwechselte

Fußballer und ihre Frisuren: Immer gerne genommen als nie versiegender Quell der Heiterkeit. Egal in welcher Dekade, irgendwer trug immer eine Frisur oder etwas in der Art, was den Nachgeborenen bei der Betrachtung von Panini- oder sonstigen Bildern unkontrollierbare Lachanfälle beschert. Werders Rekordtorschütze Marco Bode gehört eigentlich nicht in die Kategorie der Haar-GAUs. Okay, ein David Beckham war unser Bode, für den die Kategorie »Musterprofi« hätte erfunden worden sein können, auch nie. Frisurtechnisch, das kann man wohl sagen, hat er sich aber nie eine Rote Karte abgeholt. Genau wie in seiner sportlichen Karriere, übrigens, in der er in 379 Werder-Spielen gerade mal zehn Gelbe Kartons gezeigt bekam. Dass Bode trotzdem mit einer haarigen Episode Lacher abräumen kann, verdankt er Südafrikas 2013 verstorbenem Ex-Präsidenten Nelson Mandela. Und ein bisschen vielleicht auch seiner Nase. Die ist bei Bode, nun ja, nicht gerade klein geraten.

Im Dezember 1995 reiste die deutsche Fußballnationalmannschaft zu einem Freundschaftsspiel nach Südafrika. Mit an Bord: Marco Bode, der seinem ersten von insgesamt 40 Einsätzen als Nationalspieler entgegenfieberte. Als besondere Ehre war der DFB-Tross zu einem Empfang mit Mandela geladen. Der berühmte Politiker ließ es sich nicht nehmen, jeden der Fußballer persönlich zu begrüßen. Was Mandela sagte, als Bode vor ihm stand, war aber dann doch etwas sehr Erstaunliches. Er sagte nämlich: »You look like Steffi Graf!« Und das, so erzählte Bode später, habe ihn trotz der ansonsten beeindruckenden Begegnung mit dem damaligen Staatsoberhaupt doch sehr schockiert. Auch wenn es wahrscheinlich als Kompliment gemeint war. Eine Reaktion von Steffi Graf auf den Bode-Vergleich ist übrigens nicht bekannt.

Mandela hatte aber recht. Wenn man Bilder von Marco Bode und Steffi Graf aus den 90er-Jahren nebeneinanderlegt, könnten sie tatsächlich in die legendäre »Bei der Geburt getrennt«-Rubrik des Magazins *11 Freunde* gehören. In dieser werden möglichst lustige Ähnlichkeiten zwischen Sportstars und sonstigen Berühmtheiten aufgedeckt.

Steffi Graf, die Tennis-Ikone, tauchte übrigens noch einmal im Fußball-Zusammenhang auf. Auch das war ein Fall fürs

Fußball-Kuriositätenkabinett. Als Rekordnationalspieler Lothar Matthäus zum letzten Mal in seiner ruhmreichen Karriere den Platz verließ, fand Kommentator Jörg Dahlmann für den großen Abschied angeblich folgende Worte: »Da geht er, ein großer Spieler. Ein Mann wie Steffi Graf.« Da muss man auch erst mal drauf kommen. Mandelas Treffer blieb übrigens der einzige damals 1995 in Südafrika. Das Freundschafts-Spiel in Südafrika endete 0:0 und Bode kassierte natürlich keine Gelbe Karte.

44. GRUND

Weil Werder 17 Tore in einer Woche schießen kann

Die Saison 1999/2000 an sich ist keine, die den Fans als irgendwie besonders im Gedächtnis geblieben ist. Am Ende waren die Bayern mal wieder Meister, der HSV durfte leider in der Champions-League-Qualifikation mitspielen, selbst die reichen Emporkömmlinge aus Wolfsburg standen als Siebter zwei Plätze vor Werder. Aber ein Ereignis gab es doch in diesem Fußball-Jahr, das es verdient, festgehalten zu werden: die Woche vom 12. bis zum 19. September 1999.

Drei Spiele in sieben Tagen für Bremen: zwei Mal Bundesliga, ein Mal Uefa-Cup.

Die Bundesliga-Planer hatten Werder für den vierten Spieltag am 12. September die wackeren Kaiserslauterer als Gegner zugedacht. Die brachten Otto Rehhagel als Trainer mit, und vielleicht lag es daran, dass der ewige Otto Thomas Schaaf und seinen Bremern nicht wehtun wollte. Jedenfalls brachten die Pfälzer an diesem späten Sonntagabend rein gar nichts auf die Reihe: Nach 90 Minuten hieß der Spielstand Werder 5, Kaiserslautern 0. Danke, bitte!

Mit diesem Ergebnis im Gepäck ließ es sich für Bremen vier Tage später ganz bequem nach Europa aufbrechen. In Norwegen wartete in der 1. Runde des Uefa-Cups ein Verein mit dem schönen Doppel-Namen Bodö/Glimt. Tja, auch die Wikinger hatten wenig Spaß an ihren deutschen Gästen: Wieder 5:0 für Werder. Zehn Tore innerhalb von vier Tagen – auf diesem schönen Polster könnte man sich ja nun erst mal gemütlich ausruhen. Aber was taten die Bremer, kaum wieder in der Bundesliga gelandet? Fuhren nach Wolfsburg, spielten sich wieder in einen Rausch und verpassten dem Werksklub eine böse Klatsche, wieder mit fünf Treffern Unterschied. Nur, dass Werder im dritten Versuch sogar sieben Tore gelangen, Wolfsburg zwei. In Zahlen: 7:2. 17 Tore innerhalb von sieben Tagen! Was für eine Werder-Woche.

Auf Platz drei der internen Stürmer-Wertung in diesen goldenen Spätsommertagen schoss sich übrigens Rade Bogdanović mit drei Treffern (zwei in Norwegen, einer gegen Lautern) hinter Claudio Pizarro (6) und Marco Bode (4). Bogdanović, ein Mann, dessen Beitrag zur Ruhmesgeschichte des SVW sich insgesamt in Grenzen hält. In seinen 56 Auftritten zwischen 1998 und 2002 brachte er 15 Tore zustande und vier legte er auf. Seine Treffer feierte der Serbe übrigens gerne, indem er zur großen Freude vor allem der weiblichen Fans seinen veritablen Waschbrettbauch freilegte (damals wurde das noch nicht mit einer völlig unsinnigen Gelben Karte bestraft). Seinen Platz in der Erinnerung der einen Hälfte des Autorenduos hat er aber aus einem anderen, heimatverbundenen Grund. Die Redaktion der *Sportbild* wählte Rade Bogdanović in seiner Werder-Zeit für ihre launige Rubrik »Bilderrätsel« aus. Der Zufall hatte es so gewollt, dass die Werder-Spieler für die Autogrammkarten der Saison 2001/2002 vor Bäumen (weil grün, ist ja klar!) posiert hatten. In Deutschland gibt es exakt eine Stadt, die sich bilderrätselmäßig durch ebenjenem Rade Bogdanović vor Bäumen darstellen lässt: Radevormwald (man schreibt es tatsächlich in einem Wort!), die, so nennt sie sich selbst, Stadt auf der Höhe. Und wann schafft es die Perle des oftmals verkannten Bergischen Landes schon mal in Europas größte Sportzeitschrift? Danke, Rade!

45. GRUND

Weil bei Werder Aad de Mos, Dixie Dörner, Wolfgang Sidka und Felix Magath nicht lange geblieben sind

Die Geschehnisse um den Verein Werder Bremen erzählen zusammen genommen eine Geschichte, die auf das Zauberwort »Kontinuität« hinausläuft – diese Geschichte ist gut. Erst Rehhagel, dann Schaaf. In der Ruhe liegt die Kraft und so: Wenn man sich nur lange genug in Geduld übt, stellt sich der Erfolg schon irgendwann wieder ein. Wer an Werder denkt, denkt an die Gallier. An die kleine Einheit, die sich nicht dem Zeitgeist unterwirft, der wiederum geprägt ist von den Zumutungen des Erfolgdrucks.

Klingt nach ewiger Glückseligkeit an der Waterkant, oder? Aber genauso wenig, wie Bremen trotz hartnäckiger süddeutscher Vermutungen am Meer liegt, ist der SV Werder ein immerwährendes Paradies für Trainer. 50 Jahre ist die Liga im Jahr 2013 alt, in mehr als der Hälfte davon ist Werder mit genau zwei Trainern ausgekommen. In der anderen Hälfte war Werder Bremen sehr gewöhnlich. Seit 1963 wurde der SVW von Willi Multhaup, dem ersten Meistermacher, von Günther Brocker, Fritz Langner, Richard Ackerschott und Fritz Rebell trainiert; in den furchtbaren Siebzigern von Hans Tilkowski, Robert Gebhardt, abermals Willi Multhaup, Sepp Piontek, abermals Fritz Langner, von Herbert Burdenski, erstmals Otto Rehhagel, nochmals Hans Tilkowski, von Rudi Assauer und Fred Schulz, von Wolfgang Weber, und ab 1980 dann wieder von Rudi Assauer und schon wieder Fritz Langner, dann Kuno Klötzer. Manche waren nur wenige Wochen verantwortlich, es war ein Kommen und Gehen und überhaupt kein Spaß. Dann war Schluss mit der personellen Kurzatmigkeit, Rehhagel kam und erlöste auch die Fans.

Die hatten sich an den ewigen Abstiegskampf und den sportlichen Misserfolg zwar genauso gewöhnt wie an die Kurzarbeit auf der Bank, schmeckten alsbald aber den süßen Geschmack des Erfolgs, der mit Rehhagel und der ins Weite ausgedehnten Zeit kam. Aus Leidensfähigen wurden Fußballverwöhnte. Titel gewann Werder jetzt regelmäßig, seit 1981 und bis heute befindet sich Werder gefühlt auf der Sonnenseite des Fußballlebens – obwohl der Schaaf-Weggang 2013, das Ende einer Ära, ganz schön hart war.

Noch schlimmer war allerdings das Schreckensjahrfünft, waren die vermurksten Jahre 1995 bis 1999. Das ist genau die Zeitspanne zwischen der Abdankung König Ottos und der Ankunft des Thomas Schaaf auf der Trainerbank, eines Otto-Zöglings also, der vorher bei Werder Jugendmannschaften und die Amateure gecoacht hatte.

Viel Spaß hatten wir nicht in diesem Interregnum. Jeder Trainer mühte sich, in seinen eng gesteckten Grenzen, aber am Ende kam immer nur Mist heraus. Harte Worte? Wahre Worte. Wobei Aad de Mos, Dixie Dörner, Wolfgang Sidka und Felix Magath nur die halbe Schuld traf, denn man musste auch erst einmal auf die Idee kommen, sie für den jeweils Richtigen zu halten, das große Erbe Rehhagels anzutreten. Leider hatten die Werder-Verantwortlichen gar keine Übung (mehr), was die Verpflichtung von Trainern anging. Das rächte sich, und so ergriff schon im Verlaufe des wenig länger als ein halbes Jahr währenden Gastspiels des Niederländers Aad de Mos eine tiefe Düsternis den vormals hell leuchtenden SV Werder. Wieso wusste eigentlich niemand, dass der Mann nach Dienstschluss durchaus unprofessionell war?

De Mos galt als Fachmann, der den modernen Fußball in Bremen installieren wollte; Rehhagel dagegen war ja eher, sagen wir, wertkonservativ. Aber mit Basler, Baiano und Cardoso kam de Mos nicht zurecht (beziehungsweise kamen die selbst mit sich nicht zurecht), und so blieben von de Mos genau zwei Dinge, als er entnervt Werder verließ: die Einlaufkinder – und ein alkoholbefeuerter Ausspruch, den de Mos nach dem Ausscheiden im Uefa-Pokal gegen den PSV Eindhoven angeblich an der Bar ventilierte: »Aus diesem Verein wird nie etwas.« Na dann Prost, Aad.

Aad de Mos hatte immerhin noch einen gewissen Unterhaltungswert, gänzlich bieder wurde Werder dann unter Dörner und Sidka. Fast wäre übrigens Arsène Wenger Trainer geworden, aber der »hatte noch Vertrag«. In Japan. Nach einem grottenschlechten Saisonstart 1998/99 musste Sidka im Herbst gehen, dann kam »Quälix« Magath und mit ihm Dirk Weetendorf, außerdem Paweł Wojtala, beide aus Hamburg, beide nicht unbedingt mit Talent gesegnet.

Der Rest ist, wie alles andere auch, Geschichte: Nach einem Freitagabend-1:2 gegen die Frankfurter Eintracht ging Magath. Es kam Schaaf, der Mann mit Stallgeruch, es traf Christoph Dabrowski im Nachholspiel gegen Schalke, es trafen Stefan Effenberg und Lothar Matthäus von den Bayern nicht, es traf Werder-Torwart Frank Rost – und nach Elfmeterschießen war Werder Pokalsieger. Schaaf da, erster Titel da. Cool. Das sollte wieder klappen irgendwann, oder? Geschichte wiederholt sich.

5. KAPITEL

EIN AKADEMISCHER FLOP, DER IM NORDEN KONKURRENZLOS SEXY IST

RUND UM WERDER BREMEN I

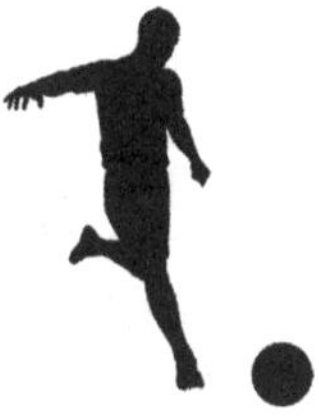

46. GRUND

Weil Werder Werder heißt – und kaum einer weiß, was ein Werder ist

Ein (1.) FC vor den Ort geklatscht, fertig ist der Klubname. Köln, Nürnberg, St. Pauli, Kaiserslautern, Schalke, Bayern, um nur einige zu nennen, sind namenstechnisch die Meiers und Müllers unter den deutschen Vereinen. »Fußballclub« – so kann sich ja jeder nennen. Andere gingen mit mehr heimatlichem Pathos an die Sache heran, betonten zum Beispiel mit »Borussia« oder »Teutonia« ihre preußischen Wurzeln. Wieder andere suchten mit »Fortuna« oder »Concordia« den Beistand höherer Mächte.

Und die Bremer? Pragmatisch wie Norddeutsche nun mal sind, gingen sie derart auch vor, als sie am 4. Februar 1899 einen Namen für ihren neu gegründeten Fußballverein brauchten. Da hatten ein paar (vermutlich besonders kräftige) Schüler aus gutbürgerlichen Familien ein Turnier im Tauziehen gewonnen und durften als Hauptpreis einen der damals noch seltenen Fußbälle mitnehmen. Der wurde dann auf dem Stadtwerder ausprobiert, und deshalb hieß der Verein, den sie – wieder pragmatisch gedacht – gleich mitgründeten, eben Werder. Dieser Logik folgend ist es übrigens ein großes Glück, dass die Jungs ihr neues Spielgerät damals nicht im Bürgerpark testeten. Oder gar in der Sögestraße, »Söge« ist die norddeutsche Bezeichnung für eine Sau.

Die Schüler gründeten also den FV Werder. Da wusste jeder gleich, wo gespielt wurde. Gut versteckt vor den Augen der Eltern, die nämlich die aus England importierte »Fußlümmelei« samt ihrer sonderbaren Regeln nicht sonderlich goutierten, auf dem Werder, dem Flecken Land mitten in der Weser. Und genau das bedeutet auch der Name: Fluss-Insel. Bremens Werder ist ungefähr sechs Kilometer lang, gehört zur heutigen Neustadt und grenzt im Norden an die Stadtteile Mitte und Östliche Vorstadt. Früher als Weideland genutzt, ist er inzwischen Naherholungsgebiet mit Kleingärten und Sportanlagen. Ein richtiges Stadion gab's auf dem Stadtwerder nicht. Dafür entstand bis 1926 quasi gleich gegenüber eins in der Pauliner Marsch, im Stadtteil Peterswerder: die »Kampfbahn« des Allgemeinen Bremer Turn- und Sportvereins von 1860« (ABTS). Als der ABTS wenig später in eine finanzielle Schieflage geriet, übernahm Werder (das seit 1919 durch die Aufnahme von anderen Sportarten SV heißt) die Spielstätte, die von da an und bis heute (mit Unterbrechungen im Zweiten Weltkrieg) Weserstadion heißt.

Werder, die Fußballinsel also. Ein Ort, der schon so manchem Sturm und hoher See getrotzt hat. Ein Ort, der von Zeit zu Zeit die Heimat der Glücksseligen ist. Ein Ort, der manchem regelmäßig Schutz und Zuflucht vor den Unbilden des Lebens bietet. Ein Ort schließlich mit ganz eigenen Riten und Gebräuchen. Unser Werder: die Insel, auf der schon so mancher Schatz entdeckt wurde, und auf der es immer aufs Neue Abenteuer (mit gutem wie schlechtem Ausgang) zu erleben gibt.

47. GRUND

Weil sich 40.400 Mitglieder nicht irren können

Bei Werder gibt es nur eine Trikotnummer, die sich ein neuer Spieler nicht aussuchen kann: die 12. Die ist schon vergeben und gehört in schöner Tradition zu jeder Mannschaftsaufstellung im Weserstadion. »Und mit der 12?« – »Das sind WIR!« WIR, die Fans. Kommt immer direkt nach der Lobpreisung des Trainers.

WIR, das ist an diversen anderen Stellen in diesem Buch schon festgehalten, sind unglaublich viele. Auch wenn WIR gerade nicht vor Ort die Daumen drücken und uns die Seele aus dem Leib brüllen können. Viele, sehr viele von uns, sind nicht nur einfach Fan. Sie besitzen einen grün-weißen Mitgliedsausweis. 40.400 an der Zahl, das macht schon eine solide deutsche Kleinstadt, waren jeder für sich in der Saison 2011/2012 offiziell ein Teil des SV Werder Bremen. Und es werden immer mehr!

Das war aber nicht immer so. Das hanseatisch traditionell eher zurückhaltende Naturell lässt sich gut an den Zahlen der vergangenen Jahrzehnte ablesen. Von den 60er-Jahren bis zur Saison 2000/2001 waren Werder-Fans mit Mitgliedsausweis vor allem eins: selten. Mit 2000 Mitgliedern war man 1963 in die Bundesliga gestartet, bis 2001 kamen genau 980 dazu. Joah, geht so. Ehrlich gesagt, eine ziemlich mickrige Zahl im Vergleich zu denen von anderen großen deutschen Traditionsvereinen.

Das bemerkte man im Verein dann auch gegen Ende des Jahres 2003. Also wurde eine große Aktion ins Leben gerufen: Wie einst die USA im Ersten Weltkrieg mit Uncle Sams ausgestrecktem Zeigefinger und dem Slogan »I want you!« um Verstärkung für die Army warb, warben nun Johan Micoud, Frank Baumann und Thomas Schaaf mit ausgestreckten Zeigefingern um Verstärkung für die »Werder-Armee«. »Ich will dich!« half, Ende 2004 hatten sich rund 18.000 »verpflichtet«. Viele davon noch bevor klar war, dass die Saison mit dem Double aus Meisterschale und DFB-Pokal enden würde. Danach war es erst recht cool, Mitglied eines so erfolgreichen Vereins zu sein – die Schar der Fans, die monatlich zwölf Euro aufs Festgeldkonto mit dem großen W überweisen, und dafür zum Beispiel bei Dauerkarten sparen und sich einmal im Jahr das Vergnügen einer Mitgliederversammlung gönnen dürfen, wurde immer größer.

Ja, andere Vereine haben immer noch mehr, sehr viel mehr Mitglieder als Werder. Aber, seien wir ehrlich, eigentlich sind offizielle Beitragszahler keine Kategorie, mit der man im »Coolster Fußballklub«-Quartett so richtig doll punkten kann. Je mehr Mitglieder, desto besser für die Finanzabteilung. Aber Fan sein und Fußballgeschmack beweisen kann man auch ohne Ausweis. Hauptsache, lebenslang ein grün-weißes Herz!

48. GRUND

Weil nirgendwo die Jahreshauptversammlungen so langweilig sind wie in Bremen

Die frechen Knöpfe des satirischen Fußball-Portals 11freunde.de machten sich mal den Spaß, eine der Jahreshauptversammlungen des Sportvereins Werder Bremen zu besuchen und die ganze Chose mitzutickern, wie man im Alles-passiert-genau-jetzt-Sprech des Internets ja so schön sagt. Schönste Passage: »Der Saal nickt bräsig. Ein Shantychor summt leise.« Zweitschönste: »Die schreibenden Kollegen zu beiden Seiten meines Platzes versuchen, sich mit festen Ohrfeigen wachzuhalten.«[14]

Wie Sie merken, bedeutet Vereinsliebe auch, dem Objekt seiner emotionalen Zuneigung von Zeit zu Zeit mit warmherziger Ironie und feinem Spott zu begegnen. Das heißt nicht, dass wir unseren SV Werder anders haben wollen. Um es vorsichtig auszudrücken: Die Veranstaltungen in der Hemelinger Turnhalle sind nicht unbedingt Entertainment-Highlights. Die große Inszenierung, die Karnevalssitzung, die folkloristische Vorstellung zur Erbauung und Unterhaltung des Publikums – all das findet anderswo statt.

In Bremen gibt es keinen 13-köpfigen Aufsichtsrat, der mit den unkontrollierbaren Egoblähungen seiner Mitglieder die Luft unter dem Dach des Vereins verpestet, und in Bremen gibt es auch keine demagogischen Volkstribune, die sich mit einem Schattenkabinett zur Wahl stellen oder gar putschen. Heißblütige Diskussionen gibt es gleich gar nicht, und wenn der Vorstand mal ein sattes Minus in der Bilanz verkünden muss, holt man sich halt die nächste Bockwurst und schimpft im Zweifel lieber auf die zersetzenden Elemente in den Medien, als die eigenen Leute auf dem Podium anzugreifen.

Das hier ist die Werder-Familie, die unkaputtbare!, rufen einem spätestens jetzt die erbosten Werder-Versteher zu. Is' ja recht, antworten wir und ziehen uns die Tanzschuhe an, um den Werder-

Dance aufs Parkett zu zaubern, einen langsamen Walzer mit ganz viel Gefühl und Harmonie in der formvollendeten Bewegung, wir tanzen um Biergläser und Pappdeckel, wir schweben aufs Podium und streicheln im Vorbeigrooven Willis Glatze; dann winken wir den paar Hundert Mitgliedern in der kleinen Halle: Vielen Dank für den Applaus! Gern geschehen! Und schlagen die Augen auf. War nur ein Traum.

Von vorne fixiert uns Ex-Präsident »KDF« Klaus-Dieter Fischer streng. Das ist der Mann, der gefühlt seit 1899 die graue Eminenz in unserem Verein war, ein Macher und Schaffer, ein Vater und Patriarch, das Stirnglatze gewordene Bremer Prinzip, nicht jede Mode mitzumachen und um Aufmerksamkeit zu betteln. Volles Haar ist eine temporäre Erscheinung, und alles hat seine Zeit. Auch der Misserfolg. Morgen schon wird Werder wieder erfolgreich sein, und wer das Wesen einer Jahreshauptversammlung nicht versteht, der kann sich doch mal gehackt legen. Turbulent wird es nie zugehen, wenn Werders Verantwortliche sich dem Votum der Mitglieder stellen. Wir Bremer sind Traditionalisten und Brauchtumspfleger: Halligalli passt nicht zur JHV, aber KDF passt zu Bremen wie, Entschuldigung, Arsch auf Eimer. Er ist, wie die *Süddeutsche Zeitung* einmal schrieb, der wahre Mr. Bundesliga, und *langweilig* wäre kein Wort, das er für die Jahreshauptversammlung, diese wunderbare Übung der Gediegenheit, verwenden würde.

49. GRUND

Weil Werder als erster deutscher Klub ein Internat einrichtete

Stellen Sie sich mal vor: Sie wachen morgens auf und das Erste, was Sie beim Blick aus dem Fenster sehen, ist – der Innenraum des Weserstadions. Cool, oder? Werders Internatsschüler haben diesen

Traum-Ausblick. Seit 1997 leben Jahr für Jahr 20 Talente in den oberen Stockwerken der Ostkurve. Also am allerallerallerbesten Ort für Fans des SVW. Auf der Tür zum Werder-Internat prangt der Name »Wilhelm Scharnow«, es ist nach ihm benannt. Und das passt hervorragend: Der gebürtige Bremer Scharnow (1897–1985) war der erste große deutsche Tourismus-Unternehmer. Eine Reise im übertragenen Sinn treten ja auch die 14-, 15- oder 16-Jährigen an, die bei Werder im Internat ausgebildet werden und den Jungs-Traum vom Leben als Profi-Fußballer träumen.

Und wer hat's erfunden, hä? Genau – Werder. Zumindest in Deutschland waren die schlauen Bremer 1978 die Ersten, die erkannten: Die Erziehung zum echten Fußballer braucht ihre Zeit, und davon verbringt das Talent am besten möglichst viel beim Verein. Warum also nicht schon bei begabten Jugendlichen damit anfangen? Dann sind sie im Idealfall mit Anfang, Mitte 20 schon dermaßen infiziert mit dem grün-weißen Virus, dass sie als toptalentierte Kicker möglicherweise nirgendwo anders mehr glücklich werden. Training, die Hausaufgaben für die Schule, die Mahlzeiten, die Älteren manchmal auch ihre Ausbildung: Alles erledigen die Internatsschüler unter Werders Dach. Selbst wenn sie nicht im Internat lebten, ging das Ausbildungs-Konzept auf. Viele der späteren Stars fingen irgendwann mal ganz klein in den Jugendmannschaften an.

Wie Thomas Schaaf: 1978 kam er aus der Tiefe des Mannheimer Raums, um sehr lange zu bleiben. Auch bei Musterschüler Marco Bode ist längst in Vergessenheit geraten, dass er 1969 in Osterrode, also im Harz, geboren wurde und nicht im Weserstadion. Dieter Eilts, Günter Hermann, Andree Wiedener, Frank Ordenewitz, Frank Rost, Marinus Bester, Bargfrede, der Ältere, Arie van Lent – alle made by Werder, alle starteten ihre Karrieren in den Nachwuchs-Teams.

Als Hansestädter und seefahrende Kaufleute sind es Bremer seit eh und je gewohnt, sich von ihren Reisen durch die Lande die eine oder andere Sehenswürdigkeit mitzubringen. Warum also nicht auch fußballerische Roh-Edelsteine wie zum Beispiel einen Nelson Valdez für die eigene Lehrwerkstatt? Längst kommen sie aber auch von selbst, die Talente. Aus Hamburg: Martin Harnik und Max Kruse; aus dem Osten: Tim Borowski und Sebastian Mielitz; aus dem Westen: Lennart Thy; aus dem Bremer Umland: Bargfrede, der Jüngere, Dennis Diekmeier, Christian Schulz.

Rund 30 Bewerbungen, neuerdings auch per Online-Formular auf der Vereinshomepage, bekommt Nachwuchsleiter Uwe Harttgen pro Monat. Mehr als 100 Talente haben in den vergangenen Jahrzehnten ihr Hand- bzw. Fußwerk bei Werder gelernt. Von Platz 11, der Spielstätte der U23 und der U19, gleich hinter dem Weserstadion, haben sie den Sprung in die Bundesliga geschafft. Manche, wie Max Kruse, Dennis Diekmeier oder Martin Harnik, wären gerne geblieben, durften aber nicht. Sie schossen dann ihre Bundesliga-Tore für Stuttgart, Hamburg oder Freiburg, und wir vermissten sie manchmal sehr. Andere wollten weg, haben ihr Glück in der Ferne gesucht und auch gefunden. Was sie alle eint: Kicken gelernt haben sie beim einzig richtigen Verein.

50. GRUND

Weil es in Ostfriesland und im Großraum Oldenburg keine sexy Vereine gibt

Als Bremer hat man das Glück (oder Pech, je nachdem), in einer Stadt aufzuwachsen, in der die Fußballsozialisation einfach verläuft. Der Bremer kennt nicht das reichhaltige Klubangebot des Ruhrgebiets mit Vereinen wie Schalke 04, Borussia Dortmund, VfL Bochum, MSV Duisburg, Rot-Weiss Essen und wie sie alle heißen. Er hat auch nicht wie die Rheinländer die Qual der Wahl zwischen dem 1. FC Köln, Fortuna Düsseldorf, Bayer 04 Leverkusen oder

Borussia Mönchengladbach. Er muss sich nicht wie Hamburger, Berliner, Münchner oder Frankfurter zwischen (mindestens) zwei innerhalb der Stadtgrenzen rivalisierenden Klubs entscheiden. Der Bremer wird entweder ein Bürger des Werderlandes oder fristet sein trauriges Dasein als Outlaw eben außerhalb.

Das Werderland gibt es geografisch tatsächlich: Das unter Naturschutz stehende Gebiet zwischen den Flüssen Lesum und Weser im Bremer Norden heißt so. In Wirklichkeit ist Werderland natürlich viel größer. Es ist überall da, wo man als Anhänger dieses überaus sympathischen Klubs stolz die Insignien seiner Liebe präsentiert. Beispielsweise als Flagge im Vorgarten. Zwischen Emden und Wittmund, zwischen Norden und Leer wehen ganz schön viele grün-weiße Fahnen – und weil die Gegend so hübsch platt ist, kann man die auch schon von weither sehen. Ostfriesland, einig Werderland. Das gilt auch für die Region Oldenburg, für Verden, Diepholz, Vechta, Cloppenburg. Alles fest in grünweißer Hand.

Das hat seine Gründe darin, dass Friesen und Niedersachsen sowie stellenweise auch noch einige Schleswig-Holsteiner in Fußballfragen von Natur aus als äußerst geschmackvoll gelten. Es könnte ebenfalls eine Rolle spielen, dass, nun ja, für viele Werder der einzige ernst zu nehmende Bundesliga-Klub in erreichbarer Nähe ist. Kickers Emden schön und gut – aber dass die sich mal irgendwann in die Nähe der Beletage des deutschen Fußballs vorarbeiten, ist doch eher unwahrscheinlich.

Und so pilgert man eben fast jedes zweite Wochenende etwa aus dem beschaulichen Esens oder dem nicht minder idyllischen Cappeln nach Bremen. Auch die ICs und Metronom-Züge von Hamburg nach Bremen sind an Heimspieltagen grün-weiß. Es gibt Schätzungen, dass fast zwei Drittel der Besucher des Weserstadions nicht innerhalb der Stadtgrenzen wohnen – also auch die Stadt durch Hotelbuchungen, Restaurantbesuche etc. ganz schön doll von den Fußballfans profitiert.

Laut einer Studie des Vermarkters Sport Five aus dem Jahr 2009 gibt es in Deutschland rund 52 Millionen Menschen, die sich grundsätzlich für Fußball interessieren. Davon haben 28 Millionen ein Herz für Grün-Weiß oder finden den SVW mindestens »sympathisch«. Im Norden ist Werder mit 38 Prozent der beliebteste Klub vor dem HSV (31 Prozent), wie 2012 die Marktforscher von »Markt + Sport« herausfanden. Wen wundert's! Und mit jedem neuen »Wunder von der Weser«, mit jeder neuen Meisterschaft, mit jedem neuen Özil, Diego oder Micoud werde(r)n wir mehr.

51. GRUND

Weil Werder auch im Zug ein Erlebnis ist

Zum Erlebnispark Bundesliga gehört unbedingt auch das Streckennetz der Deutschen Bahn. Es ist sozusagen das erweiterte Aktionsfeld der Fußballfans, die Ausweitung der Amüsier- oder Frustzone. Kommt ganz auf das Ergebnis an. Der Zug ist das bevorzugte Reisemittel von Fußballfans, und Auswärtsreisen (Parole: Sonderzug!) sind für viele Beteiligten der ultimative Beweis ihrer Vereinsliebe. Für alle anderen Beteiligten sind sie ein Stresstest – so wie für die Züge selbst, die durch außerordentlich ausdauernde Fan-Hüpferei beansprucht werden. Es soll S-Bahnen geben, die derlei Betätigung zum Entgleisen gebracht hat. Wer als Normalmensch den Fehler macht, in einen von Fans okkupierten Zug zu steigen, der wird besonders am späten Vormittag, wenn sich das stimmgewaltige Volk auf der Spielanreise befindet, das Prinzip Misanthropie anwenden. Also ganz, ganz böse Dinge über dieses grölende und krakeelende Volk denken, das Lobpreisungen und Schmählieder singt und eine Bierdose nach der anderen wegknackt. Es sind nicht nur sehr junge Menschen, die rülpsend in Nahverkehrszügen sitzen. Es sind Leute wie du und ich, und sie sind eine schöne Sorte von Gaudiburschen.

Zu Werder-Spielen in Bremen reisen Werder-Freunde in größeren Rudeln aus Bremerhaven an und Wildeshausen, aus Osnabrück und Kiel. Die Verfasser dieses Büchleins kennen den Weg des Metronom aus Hamburg in- und auswendig, er fährt eine Prachtstrecke durch die norddeutsche Tiefebene. Harburg, Buchholz, Tostedt, Lauenbrück, Scheeßel, Rotenburg. Orte mit Namen wie Donnerhall. Und an jedem steigen Ballophile ein, Menschen mit einem Faible für Grün. Der Zug: ein, ähm, Express ins Paradies, das jeden zweiten Sonnabend Weserstadion heißt. Manchmal, wenn Werder erst abends spielt, sagt der Schaffner die Ergebnisse der Nachmittagsspiele durch. Menschen mampfen ein letztes Fischbrötchen und freuen sich über die Sitzplätze Marke superunbequem. Hey, der Fußballfan ist im Regionalzug ein König der Bequemlichkeit, er goutiert sogar sein Eingezwängtsein, wenn er es Vorfreude-benebelt überhaupt wahrnimmt.

Das gemeinsame Hinfiebern auf das Spiel ist derweil für den teilnehmenden Beobachter nicht ganz so ergiebig, was seine soziologischen Erkundungen angeht. Denn die feinen Unterschiede offenbaren sich erst, wenn es retour geht. Werder hat entweder gut gespielt oder schlecht, dann ist der Zug ein Behältnis für Melancholiker oder Sanguiniker, für Choleriker oder Phlegmatiker. Also für alle Temperamente. Gemeinsam ist den Anwesenden, dass das Spiel sie enorm geschlaucht hat. Man sieht viele rote Köpfe, man hört beanspruchte Stimmbänder, man riecht das Odeur der Stadionarbeit: Schweiß, Rauch und Suff. Gebechert wird weiter, trotz Alkoholverbot; und während manch einer ausgepowert in den Seilen (sprich: Sitzen) hängt, ziehen andere mit einer Polonaise durchs Abteil. Lieblings-Chorus vor einigen Jahren: »Kniet nieder, ihr Bauern, hier kommt der Meister.«

Am besten hat uns der Werder-Freund gefallen, der einst mit entblößtem Hinterteil seine Runde machte, wir hätten ihm gerne einen hinten drauf gegeben, denn Werder hatte verloren. So was ist ja nie schön.

Besser ist's schon, wenn stille Genießer mit glühenden Gesichtern in ihren Ecken sitzen, ihnen steht dann das 6:1 gegen Nürnberg oder das 5:0 gegen Eintracht Frankfurt ins Antlitz geschrieben. Wir lieben diesen Typus. Der lauthals den Sieg noch einmal nacherzählende oder sich vor seinen Freunden in die Brust werfende (»Jetzt starten wir 'ne Serie!«) oder Bescheid wissende (»Hundert pro, dass man die Jungs heute im *Modernes* trifft, lass uns da später hin.«) Fan ist dagegen nicht unser Fall. Irgendwann ist man dann auch wieder in Hamburg, mit guten Erinnerungen oder schlechten, aus steigen die Werder-Fans und verteilen sich in wieder andere Züge, in denen sie hoffentlich nicht auf HSVer treffen, denn die können garstig sein. Und Werderaner sind es dann auch.

52. GRUND

Weil Werder schon 130 Mal ganz oben stand

Jeder Fußballtrainer, egal welcher Liga sein Verein angehört, und egal, in welchem Land der Erde dieser Verein zu Hause ist, hat sich wohl schon mal folgenden Satz sagen hören: »Die Tabelle lügt nicht.« Ein Satz, der in der Liga der Pseudo-Fußballweisheiten ganz weit oben mitspielt. Knapp hinter »Der Ball ist rund« und »Ein Spiel dauert …« – Sie wissen schon.

Das DFB-Regelwerk ist das Gesetzbuch des Fußballs, die Tabelle ist der allwöchentliche Urteilsspruch. Unanfechtbar, schwarz auf weiß steht es geschrieben, veröffentlicht in Hunderttausenden Zeitungen, im Videotext, im Internet, ach, einfach überall: Die Tabelle dokumentiert objektiv und leidenschaftslos die Folgen des Geschehens auf dem Platz.

Ganz und gar nicht leidenschaftslos betrachtet man nun so eine Bundesliga-Tabelle als Fan. Erst beim Blick auf die Tabelle, angesichts der nüchternen Zahlen, wird uns gewiss: Scheiße, es stimmt ja tatsächlich!? Werder ist wirklich drauf und dran, noch in den Abstiegssumpf mit reinzurutschen ... Oder: Krass, dass wir mit diesem einen lächerlichen Tor in der 37. Minute gleich vier Plätze gutgemacht haben! Da geht ja doch noch was mit der Champions-League-Teilnahme! 18 Zeilen, elf (wie passend) Spalten: Sie können eine echte Qual sein, manchmal sogar eine ganze Saison über. Ganz besonders gemein, wenn es gerade nicht so gut läuft, ist dann die Darstellung der Tabelle in der samstäglichen *Sportschau* und später dann noch mal im *Sportstudio*. Da wird nämlich bei der tabellarischen Übersicht des Spieltags noch umgeblättert. Erst kommen die ersten neun – welch Schmerz, wenn Werder nicht darunter ist und sich stattdessen unter »ferner liefen ...« irgendwo in Schaubild Nummer zwei versteckt. Grausam.

Tabellen können aber auch die niedergeschriebene Erhabenheit sein. Erster! Ganz oben! Für (mindestens) fünf ganze Tage lang, von Sonntag bis Freitag! Der Werder-Fan, wie wir längst wissen, von grundsätzlich bescheidenem Naturell, gehört zu der Spezies Fan, für die »Erster!«-Spieltage noch ganz besondere Ereignisse sind. Werder, die deutsche Nummer eins? Festtage wie jene feiern wir, aber so richtig. Mit Ausschneiden und Einrahmen und Kollegen, Freunden, Familienmitgliedern unter die Nase halten und so. Bislang 130 Mal. Nur Bayern, das ist ja klar, und die Borussias aus Dortmund und Mönchengladbach waren noch (knapp, zumindest die Letzteren) besser.

Zusammengenommen 4,3333 Monate am Stück konnte uns keiner was. Werder grüßt die anderen 17 Vereine von ganz, ganz oben. Zum ersten Mal schaffte Werder das am dritten Spieltag der Saison 1964/1965. Meisterkurs eingeschlagen und ab dem 17. Spieltag auch gehalten. Beim bisher letzten Titel 2003/2004 war's ab dem 16. Spieltag so weit. Insgesamt 21 von 34 Spieltags-Tabellen (also nur 13 nicht!) konnten wir damals ausdrucken und aufhängen, und viele haben es getan. Am Ende fast schon langweilig – wenn's nicht so schön gewesen wäre.

Eine schöne Erfindung der neuen Bundesliga-Geschichte ist auch die sogenannte Blitz-Tabelle. Die wird im Stadion während des laufenden Spiels auf den Anzeigetafeln eingeblendet, wenn es ganz besonders wichtig ist und der Punkte-Abstand im Tableau gering. Meistens also gegen Ende einer Saison, wenn es um Meisterschaft oder Abstieg geht. Dann kündigt etwa in der 58. Minute ein möglichst dramatisches Musik-Jingle an: Achtung! Es ist was passiert, tabellarisch! Es ist natürlich immer etwas Positives, sonst würde sich die Stadion-Regie ja nicht die zusätzliche Mühe machen. Und es kann nach 90 gespielten Minuten auch schon wieder ganz anders aussehen. Aber es macht einfach sehr viel Spaß, im Stadion zu stehen und plötzlich, und sei es auch nur für die Dauer des Flimmer-Standbilds, schriftlich bestätigt zu sehen: Yeah! UNSER Verein ist top. Zum letzten Mal, Stand Frühjahr 2013, war das bei Werder übrigens am 19. Spieltag der Saison 2006/2007 der Fall. Es wird also mal wieder Zeit, nicht wahr?

Apropos wahr: Es gibt tatsächlich Menschen, die die Objektivität der regelmäßig veröffentlichten Fußballtabellen anzweifeln. Das sind die Erfinder der Internetseite www.wahretabelle.de. Da machen sich Spieltag für Spieltag Leute die Mühe, sämtliche Fehlentscheidungen, die den Schiedsrichtern unterlaufen, quasi rückgängig zu machen und eine um diese Fehlentscheidungen bereinigte Tabelle zu erstellen. Da rutscht dann der eine Klub ein bisschen weiter nach oben, der andere nach unten. Bislang weigern sich DFB und DFL allerdings, diese Mühe anzuerkennen.

In der Frage der wahren Tabelle kann es für uns allerdings eh nur eine Antwort geben. Unser geschätzter Kollege Jensinho, ein Fußballfachmann vor dem Herrn, verfährt alljährlich völlig richtig. Die Tipprunden-Bonusfrage »Wer wird Meister?« (5 Punkte) beantwortet er stets und (leider nicht immer) wahrheitsgemäß mit »SVW«. Wo Werder ist, ist eben oben. Gefühlt zumindest. Unsere ganz eigene wahre Tabelle.

53. GRUND

Weil es Werder auch in Hannover gibt

Fußball und Hannover, da gibt es nicht viel, was aus Bremer Sicht erfreulich sein könnte an dieser Kombination. Hannover 96 pflegt ja nicht nur im Vereinskürzel die Verbindung zu den Hamburgern, dazu wirkt dort seit Längerem ein Sportchef-Trainer-Duo, das unser Erfolgsmodell (mit zunehmendem Erfolg) kopiert. Und dass sich Valérien Ismaël ausgerechnet an die Leine der Roten hat legen lassen, um unter anderem das Trainerhandwerk zu erlernen, dass Christian Schuuuuuulz im Jahr 2013 gefühlt zehn Jahre nach seinem Wechsel immer noch dort spielt und sogar besser, als er es in Bremen je konnte: unglücklich aus Werder-Sicht. Hannover als Fußballstadt ist für uns ungefähr so sympathisch, wie man die Innenstadt der niedersächsischen Landeshauptstadt als schön bezeichnen kann – nämlich mitnichten. Das letzte Gute, was für uns aus Hannover kam, war Per Mertesacker.

Einen kleinen, aber feinen Lichtblick gibt es jedoch: Den Ballsport-Verein Werder Hannover. Jawohl, diese Stadt ist nicht total HSV-verseucht. Die Namensgleichheit ist keinesfalls einem Zufall geschuldet, im Gegenteil! Im Jahr 1909, so ist es in der Vereinschronik bei Wikipedia nachzulesen, schlossen sich einige bürgerliche Schüler zunächst zum »SV Welf Hannover« zusammen. Vielleicht, weil dieser Name, angelehnt an das Adelsgeschlecht, doch nicht ganz passend für ein für damalige Zeiten revolutionäres Ballspiel schien, suchten sie ein Jahr später einen neuen Namen. Die Jungs einigten sich schließlich zu Bremer Ehren auf BV Werder Hannover, wollte man doch ebenso erfolgreich und ruhmreich werden wie der zu diesem Zeitpunkt elf Jahre alte FV Werder. Ruhmreich und außerdem findig waren die Bremer damals tatsächlich bereits: 1903 gab es keine Bremer Spielklasse ohne einen Meister namens Werder. 1905 begann man die sportlichen Erfolge in bare Münze umzuwandeln: Wer Werder sehen wollte, musste zahlen. Eintrittsgeld für Fußballspiele? Aber sicher, da war mit Werder schon damals nicht zu spaßen. Hat sich inzwischen ja auch etabliert, diese Idee.

So ruhmreich wie die Geschichte des SVW verlief die der »schwarzen Husaren« dann leider nicht. Höher als in die Landesliga Hannover, die der BV Werder 1947 mitbegründete, ging es nie hinauf. Wer heute das hannoversche Werder besuchen will, muss in die Kreisliga Hannover-Stadt hinab. Als größte Vereins-Erfolge gelten ein 1:0 gegen Eintracht Braunschweig in der Amateur-Oberliga Niedersachsen Staffel Ost in den frühen Fünfzigerjahren sowie die Entdeckung des Fußballtalents eines gewissen Gerald Asamoah in den frühen Neunzigerjahren. Aber der wechselte dann irgendwann bekanntlich zu 96. Schade eigentlich.

Im Havelland existiert auch noch ein einigermaßen bekanntes Werder. Im gleichnamigen Ort, nicht weit von Potsdam entfernt, produziert man wie an der Weser gerne Feinkost. Keine sportliche allerdings, sondern essbare. Und nicht nur Bremer entspannen gerne mal in Werder an der Havel, dem offiziell anerkannten Erholungsort.

54. GRUND

Weil Werder akademisch 1999 so richtig floppte

Werder gehört zu Bremen wie der Roland und die Stadtmusikanten. Wenn ein Bremer mit seinem Verein fiebert, er muss noch nicht einmal ein Die-Hard-Fan sein, wenn er jeden Sonnabendnachmittag wissen will, wie Werder gespielt hat oder sogar im Stadion war, dann nennt man das Identifikation. Myriaden von Studenten sind während ihrer Uni-Jahre in Bremen Werder-Fans geworden. Mancher war's auch schon, bevor er nach Bremen zog; und mancher zog sogar nur wegen Werder nach Bremen. Das sind die wahren

Fußballenthusiasten! So einer wäre doch sehr erstaunt gewesen, wenn er im Sommersemester (»SoSe«) 1999 in den Seminarsaal eines ziemlich neuen Uni-Gebäudes (»SFG«) gekommen wäre und dort elf, zwölf verpennt aus der Wäsche schauende Kommilitonen angetroffen hätte? Wo doch der Titel der hier stattfindenden Lehrveranstaltung (»Leerveranstaltung«) wie folgt lautete: »100 Jahre SV Werder Bremen – vom elitären Fußballvergnügen zum regionalen Wirtschaftsfaktor«?

Genau so war's, und man konnte sich also nur wundern. Nicht, weil Studenten jemals anders als verpennt aus der Wäsche schauen würden, sondern weil dort nur ein dreckiges Dutzend ihrer Spezies saß. Wie seltsam, man selbst dachte ja: Boah, ein Fußballseminar bei den Historikern! Wie geil ist das denn! Und der Dozent ein Insider! Einer aus dem inneren Kreis, aus der Schaltzentrale der Macht – Till Schelz-Brandenburg, Chef der Schachabteilung beim ruhmreichen SV Werder. Gut, so ruhmreich war der SVW damals nicht; er steckte im Jubiläumsjahr sogar mächtig in der Bredouille und wäre fast abgestiegen. Da hatte ganz offensichtlich kaum einer so richtig Bock auf die Rekapitulation der historischen Vorkommnisse, die diesen wunderbaren Verein zu dem gemacht hatten, der er jetzt im dritten Jahrtausend nach Christus war. Ende der Neunzigerjahre befand sich Werder Bremen in einem tiefen, tiefen Schlaf. Fünf Jahre später hätte man in einen größeren Raum umziehen müssen, ganz sicher, da wurden dann selbst Studentinnen der Kulturwissenschaft begeisterte Stadiongängerinnen. 1999 war es leicht, an eine Dauerkarte für die Ostkurve zu kommen, spätestens seit dem Doublejahr sind sie kaum noch zu haben und werden allenfalls in Freundeskreisen vererbt.

Wenn nicht alles täuscht, begann die große Zeit des Fußballfeuilletons im Vorlauf zur WM 2006 in Deutschland, die auch mit einer Akademisierung des Sports einherging. Plötzlich schrieb der Kulturwissenschaftler Klaus Theweleit über Fußball, die Erfolgsgeschichte der Zeitschrift *11 Freunde* begann. Intellektuelle und

Künstler bekannten sich zu ihrer Fußballleidenschaft, und Werder hatte und hat auch dort viele Fans. Theatermann Jürgen Flimm wurde einst wegen seiner Freundschaft mit Otto Rehhagel Mitglied bei Werder. Der Dramatiker Moritz Rinke, gebürtig aus Worpswede und Goalgetter der Autorennationalmannschaft, schrieb in seinem Buch *Also sprach Metzelder zu Mertesacker ...: Lauter Liebeserklärungen an den Fußball*[15] vor allem auch eine Ode an Werder Bremen. Fußball ist, nicht nur unter Männern, ein gutes Party-Gespräch und etwas, über das man sich unbefangen unterhalten kann, wenn es mit Wildfremden erst mal gar nichts zu bereden gibt.

Als wir damals, 1999, im Bremer Focke-Museum, einem Ausstellungsort für Regionalia, zu Besuch waren und die dortige Werder-Schau zum Hundertsten in Augenschein nahmen, wussten wir, dass die Geschichte dieses Vereins noch lange nicht zu Ende geschrieben war. An ihr wird weiter gearbeitet, Spieltag für Spieltag, und irgendwann wird nicht nur in einem Museum im Bremer Stadtteil Schwachhausen Werders 200. gefeiert werden. Alles ist vergänglich? Ach was, lebenslang grün-weiß!

6. KAPITEL

RITUALE, FLUTLICHT-MASTEN UND UNSERE GELIEBTE BETONSCHÜSSEL

DER WERDER-FAN UND SEIN STADION

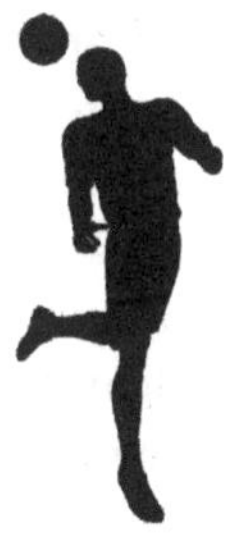

55. GRUND

Weil der Weg am Osterdeich entlang zum Stadion der schönste in Deutschland ist

»Ein Volk steht wieder auf – na toll – bei Aldi brennt noch Licht / Du weißt: Deiche brechen richtig – oder eben nicht«[16], so singt die Hamburger Rockkapelle Kettcar in einem ihrer Hits, und man kriegt diesen Ohrwurm manchmal nicht mehr aus den Hirnwindungen, sollte er einen plötzlich beim Gang ins Stadion anfallen. Umgekehrt denkt man bei »Deiche« manchmal an Werder. Das Volk, das Werder-Volk, das sind doch wir, und der Zug zum Fußballtempel gleicht alle 14 Tage einer Völkerwanderung – auf befestigten Wegen, selbstredend, unten am Wasser ist sogar ein asphaltierter. Die Weser, Bremen ist wirklich überall bescheiden, wird ja nie zum reißenden Fluss, tritt eher selten über die Ufer – und der Deich hält. Immer. Die Festung Weserstadion wird leider immer mal wieder von kühnen Recken aus fremden Gefilden gestürmt, aber da kann der Deich nix dafür.

Beim Gang über Bremens rechtsweserischen Schutzdamm denkt niemand, der in Grün und Weiß gewandet ist, an eine Niederlage. Im Gegenteil, wer kann hier anders gestimmt sein als hoffnungsvoll? Man beame sich an einem schönen Frühlings- oder Spätsommertag auf den Osterdeich, der von der Altstadt bis zum Weserstadion führt und die tollsten Fans der Welt (was sonst?) anzieht mit seinen Schlüsselreizen: dem satten Grün, das den sanften Hang hinab Richtung Fluss fließt, und den Bänken, die so gut wie der Rasen dafür geeignet sind, vor dem Anpfiff erst noch einmal eine Pause zu machen. Leben wie Gott in Bremen: Ein Trikot mit einem formschön gestalteten W auf dem Leib, ein Pils in der Hand, und die Sonne schickt einen Gruß vom Himmel, der nirgendwo so weit ist wie hier. *Augenblick, verweile doch, du bist so schön!*

Das macht er natürlich nicht. Und es scheint auch nicht immer die Sonne über dem Laufsteg der Werder-Fans. Eigentlich ist es sogar relativ oft bewölkt, stürmisch und kalt. Dann sind auch die Bäume kahl, und der Liebreiz ist weg. Der Osterdeich kann nach Werder-Spielen auch ganz schön duster sein, besonders, wenn die Heimelf verloren hat, nur das Flutlicht leuchtet einem jetzt heim, während die Weser im peitschenden Regen schäumt. Der Osterdeich steht jetzt eher für die Gesamtheit des Trauerns und Verlierens, aufgespalten in eine atomisierte Fangemeinde – jeder für sich, alle für keinen, jeder allein mit seinem Hader. Stille legt sich über den Deich, und selbst jetzt ist er schön, irgendwie.

Das Weserstadion steht, wie jeder weiß, genau da, wo der Fluss einen Bogen macht. Dort endet auch der Osterdeich. Der Prachtboulevard führt nur bis zum Schloss. Ganz schön märchenhaft, wenn man so will.

56. GRUND

Weil man in Bremen mit der Fähre zum Stadion fahren kann

Was sich die Hamburger immer einbilden mit ihrem Hafen und der Seefahrt und den Docks und St. Pauli und so weiter und so fort. Was nutzt all der maritime Tand, wenn man keinen besseren Ort für die größte Sportstätte der Stadt finden kann als den ziemlich trostlosen Stadtteil St. Ellingen? Eigentlich heißt die Gemarkung ja Stellingen. Wir Bremer finden allerdings völlig zu Recht, dass der in der Arena beheimatete Verein auf keinen Fall mehr Bedeutung hat als der auf St. Pauli, weshalb wir gerne auf die Namensähnlichkeit verweisen. Was eigentlich fies gegenüber dem sympathischen Kiezklub ist. Sei's drum, Stellingen ist furchtbar, der Volkspark auch, von der Müllverbrennungsanlage ganz zu schweigen.

In Bremen kann man mit der Fähre zum Stadion fahren, das gibt es nirgendwo sonst. Volle Busse und Straßenbahnen? Braucht kein Mensch. Das nicht anders als zärtlich zu nennende Schwanken des Boots und die ebenfalls nicht anders als frisch zu nennende Brise auf dem Wasser sind der Anreise an Land dann doch deutlich vorzuziehen. Jene beginnt in Farge und macht unterwegs auch in Blumenthal und Vegesack halt; da muss man natürlich an sich halten, um nicht vorzeitig von Bord zu springen und statt beim Fußball den Nachmittag lieber in swinging Vegesack zu verbringen.

Ja, die Stadtplaner haben schon einiges richtig gemacht in Bremen. Ein Stadion mitten in der Stadt ist wie ein Frischgezapftes mit der genau richtigen Menge Schaum – einfach die Krönung. Das Paradies, ein Traum, ein Eldorado, ach, warum so abgedroschen, sagen wir lieber: das Mekka für Fußballfans. Vom Schiff aus sieht man die Bremer Strandmeile am Café Sand, die so bescheidene Maße hat, dass gefühlt zwei Sandburgen Platz finden. Vom Schiff aus sieht man die Bürgervillen am Osterdeich, in denen das Tee-Service aus dem Schrank fällt, wenn Werder ein Tor schießt, und die Vereinsflagge auch bei Niederlagen stolz weht. Vom Schiff aus sieht man viele grüne Menschen, keiner von ihnen kommt vom Mars, sondern alle vom Planeten Werder.

Um die Jahrtausendwende haben sie in Bremen mal überlegt, ein neues Stadion zu bauen, in Hemelingen. Weiter draußen. So wie in den meisten anderen Städten. Man wollte auch in Bremen gerne Spiele der WM 2006 ausrichten, und unser charmanter Betonklotz an der Weser (vor dem Umbau) dünkte manch einem zu unschick für die aufgeblasenste Sportsause der Welt. Die fand dann ja auch nicht in Bremen statt bzw. kaum: Die Schweden schlugen hier ihr Trainingslager auf, herzlichen Dank auch. Davon hatten die Bremer immer geträumt: den Wikingern beim Umdribbeln von Hütchen zuzusehen. Wahrscheinlich wäre es auch mit einem charakterlosen Stadion an der Peripherie nichts geworden; dass der DFB Bremer WM-Träume ohne mit der Wimper zu zucken killte, darf man ihm immer noch übel nehmen, wo doch sogar im gesichtslosen Hannover WM-Spiele stattfanden. Keiner formulierte es so treffend wie der ehemalige Werder-Präsident Franz Böhmert am Tag der Verkündung der Spielorte: »Heute wurde der Fußball mit Füßen getreten.«[17]

Er hatte so recht. Aber besser mit dem Schiff zum Stadion fahren als im Stau stehen auf der Autobahnabfahrt in Hemelingen, oder?

Werder ist der maritimste Fußballverein Deutschlands. Werder ist das seefahrerische Gewissen der Bundesliga. Der nächste America's Cup sollte dringend auf der Weser stattfinden.

57. GRUND

Weil das Weserstadion noch Flutlichtmasten hat

Immer wenn es dunkel wird, ist es ganz besonders toll, zum Fußball zu gehen. Bei Abendspielen wird ein Stadion noch viel mehr als an einem Nachmittag zu einer Bühne, auf der je nach Sichtweise Lustspiele oder Tragödien aufgeführt werden. Die Zuschauerränge liegen wie im echten Theater größtenteils im Dunkeln. Hell erleuchtet ist nur die große Spielwiese, auf der sich Helden, Schurken, Edelmänner und Narren tummeln, begleitet von ihren vierfachen Schatten. Am besten regnet es noch dazu leicht, dann bilden die angestrahlten Tropfen den perfekten glitzernden Vorhang für das Spektakel. Flutlichtspiele sind einfach ein großes Schauspiel auf den Halmen, die die Welt bedeuten …

Ganz profan gesehen machen Abendspiele auch deshalb mehr Spaß als die um 15.30 Uhr (oder wie die in der 2. Bundesliga kurz nach dem Aufstehen am Samstag um 13 Uhr angesetzten), weil man nach einem Sieg an einem Freitagabend zum Beispiel noch sehr schön feiern gehen kann. Und natürlich, weil tatsächlich bei Flutlicht oft sportlich besonders interessante Gegner erwartet werden. Stichwort Champions- oder Europa-League. Auch vermeintlich besonders spannende Bundesliga-Spiele werden inzwischen von der Deutschen

Fußball Liga auf den Freitag- oder Samstagabendtermin gelegt, wo sie als Einzelspiele mehr TV-Zuschauer im Bezahl-Fernsehen versprechen. Neuerdings gibt es sogar, horribile dictu, Montagsspiele.

Aber zurück zum Flutlicht. Oder vielmehr dorthin, wo es herkommt. Bei Werder immer noch, und das ist sehr, sehr schön, aus ungefähr 61 Metern Höhe. So weit ragen die vier Lichtmasten des Weserstadions in den Himmel, insgesamt 236 Strahler können mit je 2000 Watt das Dunkel erhellen. Ihr Licht erreicht noch die gen Norden oder Süden strebenden Autofahrer auf der A1, ungefähr in Höhe Hemelingen. Und so mancher Werder-Fan unter ihnen seufzt dann manchmal leise und sehnsuchtsvoll: »Ach, könnte ich doch jetzt im Stadion sein ...«

Flutlichtmasten, die Leuchttürme des Fußballs. Sie geleiten die Fans sicher in ihre Häfen. In der guten alten Zeit zumindest. Sage mir, wie deine Masten aussehen, rund, eckig, steil aufragend oder schräg – und ich sage dir, wie dein Verein heißt: Dieses schöne Spiel stirbt langsam, aber sicher mit jeder neu- oder umgebauten Fußballarena aus. Bei den modernen Schüsseln und Kästen werden die superhellen Lampen inzwischen in die Dachkonstruktionen integriert – siehe Hamburg, Dortmund, Schalke. Da ist alles hochmodern, nichts leuchtet mehr in den Abendhimmel hinaus.

Eine Ausnahme bildet die Allianz-Arena. Aber die Münchner können es sich ja auch leisten, gleich das komplette Stadion in Bayern-Rot erstrahlen zu lassen. Sieht schon cool aus, dieses Fußball-UFO, aber trotzdem: Charmant ist was anderes.

Im Weserstadion wird seit den Dreißigerjahren bei elektrischem Licht gekickt. Das war damals allerdings eher schummrig und nur dazu gedacht, dass sich die Spieler beim Training an trüben Tagen oder im Winter noch einigermaßen erkennen konnten. 1978 war Bremen dann lichttechnisch state of the art: Zusammen mit dem Neubau der Nordtribüne gönnte man sich eine 1250 Lux starke Anlage (heute: 1500 Lux), damals das hellste Licht auf einem europäischen Platz.

Dass die vier Masten auch heute noch zum Weserstadion gehören wie Haake-Beck und Fischbrötchen, war eigentlich nicht geplant. Die Entwürfe zum Umbau ab 2007 (Fertigstellung 2011) sahen zunächst einen dritten Oberrang inklusive neuer Unterm-Dach-Lichtanlage vor, der jedoch später wieder verworfen wurde – aber dazu an anderer Stelle mehr. Werders Hoheitszeichen ist geblieben. Und die Fans wissen: Wo das Flutlicht von hoch oben leuchtet, bist du zu Haus.

58. GRUND

Weil das Weserstadion beim Ausbau kleiner wurde

Alles muss immer besser, neuer, schicker und größer werden. Aber wir Bremer, wir verweigern uns diesem ewigen »mehr, mehr, mehr«. Wir machen da nicht mit. Jedenfalls nicht immer. Ein Beispiel: unser liebes Stadion. Die gute alte Schüssel an der Weser. Zugegeben, beim HSV haben sie sich einen schöneren Fußballtempel in den Volkspark gebaut, dort durften sie 2006 sogar WM-Standort spielen.

Und auch anderswo – in Dortmund, auf Schalke, von der Allianz-Arena, dem leuchtenden Landsitz der Bayern im beschaulichen Fröttmaning, ganz zu schweigen – logierte man in den letzten Jahrzehnten nobler. In diese Fußball-Tempel passen viele, viele Fans, durchschnittlich so um die 55.000, beim BVB sogar unglaubliche 80.654. In Bremen melden wir schon bei 42.100 besetzten Plätzen »Ausverkauft!«. Und das hat mit der schon an anderer Stelle gepriesenen grundsätzlichen bremischen Bescheidenheit genauso viel zu tun wie mit hanseatischem Kaufmannssinn. Denn der kluge Kaufmann weiß: Je knapper eine Ware ist, desto wertvoller ist sie. Klar, auch in Bremen würden selbst zu Spielen gegen Hoffenheim oder Sandhausen locker 80.000, ach was, 150.000 Fans ins Stadion kommen, gäbe es die Plätze. Aber das wollen wir ja gar nicht. Das Weserstadion ist schließlich unser Wohnzimmer. Und da lässt man ja auch nicht jeden Hans und Franz rein. Es soll schließlich schön gemütlich sein, nicht wahr?

Nein, nicht wahr. Auch das Weserstadion, so plante Werder im Jahr 2007, sollte erstens neuer, zweitens besser, drittens schicker – und, vor allem, viertens größer werden. Die Punkte eins bis drei sind abgehakt, wir haben seit dem Herbst 2011 ein reines Fußballstadion. Die weit vom Feld entfernten Kurven als letztes Überbleibsel der Laufbahn-Ära (bis 2002) sind umgebaut und jetzt dicht dran. Auch die Westkurve hat neue, schicke Logen fürs Event-Publikum, außerdem wäre man theoretisch bei einem neuen Stromausfall im Stadtteil autark: 200.000 Solarzellen auf 16.000 Quadratmetern wandeln die Bremer Sonne in Energie um. Außerdem sieht unser Solar-Korsett rund ums Stadion und auf dem Dach auch noch schick aus, bei schönem Wetter glitzert und funkelt es wie nur was. Hat nicht jeder!

Aber nun zu Punkt vier. Mehr Plätze gibt es entgegen der ursprünglichen Planungen nicht. Im Gegenteil, es sind nun sogar weniger. Das (natürlich) ausverkaufte 1:1 gegen die Bayern in der Meistersaison 2003/2004 zum Beispiel sahen noch 43.000 Fans im Stadion, also 900 mehr. Diese 900 Plätze sind vergrößerten Logenbereichen zum Opfer gefallen. Optisch und akustisch, seien wir mal ehrlich, fällt das gar nicht groß auf. Eigentlich aber wollte Werder wachsen, wollte rund 50.000 Plätze haben und dafür einen neuen, dritten Rang bauen.

Es kamen dazwischen: die Sturheit des Bremers an sich und die weltweite Wirtschaftslage. Was den Ausbau angeht, ist nämlich einer der größten Vorteile des Weserstadions, eben dass es nicht weit draußen auf irgendeiner grünen Wiese steht, ein riesengroßer Nachteil. Werders direkte Nachbarn in der schönen Pauliner Marsch, darunter zwei Tennisklubs, haben seit alters her ein Mitspracherecht, wenn es um bauliche Veränderungen geht.

Die Tennis-Menschen waren überhaupt nicht erbaut vom Plan, das Stadion zu erhöhen. Denn möglicherweise hätten sie fortan auf ihren Ascheplätzen nur noch im Schatten (des Stadions) spielen können.

Andere Nachbarn befürchteten ein noch größeres Verkehrschaos, als es ohnehin schon alle zwei Wochen das kleine Peterswerder befällt. 50.000 Fans im Weserstadion? Nicht mit uns! Die Stadion-Erweiterungs-Gegner sollten ihren Willen bekommen, wenn auch aus einem offiziell anderen Grund: Den ruhmreichen SV Werder lenken seit Menschengedenken sparsame Kaufmanns-Naturen. Mehr Geld raushauen, als man hat – is' hier nicht! Dem Aufsichtsrat war unter anderem nicht entgangen, dass Stahl neuerdings zu den knapp werdenden Wirtschaftsgütern gehört. Selten = teuer. Und weil man für eine Stadion-Erweiterung eine ganze Menge Stahl gebraucht hätte, wäre man mit den eingeplanten Kosten von rund 60 Millionen Euro nicht mehr ausgekommen. Kurzum, am 11. März 2008 wurde der ganze schöne Ausbauplan über den Haufen geworfen, mit dem Hauptargument der »explodierten Stahlpreise«. Ganz schön vernünftig, dieser Verein. Teurer wurde der Nur-noch-Umbau am Ende natürlich trotzdem: Die Rede ist von 76 Millionen Euro.

Jetzt haben wir also ein schickeres, aber kein größeres Stadion. Und sind eigentlich auch ganz zufrieden damit. Laut ist es trotzdem, Werder wird außerdem wohl nie vor halb leeren Rängen spielen müssen – nichts ist trauriger als ein Stadion, in dem nur eine Fankurve voll besetzt ist. Was die ganze Umbau-Arie einmal mehr bewiesen hat? Hochfliegende Pläne können wir so gut schmieden wie alle anderen auch. Aber als Bremer ist man Realist. Und der fühlt sich auf sicherem Boden einfach am wohlsten.

59. GRUND

Weil im Weserstadion Fußball bei Schietwetter am schönsten ist

Kaum vor der Tür, möchte man eigentlich sofort wieder rein in die Stube, wo es warm ist und trocken, und wo Pantoffelhelden ihre größten Abenteuer erleben, wenn sie es schaffen, auf die erste vertilgte Chipstüte sogar noch eine zweite folgen zu lassen. Eine wahrlich herkulische Tat.

Gähn.

Das soll alles sein, was das Leben zu bieten hat? Dann doch lieber raus. Werder in der Glotze ist sowieso nicht das Gleiche wie Werder im Stadion, und zwar besonders genau dann, wenn alle Impulse aus den Bereichen des Hirns, die den Zivilisationsmenschen in die Komfortzone befehlen, noch dringender als sonst in Richtung der Annehmlichkeiten eines Verbleibens in den eigenen vier Wänden zielen. Weil es draußen nämlich regnet. Bindfäden oder dicke Tropfen, wie aus Eimern oder Kübeln, vor allem aber mittenrunter auf Peterswerder und den Osterdeich. Weil es stürmt und weht, weil sich die Bäume und Gebüsche an der Weser biegen und dehnen, während viele Tausend Unentwegte auf dem Weg ins Stadion sind.

Im Optimalfall ist es auch noch duster jetzt; nur die Heimstatt des SV Werder erhellt den Himmel, jetzt und hier der Mittelpunkt des Universums. Wir reden vom Schietwetter, das nirgendwo so perfekt ist wie in Bremen, dieser so unerhört frischen Stadt, in der es zwar manchmal nach Kaffee riecht, nach Frühstück und nach Biersud, in der aber der Wind meist von der See her kräftig und belebend ist. Und oft bringt er den Regen mit, den es braucht für epische Werder-Spiele. Nie ist Fußball so existenziell und herrlich und einzig wie dann, wenn der Rasen vollgesogen ist mit Wasser – Generationen von Werder-Fans haben ihre Schmuddelwetter-Erfahrungen im

Weserstadion. Die älteren standen noch unter freiem Himmel und fluchten, wenn sie nass in der Kurve ausharrten.

Die Schlachten, die wir schlugen, wenn der Regen gar nicht aufhören wollte, sind legendär. Zum Beispiel das 4:0 am 7.12.1999 im Uefa-Cup gegen Olympique Lyon. Keine 10.000 Zuschauer waren da, Werder hatte ja das Hinspiel 0:3 verloren. Es war nass und kalt, aber es war einfach nur großartig – siehe auch unter »Die Wunder von der Weser«. Nie verschmelzen die da unten auf dem Rasen und wir da oben in den Zuschauerrängen so sehr wie beim Regenspiel: Sie rennen mehr, wir schreien mehr. Die leidenschaftlich ausgeführte Grätsche ist der Höhepunkt dieser Verbindung. Wenn das lange Bein eine Gischt vor sich hertreibt, bekommt der Fan, der elf Kampfsäue sehen will, seinen Ostkurvenorgasmus. Das Wetter verändert ja das Spiel, wirft Strategien über den Haufen und appelliert an die Einstellung und innere Bereitschaft des Fußballers, die widrigen Umstände anzunehmen. Die Verhältnisse geraten ins Rutschen, und manchmal sieht ein Weltstar aus wie der letzte Depp, wenn er sich beim Versuch der Fortbewegung auf nassem Geläuf aufs Maul legt.

Schön übrigens auch, wenn sich plötzlich während eines Spiels doch noch die Sonne zeigt. Im April 2002 war's, dass wir mal nach einem fetten Wolkenbruch gegen den bereits abgestiegenen FC St. Pauli antreten mussten. Der Platz war ein Acker, für Werder ging es um die Qualifikation für Europa, schnell stand es 2:0 für die Hamburger. Dann riss der Himmel auf, und am Ende hieß es 3:2.

Wir lieben unser Schietwetter. Aber Sonne ist schon geil, durchaus auch im Stadion.

60. GRUND

Weil die Fans im Weserstadion hanseatisch cool bleiben, und weil die Bremer sowieso einfach 'ne Marke sind

Natürlich ist das Weserstadion oft ein, sagen wir es ruhig: Tollhaus. Das war schon immer so. 1965 zum Beispiel, als Werder Bremen erstmals Deutscher Meister wurde, waren die Heimspiele genauso wie am Ende der Saison 1987/88 – zweiter Meistertitel, genau – großartige Erlebnisse, erzählen sich die Dabeigewesenen. Wenn das große Ziel immer näher rückte, wenn man noch mehr als sonst auch auf die Resultate der anderen Plätze schielte.

Diesbezüglich ist ganz sicher die Anzeigetafel, deren Erfindung unter dramaturgischen Gesichtspunkten nicht oft genug zu preisen ist, eine Quelle immer wiederkehrender Freude: Die Eruptionen im Weserstadion sind jedenfalls weithin messbar, wenn Bayern oder der HSV in Rückstand geraten. Das Weserstadion brodelt oft, es kann sogar, sagen wir auch das ruhig, ein Hexenkessel sein. Beständig viele Zuschauer kommen ja erst, seit die Bundesliga ein Event geworden ist, seit sich auch Frauen und Kinder in Stadien wohlfühlen; das fing so in etwa Ende der Neunzigerjahre an. Seitdem hat Werder einen Zuschauerschnitt von 40.000, und 40.000 können ganz schön viel Lärm machen. Die Bremer unter ihnen können aber auch ganz schön cool sein.

Uns fallen da ein paar ein: Daniel zum Beispiel, der in der Ostkurve steht Spiel für Spiel und beharrlich Zigaretten dreht, auch für Umstehende. Der Mann, den sie »den Schweden« nennen, lässt sich durch nichts aus der Ruhe bringen; kein Wunder, wo doch sein Leben wie das so vieler Werder-Freunde einem steten Rhythmus folgt. Jeden zweiten Sonnabend mit Esko (der Halbfinne ist, aber so cool wie ein ganzer), Sabrina, Claudi und Stephen in die Kurve – so läuft das in allen Stadien der Welt, wo man immer auf demselben Platz steht oder sitzt und die Regelmäßigkeit, das Ritual und die Sitte einem das Gefühl geben, zur richtigen Zeit am richtigen Ort zu sein.

Man könnte jetzt auch von Jensi erzählen, der immer aus Hamburg zu den Spielen kommt und vorher seine Mutter in Bremen besucht (Bindet sie ihm vor dem Spiel den Schal um, damit er sich nicht erkältet?), oder von Christoph, der vor jedem Heimspiel in brachialer Lautstärke »Das W auf dem Trikot« hört. Oder von Christian, der in München leben muss und es nur noch ein- oder zweimal im Jahr nach Bremen zum Fußball schafft. Von den ziemlich lässigen Viertel-Bewohnern, die das Rad um 15.23 Uhr an irgendeinen Zaun am Osterdeich anschließen und Punkt 15.30 Uhr auf ihrem Platz sind, und den bärbeißigen alten Hanseaten, die sich ihr grünes Sitzkissen unter den Arm klemmen und schon in der Tram Bundesligagarn spinnen (»Heute macht Avdić zwei Tore!« – »Der ist gar nicht im Kader.« – »Dann halt Ekici.«).

Manche Werder-Fans klettern aus einem »Werderblitz« genannten VW-Bus und erfreuen sich stets aufs Neue an den neugierigen und bewundernden Blicken, die die Menschen am Osterdeich auf ihr grün-weißes Gefährt werfen. In ihren vielen guten Momenten sind Werder-Fans laut, fair und hart zu sich selbst, wenn mal wieder Scheißwetter ist in Bremen, sie machen La Ola auch bei Regen oder singen die schlechte Laune einfach weg, wenn Werder gerade verliert. Sie treffen sich auch nach Pleiten noch am Taubenschlag, gratulieren den gegnerischen Fans, auch wenn diese unlocker unterwegs sind, und lassen sich von deren tumben Provokationen nicht aus der Ruhe bringen. Sagt man nicht »Am Bremer Wesen soll die Welt genesen«? Uns ist jedenfalls so.

61. GRUND

Weil Werder die anspruchsvollsten, schnöseligsten und motzigsten Fans hat

Der Bremer Edelfan ist so wie seine Kollegen in manchen anderen Stadien auch. Er hat mindestens einen Sitzplatz, manchmal auch hinter Glas in den VIP-Paradiesen, und meistens hat er einen ganz guten Job. Er ist ein angesehenes Mitglied der Gesellschaft. Er redet gerne auf Meetings oder Dienstreisen in andere Bundesligagefilde über seinen Lieblingsverein. Er will den SV Werder siegen sehen. Er will, dass die sich da unten den Arsch aufreißen. Und vor allem will er, der Zuschauer mit dem verfeinerten Fußballgeschmack, hübsche Ballstafetten sehen. Er möchte mit der Zunge schnalzen. Er kennt das ja, das schöne Spiel, aus den Jahren 2003ff., und wenn in diesem Goldenen Zeitalter ein Werder-Auftritt mal nicht seinem ästhetischen Empfinden genügt, ist er unduldsam. Erst recht in Phasen des Mittelprächtigen, wenn in Werders Beurteilung lediglich steht: »stets bemüht«. Dann dringt aus seiner Kehle ein Murren. Und er ist damit nicht allein, denn im, so sagt man ja, erfolgsverwöhnten Bremen entlädt sich das Nichteinverstandensein mit der Darbietung der Sportkameraden in mancherlei akustischer Reaktion, die längst nicht nur von den Plätzen mit der Vollverpflegung kommt. Wir Bremer sind anspruchsvoll!

Wir singen am liebsten schon nach einer frühen 2:0-Führung in Minute 15 den immer etwas blasiert daherkommenden Killersong *Steht auf, wenn ihr Bremer seid.* Jau, wir sind alle ein bisschen auch Schnösel-Fans. Aber so herrlich motzig wie die Altvorderen mit ihren grünen Sitzkissen und roten Köpfen nach dem Spiel sind wir nicht, da fehlen noch ein paar Jährchen. »Mensch dooo, der Borowski mit seinen langen Stelzen – den darfste gar nicht aufstellen!« – »Und Hunt, wie der über den Platz trabt. Als wäre er im Bürgerpark, auslaufen. Schlimm.« Ganz zu schweigen von den

Trainingskiebitzen, deren Urteilswut keine Pausen kennt. Unter dem ewig bewölkten Himmel auf den Plätzen am Weserstadion wird manch einem auch das Gemüt ganz trist, und an einem kalten Februartag kann die Schwere des Fan-Daseins, in den Wochen vorher hat Werder nur verloren, auch in puren Nihilismus umschlagen: »Der Charisteas wird das Tor nie treffen.« – »Schaaf wird nie eine ordentliche Abwehrarbeit hinbekommen. Ach komm, ist doch sowieso egal.«

Als Fan bleibt es nicht aus, dass man sein Wohl und Wehe, seine Launen und Empfindlichkeiten komplett am Tabellenstand des Lieblingsvereins ausrichtet. Man ist persönlich beleidigt, wenn Werder die Frechheit besitzt, am Sonnabend nicht in Leverkusen zu gewinnen. Eine Dreistigkeit sondergleichen ist es, wenn Werder sogar zu Hause nicht gegen Leverkusen gewinnt. Ein sprachlos machender Affront ist es, wenn Werder an einem Freimarkt-Sonnabend nicht zu Hause gegen Leverkusen gewinnt. Was bilden die sich ein, die Herren Spieler? Die werden doch dafür bezahlt, unsere Laune zu heben?

Erst recht, seit die Bremer den formvollendeten Fußballvortrag der mittleren Nullerjahre kennengelernt haben, sind sie nicht mehr so leicht zufriedenzustellen. Sie warten im Stadion auch ganz gerne mal ab, was die Grün-Weißen unten so zeigen. Und wenn das richtig gut ist, dann sind sie voll dabei, andernfalls auch mal indigniert. Bis dann die Anzeigetafel den Rückstand des HSV einblendet. Was sollen die denn sagen, die Hamburger? Und in der Saison 2012/2013, als Werder gegen den Abstieg kämpfte, stand jeder im Weserstadion eisern hinter Werder – »Alle(z) Grün«, lautet die Devise. Uns geht's ja noch gold, so als Bremer auch ganz grundsätzlich!

62. GRUND

Weil die Werder-Fans tanzen können – und zwar den Andree Wiedener

Jeder Klub hat natürlich seine eigenen Lieder. Aber nur in ganz wenigen Stadien wird dazu auch getanzt. In Bremen machen wir das seit einiger Zeit. Das Lied geht so: »Ein Schritt nach links! Ein Schritt nach rechts! Bewegt eure Hüften und tanzt den Andree Wiedener! Nach links, und nach rechts, bewegt eure Hüften ...« Wenn die Ostkurve diesen Song singt und ganze Blöcke mehr oder weniger synchron erst nach links und dann nach rechts hüpfen, kann man davon ausgehen, dass die Menschen dort sehr gut gelaunt sind.

Der »Andree-Wiedener-Tanz« ist definitiv einer für nach Siegen. Wenn auch die Mannschaft dann sehr gut gelaunt ist, tanzt sie beim obligatorischen Dank an die Fans nach dem Spiel sogar für mehrere Minuten mit. Manchmal ist der »Andree Wiedener« auch einer für mitten im Spiel, etwa wenn es nach 55 Minuten schon 3:0 steht und Werder mal wieder zaubert. Er ist auf jeden Fall einer der lustigsten Songs –die Werder-Fans, beziehungsweise einige von ihnen haben ihn 2006 auf einem Fan-Abend in Frankfurt (so heißt es) erfunden.

In Frankfurt? Ja, denn noch bis 2006 spielte bei der Eintracht der Mann, der sein schweres fußballerisches Kreuz als Linksverteidiger in Bremen (mehr dazu an anderer Stelle) immer mit Würde und Anstand getragen hatte und deshalb noch heute verehrt wird: Andree Wiedener, 240 Mal zwischen 1993 und 2001 für Grün-Weiß am Ball. Mit Werder wurde Wiedener 1995 Vizemeister und holte 1994 und 1999 den DFB-Pokal.

Es war keinesfalls eine brasilianisch irgendwie auch nur angehauchte Technik, mit der der Niedersachse zu diesen Erfolgen beitrug. Aber dafür konnte er schnell rennen sowie aufopferungsvoll kämpfen, und, ganz wichtig: Wiedener vermittelte immer große Lust sowohl auf das eine als auch auf das andere. Und deshalb ist es auch sehr nett gemeint, wenn die Fans den treuen Wiedener heute ausgerechnet für einen Tick von damals feiern. Etwas hüftsteif war der Gute schon, und um sich richtig zum Ball zu positionieren, vollführte er manchmal eine etwas seltsam aussehende Seit-Ausfallschritt-Kombination. Ein Schritt nach links, ein Schritt nach rechts eben.

Was Andree Wiedener viele Fans ebenfalls hoch anrechnen: Er hat stellvertretend für das Team und zusammen mit Frank Rost, Marco Bode und Dieter Eilts gegenüber den Vereinsbossen Thomas Schaaf als dauerhaften Cheftrainer empfohlen. Gute Idee, das.

»Seinen« Tanz kann Andree Wiedener normalerweise nicht mittanzen, denn er lebt inzwischen in Süddeutschland. Aber, wie sein Kumpel Andreas Herzog vor einiger Zeit verriet, hat Wiedener den »Wiedener« aus der Bremer Ostkurve auf seinem Handy als Video gespeichert. Und vielleicht macht er beim Angucken manchmal mit: »Ein Schritt nach links! Ein Schritt nach rechts! Bewegt eure Hüften …«

63. GRUND

Weil man in Bremen im Stadion Haake-Beck trinkt

Der Lokalpatriotismus der Bremer hat durchaus schon seltsame Blüten getrieben. 1998 zum Beispiel war es für einen frisch nach Bremen gezogenen Studenten etwas irritierend, im Überseemuseum eine Abteilung zu betreten, in der Lebensmittel herumstanden. Bremen wurde dort gepriesen als »Markenhauptstadt«, und es ging nicht um Porsche oder Mercedes (weil die nun mal nicht aus Bremen stammen – auch wenn die Stadt zumindest ein Daimler-Werk hat), sondern um Cornflakes, Schokolade und die Wurst. Natürlich auch um Bier, denn neben Werder ist Bremen auf nichts so stolz wie auf die Kaiserbrauerei Beck & Co. – und das ja auch völlig zu Recht.

»Unverzichtbare, bremische Säulen glückender Abende«[18] hat der Schriftsteller Bernd Cailloux die 0,33-Liter-Flasche Beck's genannt: Schön gesagt. Und ja, gut, man kann auch seine Bremenliebe auf diese Marke gründen und sie ins Museum stellen.

Ein feuchter Traum männlicher Werder-Fans ist der »Beck's«-Schriftzug auf dem Trikot, er wird wohl unerfüllt bleiben. Beck's-Banden gibt es auch schon länger nicht mehr im Weserstadion, dafür aber welche von Haake-Beck. Womit wir beim Thema wären. Denn das Weserstadion ist fest in Haake-Beck-Hand. Das wird hier hektoliterweise ausgeschenkt, es ist, wenn man so will, das Öl im Getriebe des Fußballbetriebs in Bremen. Oder so ähnlich. Fußball und Bier gehören einfach zusammen, Abstinenzler lesen ab dieser Stelle besser nicht weiter, Fußball und Bier gehören zusammen wie Pinkel und Kohl, wenn wir schon bei norddeutschen Spezialitäten sind.

Im Stadion schmeckt das Haake-Beck, das ein solides, ehrliches Pils ist, wässriger und abgestandener als sonst, aber das muss so sein, denn es geht hier nicht um Geschmack, zumindest abseits des Platzes. Dort lieben wir Werders Edelfußball, zu dem ein Szenebier wie Beck's ja auch ganz gut passt. Aber so ganz grundsätzlich gehört zum Fußball immer auch ein bisschen das Prollige, das Volkstümliche, und wer hätte noch nie einen Anflug von Arbeiter-Romantik verspürt, wenn er eine kleine, bauchige Haake-Beck-Flasche (»Maurerbombe«) in der Hand hielt? Haake-Beck, das ist das Bier des kleinen Mannes. Er geht sonnabends zum Fußball, und die Schickeria mag er nicht.

Lebenspraktische Tipps fürs Biertrinken im Stadion sollten Novizen unbedingt erhalten; andererseits ist Learning by Doing wohl auch hier das Einfachste. Unklug ist es zum Beispiel, in der Halbzeit zum Bierstand aufzubrechen. Da wollen dann nämlich alle hin. Einkalkulieren sollte der Stadiontrinker auch den Weg, den das Bier in seinem Organismus nimmt. Es will irgendwann wieder raus. Die volle Blase wiederum führt uns in volle Stadion-WCs und dort zu ganz und gar inkommensurablen Erfahrungen, die man nie vergisst.

Fans, die sich mit offener Hose umarmen, weil Werder gerade das 2:1 gegen die Bayern erzielt hat. Das verpasste Tor ist ja sowieso eine Sache für sich, ein Unglück und ein Glück, ein Omen und ein Aberglaube; auf dem Klo, das im Stadion kein stilles, sondern ein geschwätziges Örtchen ist, auf dem Klo ist es die erlaubteste Störung der (männlichen) Notdurft. Wenn kein Tor fällt, werden beim Pinkeln erste glasklare Analysen (»Müsste schon längst 3:0 stehen!«) und vorsichtige Prognosen (»Hundert pro fliegt der heute noch vom Platz«) abgegeben. Außerdem pflegt man hier die stilvolle Unterhaltung (»Mach ma hinne, Digger, ich muss pissen!«) und alte Kontakte (»Mensch, dich treffe ich immer hier aufm Klo«).

Ach, Haake-Beck, du Kuss des Nordens!

64. GRUND

Weil die Stadionwurst nirgendwo so gut schmeckt wie in Bremen

Vor ein paar Jahren wurde die Bremer Stadionwurst zur besten in ganz Deutschland gekürt. Man darf eine solche Ehrung keinesfalls unterschätzen! Gleiches gilt für die Bedeutung der Wurst an sich, die ja hierzulande Grundnahrungsmittel bei Großveranstaltungen ist – also wird es einiges zu bedeuten haben, wenn ausgerechnet unser Werderwürstchen die unangefochtene Nummer eins ist, oder?

Die Werderaner auf dem Platz unten bringen ja von Zeit zu Zeit auch mal über längere Strecken nicht unbedingt Spitzenleistungen. Gut also, dass auf die Wurst Verlass ist. Das Brät ist besonders deswegen so wichtig für Körper und Seele des Fußballfans, weil es dem Wohlbefinden und nicht nur der Energiezufuhr dient. Mit der Wurst in der Hand ist man jeden zweiten Sonnabend ein König in Bremen, ein strahlender Herrscher gar, wenn sich in der anderen

Hand ein Bierbecher befindet. Vor einem das Spielfeld, über einem nur der Himmel, der nirgendwo so schön ist wie hier, das weiß die ganze Welt.

Nehmen wir an, dass der ein oder andere Fan bei Werder auch mal einen über den Durst trinkt – dann plumpst die Wurst in manchen Fällen in einen beträchtlichen Bierozean, dessen Flüssigkeit sie aufsaugt wie ein Schwamm. Das macht wieder nüchtern, und insofern hat die Wurst auch eine deutlich soziale Funktion. Sowieso: Man denke nur an all die fröhlichen, aufs Spiel hinfiebernden Menschen am Taubenschlag, der Werdermeile im Peterswerder, in der, hört hört, auch Unterstützer der gegnerischen Mannschaft willkommen sind, wenn sie sich anständig benehmen. Diese fröhlichen Menschen jedenfalls halten, egal welchem Verein sie anhängen, oft eine Wurst in der Hand, sie haben sie sich am Stand des Wirtshauses gekauft. Und das passt ja auch gut, eine Bratwurst gehört zu einer ordentlichen Wirtschaft dazu und umgekehrt.

Den Werder-Fan Daniel, er ist einer der Treuen aus der Ostkurve, hat übrigens der Duft der Stadionwurst einst dazu gebracht, seiner jahrelangen Abstinenz abzuschwören. Vegetarier ist er gewesen, und dann hat er plötzlich halt wieder Bratwürste gegessen. Man kann jetzt nicht behaupten, dass Besuche im Weserstadion olfaktorischen Duftfestivals gleichen; die Wurst auf dem Grill im Schrebergarten riecht schon noch 'ne Ecke brutzliger. Dezent weht er durch die Gänge des Weserstadions, der Duft, der von den Früchten, kann man das sagen?, des Fleischwolfs erzählt.

Die Bremer Wurst ist optisch betrachtet eine eher herbe Schönheit. Oben und unten ist sie oft dunkel, gar schwarz, an den Seiten hell. Die Rillen des Grills haben sich wie Grußworte aus ihrer unmittelbaren Vergangenheit in die Haut gekerbt, und mit viel Senf vertreibt man den angebrannten Geschmack. Wir vertilgen sie, als wäre sie das Hauptgericht eines Fünfsternemenüs. Der Vegetarier-König Morrissey würde jetzt kotzen, wir streichen uns über den Pansen und gehen das nächste Bier holen.

65. GRUND

Weil auch in Bremen seltsame Halbzeitmusik gespielt wird

Irgendwann Ende der Neunziger, als die Vermarktung des Fußballs perfektioniert wurde und der Sport und seine Begleitumstände so modern wurden, wie wir sie heute kennen, wurde der Stadionbesuch zum Erlebnis für die ganze Familie.

Der Haupttagesordnungspunkt »Bundesligaspiel« wurde nun schick verpackt, und das Geschenkpapier trägt seitdem den Namen »Halbzeitshow«, meint aber auch die Geschehnisse vor dem Spiel, wenn das Oval sich langsam füllt. Jene sind ganz schön dämlich, eigentlich, und dienen nur als Hintergrundrauschen, während man sich mit den wirklich wichtigen Dingen beschäftigt: den Erzählungen der Freunde, wie es ihnen in den vergangenen zwei Wochen denn so ergangen ist, und dem Laben an ersten mit Bier gefüllten Bechern, dem Erörtern der Werder-Lage. Unten komische Sponsorenspiele, Torwandschießen etc. pp., auf der Leinwand lustige Kamerafahrten, auf der Tribüne Pils. Gut, dass wenigstens die Werder-Stadionsprecher voll in Ordnung sind.

Wichtig im Fußballstadion ist immer das Liedgut, das in ohrenbetäubender Lautstärke aus den üppig dimensionierten Boxen scheppert: Es soll auf das Spiel einstimmen und folgt dabei einem festen Ritual. Letzteres ist, wir wissen es, in beinah allen Lebenslagen eine wichtige Sache. Warum nicht auch bei der gemeinsamen Verabredung von 40.000 Zuschauern, den 22 Balljägern bei ihrem Spiel zuzuschauen? Die Playlist im Stadion ändert sich, und das ist gut so, nur alle paar Jahre. Das liegt daran, dass eine Hymne eine Hymne ist, weil sie ein Evergreen ist und einfach immer und immer wieder abgenudelt wird, *Wir sind Werder Bremen* zum Beispiel oder natürlich *Lebenslang grün-weiß*. Das Komische ist: Man ist immer noch ganz ergriffen und klatscht Werder Applaus, auch wenn man den Song zum 250. Mal hört. Könnte daran liegen, dass es dem Nebenmann genauso geht.

Auch die Nicht-Vereins-Songs folgen einer festen Ordnung. Wo früher immer etwas einfallslos AC/DCs *Highway to Hell* zu hören war, läuft inzwischen schon seit Längerem der sehr tolle Oasis-Song *The Shock of the Lightning*. Eine Noel-Gallagher-Komposition im Stadion – das gibt es in Deutschland nur in Bremen. Die erste Eruption bei einem Fußballspiel erschüttert ein Sportstadion, wenn die Mannschaften das Feld betreten. Hier gilt es für den Stadion-DJ, den Einlauf der Gladiatoren mit heroischen Klängen zu unterlegen. Jahrelang kamen die von Alan Parson's Project, der Synthesizerklangteppich mit Namen *Sirius* legte sich stets wie ein vibrierendes, ganz dünnes Tüchlein über das pulsierende Stadion, und dessen Rhythmus steigerte sich von Takt zu Takt. Gänsehaut.

Sirius wurde von der Filmmusik von *Fluch der Karibik* abgelöst, einem schönen, satten Score mit Bläsern, Bums und Fallera. Kennt jeder, geht jedem gut ins Ohr, föhnt gut rein. Leider verbindet man mit dieser neuen Einlaufhymne trotzdem nichts, sie ist irgendwie leer und nichtssagend, fad und eine Mogelpackung. Ja, man denkt gar an ein pralles Soufflé, in das man hineinstechen möchte, auf dass es zerplatze. Warum nur diese gemeinen Gedanken bei diesem harmlosen Lied, das doch nichts dafür kann, dass es der Erbauung norddeutscher Fußballfans dienen soll? Ganz einfach: Die Werder-Gegenwart des Piratensongs ist zu einem großen Teil mies, und auf den fanfarenmäßig hinaustrompeteten Einlauf folgte gar zu oft ein schlechtes Spiel. Der Soundtrack gefällt eben nur, wenn der Film gut ist!

66. GRUND

Weil unsere Stadionsprecher ganz Fußball-Deutschland kennt

Der Job gehört wahrscheinlich nach Profi und Reporter zu den absoluten Traumberufen kleiner (und großer) Jungs, die sich für Fußball begeistern: Stadionsprecher. Heimspiel für Heimspiel die Spielernummern aufrufen, als Taktgeber des Frage-Antwort-Chorals mit den Fans. Oder den Ordnungshüter heraushängen zu lassen bei Durchsagen wie »Liebe Fans von XY, bitte unterlasst das Abbrennen von Feuerwerkskörpern! Ihr schadet damit nur eurem eigenen Verein!« Und dann natürlich die emotionalen Höhepunkte, die euphorisierten »Tooooooooor!!!!«-Schreie, »Tor durch unsere Nummer 10 …«

Klar, als Stadionsprecher muss man auch damit leben, dass ein Teil der Fans die andere Hälfte des Jobs, also die mehr oder weniger lustigen Spielchen in der Halbzeit und die mehr oder weniger informativen Kurzinterviews vor dem Anpfiff, eher selten goutiert oder gar nicht erst zuhört. Und Alkohol gibt's auch normalerweise keinen am Arbeitsplatz – auch wenn man das bei Vertretern wie Dortmunds Quasselstrippe Norbert Dickel manchmal kaum glauben mag. Unter den berühmteren Vertretern der Zunft befinden sich übrigens Leverkusens Original Reiner Calmund (»Und mit dä Nummer 1, dat is wieder unser lieber xxxx«), Werner »die Stimme des Ruhrgebiets« Hansch (Schalke) und Showmaster-Legende Joachim Fuchsberger (Olympia 1972). Was deutschlandweite Bekanntheit angeht, können aber auch unsere Männer am Stadionmikro durchaus mithalten.

Die eine Hälfte unseres Stadionsprecher-Paares, Arnd Zeigler, verwirklicht sich gerne und erfolgreich musikalisch. Nach eigener Angabe in einem seiner Bücher wurde er übrigens als Baby in einem Weidenkörbchen im Weserstadion ausgesetzt[19] und dort, in der und um die Sprecherkabine über dem Pressebereich herum, ist er bei Heimspielen immer noch zu finden. Und zu hören, natürlich.

Mit Zeigler kann man aber nicht nur einen Fußballnachmittag verbringen, nein, man kann mit ihm auch ein ganzes Bundesliga-Wochenende beschließen. Seit August 2007 läuft am späten Sonntagabend im WDR *Zeiglers wunderbare Welt des Fußballs*, die gleichnamige Radiokolumne als Bewegtbild. Da sendet Zeigler dann aus seiner Bremer Wohnung fußballerische Kuriositäten, widmet sich aktuellen Themen oder diskutiert mit Fans oder auch Gestalten des öffentlichen Bundesliga-Lebens per Telefon. Das macht er immer hinter einem Schreibtisch sitzend, auf dem öfters ein Werder-Gartenzwerg in Jubelpose zu sehen ist. Bestrahlt von den Flutlichtmasten des Weserstadions als Lampen. Objektiv? Muss und will Zeigler gar nicht sein.

Muss unser anderer Stadionsprecher hingegen schon sein in seinem Zweitjob. Christian »Stolli« Stoll arbeitet nämlich auch dann für den Fußball, wenn andere Stadionsprecher Urlaub machen könnten. Stolls Stimme und seine Kommentare hallten jahrelang über die Bahnen bei den Sechstagerennen in Bremen, Zürich und Berlin. Sein Ritterschlag aber, oder, wie er es in einem Interview formulierte, »der große Traum meines Sprecherlebens« war der Job beim WM-Finale 2006 im Berliner Olympiastadion.[20] Den erledigte der Bremer natürlich gewohnt souverän, aber unter ungewöhnlichen Bedingungen, nämlich gemeinsam mit dem damaligen HSV-Sprecher Marek Erhard. Ein Glück, dass die beiden abgesehen von Nordderby-Zeiten befreundet sind. Seit dem »Sommermärchen« und bis 2016 war Stoll auch offizieller Stadionsprecher des DFB. In dieser Zeit klangen die Spiele der Nationalelf immer auch ein bisschen nach Werder.

67. GRUND

Weil Besuche im Weserstadion auch gesund sein können

Weil wir ja schon das Hohelied des Stadion-Bieres gesungen haben, soll auch die zweite Wahrheit an dieser Stelle nicht verschwiegen werden. Natürlich bleiben wir grundsätzlich bei der Ansicht, dass an einem Sonnabendnachmittag wenig über ein frisch gezapftes Haake-Beck in einem schönen Plastikbecher geht, am besten noch mit dem Konterfei des eigenen Lieblingsspielers bedruckt.

Das Weserstadion kann aber auch das beste Katermittel der Welt sein. Es gibt sie nämlich, diese Spieltage, an denen man morgens aufwacht und im selben Moment weiß: Das letzte Bier auf der Party gestern Abend war das eine zu viel. Wahlweise natürlich auch das letzte Glas Wein, der letzte Cocktail, die fünf Kurzen, die der nette Typ oder die nette Dame am Tresen noch ausgegeben hat. Und das Letzte, was man in diesem Moment will, ist: aufstehen. Hilft aber nichts, Werder wartet nun mal nicht. Also raus aus dem Bett, hoch vom Sofa, rein in die Klamotten, den Schal umgeworfen und los geht's, auch wenn die ersten Schritte eine ganz fiese Qual sein können. Dabei spielt das Wetter übrigens keine besonders große Rolle. Scheiße fühlen kann man sich auch bei 25 Grad und Sonne.

Hat man es aber erst mal ins Weserstadion und dort an seinen Platz geschafft, kann man das erste Mal durchatmen. Geschafft. Wenn man etwa eine halbe bis dreiviertel Stunde vor Anpfiff verkatert im Stadion steht, ist die Atmosphäre irgendwie anders. In einer Mischung aus sehr klar und sehr verschwommen nimmt man das ganze Geschehen um sich herum wahr. Weil man eben noch diesen unsichtbaren Helm auf dem Kopf hat, nervt das Gedrängel und/oder Gelaber von den Umstehenden (die Freunde, mit denen man gekommen ist, ausgenommen) plötzlich nicht mehr so wie normalerweise. Wenn er dazu in der einen Hand eine Cola/

Fanta und in der anderen eine Bratwurst zu halten und beides abwechselnd unfallfrei zum Mund zu führen hat, ist der verkaterte Fan bereits am Rande seiner Kapazitäten angelangt – also kann auch er selbst die Umstehenden nicht durch Drängeln oder Gelaber belästigen.

Wenn das Spiel dann läuft, ist eh alles gut. Spätestens bei der ersten Chance, egal ob für oder gegen Werder, ist man so sehr auf die Ereignisse auf dem Rasen konzentriert, dass man völlig vergisst, dass man noch vor einer Stunde dachte, niemals wieder ein normales Leben führen zu können. Die ständige Zufuhr von Frischluft beschleunigt den Prozess noch. Mit jeder verstrichenen Spielminute kehren mehr Lebensgeister in Kopf und Körper zurück – herrlich! Manchmal verläuft die Gesundung so schnell, dass man sich schon vor der Halbzeit beim Gedanken erwischt: Ach, so'n Alster jetzt … Bleibt man dann standhaft, denkt man nach 90 Minuten frisch und fit und dankbar auf dem Heimweg manchmal an Mutti und Oma, die schon immer frische Luft als eines der besten Katermittel empfohlen haben.

Unter dem Punkt Risiken und Nebenwirkungen muss vor verkaterten Stadionbesuchen allerdings auch gewarnt werden. Es besteht nämlich erhöhte Rückfallgefahr, was den Alkohol angeht. Entweder, weil Werder gewonnen hat und das wiederum ein Anlass zum Feiern ist. Oder, weil Werder nicht gewonnen hat. Dann hat man zwar keinen Partykater mehr, aber dafür einen vom Fußball, was wiederum ein Anlass zum Frusttrinken ist. Aus dem Bett gekommen zu sein ist aber in jedem Fall lobenswert.

68. GRUND

Weil das Weserstadion immer noch Weserstadion heißt

Über den größtenteils genialen Einfall, sich vom restlichen Teil der Fußballrepublik einfach abzukoppeln und ins Stammbuch jedes Werderaners einen sinngebenden Merksatz (»Du sollst die Kontinuität preisen, sie fördern und bewahren«) zu schreiben, ist an anderer Stelle schon räsoniert worden. Kommen wir an dieser Stelle sehr gerne darauf zurück, denn das kann man nicht oft genug: sich selbst loben. Anderswo, im Feindesland des Unsteten und wenig Verlässlichen, wechseln sie die Trainer und Manager wie die Unterhosen, ja, sie finden es auch richtig, dem Stadion unverdrossen neue Namen zu verpassen. Nehmen wir, das liegt ja nun wirklich nahe, doch einfach wieder unsere speziellen Freunde vom Hamburger SV. Unsere speziellen Freunde vom Hamburger SV lassen es sich angelegen sein, alle paar Jahre den Namen ihres Stadions durch einen anderen zu ersetzen. Früher hieß der Schuppen mal Volksparkstadion, das konnte man sich leicht merken. Ein beinah schönes Wort verglichen mit den folgenden, denn mehr als ein Jahrzehnt lang mussten die HSVer in die AOL Arena, in die HSH Nordbank Arena oder in die Imtech Arena gehen. Neuerdings heißt es dank der HSV-Lebensversicherung Klaus-Michael Kühne wieder Volksparkstadion – aber wer weiß schon, wie lange.

Der Profi-Fußball ist, wir wissen es, ein gutes Geschäft geworden, denn die Zeiten für den Kapitalismus sind ja, Krise hin oder her, so gut wie noch nie. Wer glaubt denn heute noch an eine Utopie, in der der Mammon, dieser schnöde!, nur eine untergeordnete Rolle spielt? Na, wir Bremer natürlich! Unsere Pilgerstätte heißt nicht Playmobil Arena oder Commerzbank Arena, wobei das Frankfurter Stadion im Grunde natürlich einen so toll entlarvenden Namen trägt, dass es eine Art hat.

In Bremen heißt der Ort wunderbarer Fußballfeste schlicht und einfach Weserstadion. Ein Wort, dem wir viele Qualitäten zuschreiben, etwa die seines Klanges. Der verhält sich nämlich wie Honig in unseren Ohren, während er bei anderen nur Furcht und Schrecken verbreitet – schon wieder ins Weserstadion, da gibt's für uns doch nie was zu holen! So oder so herrscht bei uns also, mitten im Reich des durchkommerzialisierten Volkssports, das lieb gewonnene Prinzip der Kontinuität. Es gibt keine Identitätsnöte, keine Wortungetüme, sondern nur eine Idee von der Beständigkeit mancher Dinge, zum Beispiel einer Sportstätte. Für eine Handvoll Dollar jedenfalls verkloppen Werderaner nicht ihre Tradition und ihren guten Namen. Sagen wir jetzt mal einfach so. Bis vielleicht tatsächlich ein Investor in der Franz-Böhmert-Straße steht, bei dem man wirklich nicht Nein sagen kann – Stichwort »Wettbewerbstauglichkeit«, in Bremen sind die Voraussetzungen ohnehin kompliziert genug. Richtig reich sind wir ja nicht, in Bremen »drehen sie nicht nur die Mark um, da röntgen sie auch noch den Pfennig«, wie Willi Lemke einmal anmerkte.

Sollte traurigerweise in Bremen irgendwann mal die vollkommen unsentimentale Realität einkehren, dann bedauern wir das, behaupten aber von allem hier Geäußerten das Gegenteil. Unter Umständen. Bis es so weit ist, bleiben wir Romantiker.

7. KAPITEL

DIE WERDER-RENAISSANCE, THOMAS SCHAAF UND NEUE STARS

VON 2000 BIS HEUTE

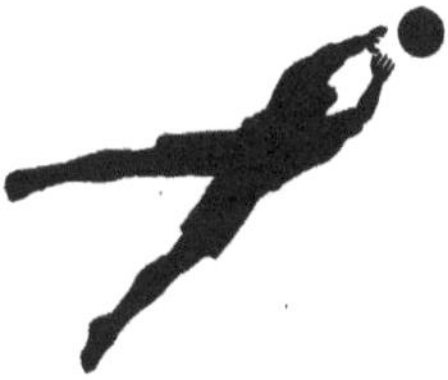

69. GRUND

Weil Werder den letzten Schnauzbartträger der Liga als Trainer hatte

Hält man es mit dem großen spanischen Surrealisten Salvador Dalí, hat die Bundesliga ein Problem. Beziehungsweise ihre Trainer. Von Señor Dalí stammt nämlich die Feststellung: »Ohne Schnurrbart ist ein Mann nicht richtig angezogen.« In der Bundesliga gab es, klammert man mal den Niederländer Jos Luhukay aus, lange Jahre nur einen Schnauzbartträger: natürlich Thomas Schaaf.

Der gefühlt ewige Werder-Trainer und sein ewiger Oberlippenbart: eine untrennbare Einheit. Mindestens seit 1972. Damals fand Schaaf als junger, schnauzbärtiger Abwehrrecke seine sportliche Heimat bei Werder und blieb ihr sehr lange treu. Genau wie der Gestaltung seines Gesichtshaars. Böse Zungen behaupten, Schaaf sei schon mit Schnauzer auf die Welt gekommen. Aber das ist natürlich völliger Quatsch. Wahr ist hingegen, dass zehn Jahre nach Schaaf auch Rudi Völler bei Werder anheuerte. Ein ebenfalls bis heute bekennendes Mitglied der »Oliba-Fraktion« (der auch Christoph Daum und Ex-Handball-Nationaltrainer Heiner Brand angehören), das es sogar bis ins Bundestraineramt schaffte. Schaaf und Völler, zwei besonders prachtvolle Exemplare in denen an Schnauzbartträgern (und sonstigen Frisur-Kuriositäten) wahrlich nicht armen 1980er-Jahren.

Während sich Schaafs Haupthaar mit der Zeit in Richtung Hinterkopf zurückzog, ist sein Bart heute dicht wie eh und je. Höchstens ein bisschen grauer, was aber – Schaaf ist von Natur aus ja blond – fast gar nicht auffällt. Wie überhaupt die Tatsache, dass zum ehemaligen Werder-Trainer eben der Schnurres gehört, inzwischen Allgemeinwissen ist. Fällt nicht groß auf, war eben immer schon so.

Veränderungen nimmt Schaaf höchstens in der Umgebung vor: Mal umrahmt er seinen Schnauzer mit einem stoppeligen Sieben-

bis Neuntagebart auf den Wangen, mal präsentiert er ihn als Höhepunkt eines Vollbarts, Letzterer wächst bei Schaaf allerdings nur als Light-Version. Er trägt seinen Lippenbusch konsequent, in guten wie in schlechten Zeiten. Allerdings munkelt man auch von kurzzeitigen Krisen wie nach dem Sieg im DFB-Pokal 2009. Doch noch bevor die Bremer Boulevardjournalisten titeln konnten: »Alles aus? Schaaf und sein Bart – getrennt!«, ließ der ihn wieder (d)ran. Wo auch sonst sollte der Trainer seine oft lakonisch-trockenen Antworten (Reporter fragt: »Nach den vielen Verletzungen in der letzten Woche, wie wird Ihre Abwehr denn heute aussehen?« Schaaf: »Gut!«) hineinnuscheln, wenn nicht in seinen geliebten Bart?

In der Mode ist es überhaupt ein ewiges Gesetz: Jeder Trend kommt zurück, man muss nur lange genug warten. Insofern gilt Schaaf, der mit seinem Bart nun bald 40 Jahre liiert ist, inzwischen schon wieder als Vorreiter. Der Schnauzbart ist längst wieder dabei, gesellschaftsfähig zu werden. Die wagemutigsten unter den Hipstern in Berlin, Hamburg, München oder Köln machen neuerdings, inspiriert vom Style Jean Dujardins im kürzlich Oscar-prämierten Stummfilm *The Artist*, einen auf Clark Gable (und der hat ja als Rhett Butler immerhin Scarlett O'Hara abgeschleppt!). Klar, bei einigen reicht's auch nur für die eher rustikale Eleganz eines Tom Selleck.

Andere nutzen den Oberlippenbart schon seit Jahren für einen guten Zweck: Bei der ursprünglich 2004 in Australien entstandenen Aktion »Movember« (zusammengesetzt aus dem französischen »Moustache« für Schnurrbart und »November«) rasieren sich Zehntausende Männer jedes Jahr vom 1. bis 30. November (mindestens) oberhalb der Oberlippe nicht. Mit der Bart-Aktion machen sie (inzwischen auch in Deutschland) auf männliche Krankheiten wie Prostatakrebs aufmerksam und sammeln Spenden für Aufklärungsprogramme und die bessere Erforschung von Therapiemöglichkeiten. »Movember-Präsident« Schaaf? Warum nicht?

70. GRUND

Weil Klaus Allofs einfach ein Näschen hatte

Wer weiß, was passiert wäre, hätte Hansi Müller 1999 das Bremer Bildungssystem ein bisschen besser gefallen. Werder war damals gerade Pokalsieger und zum ersten und letzten Mal für lange, lange Zeit – aber das wusste man damals noch nicht – auf der Suche nach einem Sportdirektor. Der Schwabe Müller sagte mit Blick auf die Schulkarriere seiner Kinder ab, ebenso Rune Bratseth. Wen also nehmen für den neu geschaffenen Posten? Die Vorstände Klaus-Dieter Fischer und Manfred Müller entschieden sich für ein echtes Wagnis.

Dem Trainer-Neuling Thomas Schaaf stellten sie den Manager-Neuling Klaus Allofs an die Seite. Der war zwar gerade als Trainer bei Fortuna Düsseldorf gescheitert, hatte aber immerhin schon mal seine Erfolgstauglichkeit bei Werder bewiesen. Wenn auch nur als Spieler: Auf seiner letzten Etappe als Stürmer trug Allofs (von Otto Rehhagel 1990 aus Bordeaux geholt) mit seinen Toren zu drei Titeln bei, wurde mit Werder 1991 Pokalsieger, holte 1992 den Europapokal der Pokalsieger und 1993 (wenn auch eher von der Ersatzbank aus) die Meisterschale. Ein Mann also, der wusste, wie sich Erfolge an der Weser anfühlen. Ein guter Ruf als Geschäftsmann eilte ihm dennoch nicht voraus. Der damalige *Bild-Zeitungs*-Kolumnist Max Merkel prophezeite Werder, mit Allofs habe man sich einen geangelt, der wohl nicht mal einen Parkplatz anständig beaufsichtigen könne.

In die Verlegenheit, diese Fähigkeit beweisen zu müssen, ist Allofs in den folgenden Jahren äußerst selten gekommen. Wohl aber schien es zuerst doch so, dass die Unke Merkel recht gehabt haben könnte: Einer der ersten Allofs'schen Transfers drohte gründlich danebenzugehen: Ivica Banović, das kroatische Talent, wollte er verpflichten. Blöd nur, dass sich in die Vertragsunterlagen, die zu NK Zagreb geschickt wurden, eine falsche Summe geschlichen hatte. Da stand zunächst die richtige und auch vereinbarte Ablösesumme, nämlich 3,7 Millionen DM, aber in Klammern dahinter ausgeschrieben 7,5 Millionen DM. Ein Flüchtigkeitsfehler, den Allofs auf seine Kappe nehmen musste – und der ihm natürlich die Häme der Medien einbrachte. Bei einem Kick gegen eine Journalistenauswahl einige Zeit später überkam den Sportdirektor eine heiße Wut, die sich in einer rüden Grätsche und einer Ohrfeige für einen der Medienvertreter entlud.

Kein ganz so toller Start, also. Es konnte nur besser werden, und das wurde es auch. Klaus Allofs, der eloquente Düsseldorfer, stellte sich als idealer Partner für den ab und an etwas knorrigen Thomas Schaaf heraus. Zusammen wurden sie manchmal »KATS« genannt – und wie eine Katze besitzt auch Allofs ganz besonders feine Antennen, was das Potenzial von anderswo unglücklichen oder noch nicht voll entwickelten Talenten angeht. Allofs fand sehr oft genau die sportlichen Puzzleteile, die Schaaf auf dem Rasen zum Gesamtkunstwerk Werder Bremen der Jahre 2000 ff. zusammenbaute.

Claudio Pizarro, natürlich Johan Micoud, später Miroslav Klose, Per Mertesacker, Diego, Mesut Özil: Alles Juwelen, die Bremen Allofs, der Spürnase, verdankt. Und alle holte er zu vernünftigen Preisen oder gleich ganz ohne Ablöse! Diego kam für sechs Millionen Euro, und als er 2009 ging, linderten immerhin 25 Millionen aus Turin den Trennungsschmerz. Miroslav Klose wurde 2004 als teuerster Transfer bis dato für fünf Millionen aus Kaiserslautern geholt, die Bayern bezahlten 2007 15 Millionen. Real Madrid überwies 2010 rund 18 Millionen Euro an die Weser, was eigentlich noch viel zu wenig war für den unvergleichlichen Mesut Özil.

Kein Wunder, dass die Bayern kurz nach dem Titel 03/04 auf die Idee kamen, Werders Top-Geschäftsmann, den Überflieger unter den Bundesliga-Geschäftsführern, abzuwerben. Er widerstand, und das rechnen sie ihm heute noch hoch an in Bremen. Allofs' schlechte Phasen sind längst Legende. Von Carlos Alberto (Ladenpreis: 7,8 Millionen Euro) ist in diesem Büchlein auch an anderer Stelle die Rede. Und was ist besser als ein gefloppter Teuerbrasilianer? Richtig:

ein zweiter. Also sackte Allofs beim Zuckerhut-Shoppen auch noch Wesley (7,5 Millionen) ein. Boubacar Sanogo (4,5 Millionen) zählt ebenfalls zu den großen Missverständnissen der Allofs-Ära.

Eine aus Werder-Sicht ganz schlechte Phase hatte Allofs auch im Winter 2012. Er tätigte am 14. November nach 4787 Tagen im Amt seinen letzten großen Transfer – und unterschrieb als neuer Geschäftsführer und Manager in Wolfsburg. Wolfsburg! Nicht mal 'ne richtige Ablöse vereinbarte er noch für sich, nur verbesserte Konditionen im Sponsoren-Vertrag mit VW. Dass Allofs beim superreichen Werksklub weiterhin Grün-Weiß trug, war schon gar kein Trost. Dann schon eher das: Allofs' Nachfolger Thomas Eichin (vorher Geschäftsführer bei den Eishockey-Haien aus Köln) war übrigens, wie Allofs am Beginn seiner Werder-Zeit, ein Neuling, zumindest was das Fußball-Geschäft angeht.

71. GRUND

Weil Werder mit Johan Micoud den schönsten Spielmacher hatte

Wenn irgendwo der schöne Beatles-Song *Hey Jude* gespielt wird, singen auch Werder-Fans den Refrain mit. Aber sie haben ihre eigene Version. Der Refrain geht seit dem Frühherbst 2002 nämlich so: »Na, na, na, nanananaaa, nanananaaa, Miiiiicoouuud«. »Hey Joe« statt »Hey Jude«. Wenn Werder-Fans diesen Refrain singen, lächeln sie. Wehmütig, stolz und mit ein bisschen verklärtem Blick. Denn Johan Micoud war mit an Sicherheit grenzender Wahrscheinlichkeit die beste Nummer 10, die Werder jemals hatte und jemals haben wird. Nebenbei gesagt, auch die schönste.

Was für ein Mann. Was für eine Nase. Steil und gerade, ein Profil, das jedem römischen Feldherrn zur Ehre gereicht hätte. Und ein Feldherr war Micoud auch bei Werder. Le Chef des Mittelfelds, unangefochten. Es war ein großes Glück für Werder, dass der italienische

Erstligist FC Parma im Jahr 2002 in finanzielle Schwierigkeiten geriet. Denn so landete Johan Micoud auf der Verkaufsliste und nach – zähen – Verhandlungen mit Klaus Allofs in Bremen. Als sich Le Chef vier Jahre später nach 123 Bundesliga-Spielen, 31 Toren und 38 Vorlagen in Richtung seiner Heimat Bordeaux verabschiedete, hatte er Werders Fußball verändert. Elegant im Umgang mit dem Ball, außergewöhnlich genial seine Regie. Mit ihm hatte Werder einen Spieler der Super-Spitzen-Klasse, der die Mannschaft zum Double führte und drei Mal in die Champions League.

Nein, eine Spaßkanone wie Aílton war Micoud nicht. Oder, wie Klaus Allofs einmal halb scherzhaft seufzte: »Ein Sonnenscheinchen werden wir wohl nicht mehr aus ihm machen.«[21] Micoud, der Perfektionist auf dem Rasen, konnte richtig zornig werden. Wie im Winter-Trainingslager 2005, als der Franzose nach einer Trainingseinheit mit Fabian Ernst aneinandergeriet und ihm einen Kopfstoß verpasste. Ernsts blutende Wunde musste daraufhin mit acht Stichen genäht werden. Und Micoud? Der fühlte sich anschließend von der Presse falsch verstanden und verweigerte elf Monate lang jedes Interview. Wobei Micoud auch schon vorher kein Freund der Eigendarstellung in den Medien war – seine Ideen verdeutlichte er lieber auf dem Rasen, am liebsten (und genialsten) in den Champions-League-Partien. An 78 Toren war »Joe le Grand« beteiligt, als Vollstrecker oder Passgeber für Aílton, Klose und Co. Viele davon sind Beispiele fürs Lehrbuch – oder einfach Kunstwerke wie sein Heber zum 2:0 im Meisterschaftsspiel bei den Bayern 2004. Der Begeisterungsschrei von Radio-Reporter Henry Vogt (»Und die Möglichkeit, und Toooooor! Tooooor durch Micoud!!!«) hallt heute als Teil der Hymne *Lebenslang grün-weiß* vor jedem Heimspiel durchs Weserstadion. Und mit ihr die Erinnerungen. In der französischen Nationalmannschaft stand Micoud immer im Schatten von Zinedine Zidane. Bei Werder war er Monsieur Le Chef. Na, na, na, nananaaaa, nananaaaa, Miiiiiicoouuud. Seit seinem Karriereende 2008 verbringt Johan Micoud übrigens den großen

Teil seiner Zeit als Mitinhaber eines Weinguts in der Nähe von Bordeaux. Außerdem fördert er junge Musiker. Jeden Tag Fußball zu spielen vermisse er nicht so doll, hat er mal in einem Interview gesagt. Aber der Fußball vermisst ihn. Ganz besonders in Bremen.

72. GRUND

Weil 2004 Bremen wochenlang im Doublerausch war

Das Verfasser-Duo dieses Büchleins hat am 8. Mai 2004 leider nicht am Bremer Airport auf das Meisterteam gewartet. Der eine von beiden hockte am Steintor vor dem »Piano« und ruhte sich aus von den Anstrengungen des Tages, die andere grübelte in Straßburg, warum sie ihr Praktikum bei arte ausgerechnet in den Mai gelegt hatte. Die Bilder haben beide trotzdem im Kopf, wie jeder Werder-Fan, denn wenn alles mal wieder blöd ist auf der Welt und das Leben einen ärgert, kann man sich ja den beliebten Youtube-Stimmungsaufheller verabreichen – den Videoclip von *Lebenslang grün-weiß*.

Da ist die glorreiche Rückkehr der Werderaner aus München zu sehen: Sie kamen hochsymbolisch wie Götter vom Himmel. Das Bild des die Werder-Flagge schwenkenden Meistertrainers Thomas Schaaf ist eine Ikone geworden. Einige Tausend haben die Mannschaft in Empfang genommen am Flughafen, viele von ihnen waren nachmittags beim Public Viewing auf dem Marktplatz, um dort das 3:1 in München, den vielleicht ultimativen Werder-Sieg, zu sehen. Es gibt nicht wenige, die diesen Tag als wenn nicht *den*, so doch als einen der schönsten Tage ihres Lebens bezeichnen. In diesem wonnevollen Mai feierten wir Bremer zweimal den SV Werder vorm Rathaus (einmal wurde die Meisterschaft, einmal der Pokalsieg bejubelt), wir prosteten uns bei jeder Gelegenheit zu und klatschten Werder Applaus.

Fußballfans sortieren ihren Lebenslauf nach Fußballerlebnissen, und die größten dieser Art sind nun einmal Titelgewinne. Wir haben es da mit Werder ganz gut getroffen. Im Schnitt alle fünf Jahre der vergangenen zweieinhalb Jahrzehnte (sieht man mal von den güldenen Jahren 1991 bis 1994 ab, wo jährlich ein Titel eingesackt wurde) durften Bremer Fußballfans den Sieg in einem Wettbewerb feiern. Größer als 2004 waren die Partys aber nie. Was in Erinnerung geblieben ist, sind der Glückstaumel und die Euphorie, der Stolz und die allumfassende Freude, die einem überall entgegenschlugen, als Werder binnen Wochen Meister und Pokalsieger wurde. Die weiche Decke der vollkommenen Seligkeit, die sich auf die ganze Stadt legte. Hatte die Atmosphäre in Bremen im Sommer 2004 nicht sogar etwas Transzendentes? Man konnte im Juli 2004 am Osterdeich auf der Wiese wegdämmern, das Stadion lag in gravitätischer Ruhe links neben einem, und im Halbtraum noch einmal an Johan Micouds Pässe oder Ivan Klasnićs Finten denken, und dann trug der Wind vom Café Sand die Klänge von *Lebenslang grün-weiß* herüber, als hätte man sie bestellt. Himmlisch!

Es war in dieser zauberhaften Saison 2003/2004, dass Bremen seinen Lokalpatriotismus neu entdeckte. Jeder Laden schmückte sich mit Werder, jede Kneipe war bei Spielen rappelvoll. Die Sportjacken mit dem »Bremen«-Schriftzug fanden reißenden Absatz, und spätestens jetzt wollte jeder eine Dauerkarte haben und ein Trikot. Das war papageienfarben damals und mixte Grün mit Orange, das muss man sich mal vorstellen. Holger Gertz, Starreporter der *Süddeutschen Zeitung* und bekennender Werder-Fan, schrieb damals eine Liebeserklärung auf der Seite drei an die Stadt Bremen und an ihren Verein, der unter ganz anderen Umständen arbeitet als sein Pendant in München, der Stadt, in der die *SZ* erscheint. »Wenn man nicht reich ist, muss man kreativ sein«, hieß es dort.[22]

»Ein Uhrwerk in Orange« stand über dem Text, den wir aufbewahrten damals und der immer noch in irgendeiner Kiste sein muss, und wie ein Film kam uns auch dieses ganze tolle Jahr vor. Der klamme SV Werder hat es damals allen gezeigt, und wir hatten den Sommer des Jahrhunderts. Danke, Werder.

73. GRUND

Weil nur in Bremen der Kugelblitz einschlug

Als der Kugelblitz in Bremen so richtig einschlug, war Aílton Gonçalves da Silva schon reichlich fünf Jahre bei Werder. Aber so gut wie in der Saison 2003/2004 war er vorher nicht und auch nachher nie wieder. 28 Tore schoss der Brasilianer, der so bullig wirkt, aber doch eigentlich nur zur speziellen Spezies der Männer ohne Hals zählt. Aílton, der seit 1998 in Bremen spielte, wurde in der besten Werder-Saison aller Zeiten zum Volkshelden an der Weser und außerdem zum ersten ausländischen Fußballer des Jahres gewählt.

Leider beschloss der Stürmer, der für seine Deutschkreationen berühmt ist und seine Stärken genau kennt (»Aílton gute Schiss«), schon während der Meistersaison einen Wechsel zum FC Schalke. Was natürlich eine sehr, sehr schlechte Entscheidung war und der Anfang von Aíltons Tingelei durch die wunderbare Welt des Fußballs, in der Vereine wie der KFC Uerdingen, der FC Oberneuland und Hassia Bingen (Tonis letzte Station als Profi) ihren Platz haben.

Und der HSV: Beim und gegen den Erzrivalen aus der Elbstadt spielte Werder am letzten Spieltag der Saison 2005/2006 um den direkten Einzug in die Champions-League. Werder gewann 2:1 und das auch, weil Aílton freistehend vor dem Bremer Tor vergab. Durchaus ein Liebesdienst für Werder – den Verein, bei dem sich Aílton nach seinem tränenreichen Abschied immer wieder ins Gespräch brachte. Am Ende reichte es aber immer nur für den MSV Duisburg oder das Dschungelcamp: Aílton, der gerade in seiner Bremer Anfangszeit gefühlt 90 Minuten im Abseits stand, ist seit vielen Jahren fester Bestandteil der Bremer Folklore, gern gesehener Gast in der Fußball-Peripherie und beliebter Clown im Privatfernsehen. Übel nehmen kann man diesem beinah grotesk aufgeschlossenen Kerl (SCR Altach? Chonquin Lifan? HSV? Hauptsache: Kicken!) eigentlich gar nichts, und würde der Weltenbummler heute im Weserstadion gesichtet, das Publikum skandierte lautstark seinen Namen. So wie es dies beim ersten Spiel der Nachmeistersaison tat, als der Neu-Gelsenkirchener von den Bremern beim Gastspiel der Schalker frenetisch gefeiert wurde und die berühmte »Muffe« für einen Stromausfall im Stadion sorgte – als könne es nicht sein, dass ein Spiel des amtierenden Deutschen Meisters ohne seinen besten Torschützen angepfiffen wird.

Aber Aílton zog sich trotz Spielverzögerung nicht das grüne Trikot über und auch danach nie wieder. Schade eigentlich. So rasend schnell konnte zu einer bestimmten Zeit kein anderer an Abwehrspielern vorbei und auf Torhüter zusprinten. Und meistens hat er sie reingemacht, der Aílton. Wir hatten alle viel Spaß mit ihm, und bestimmt vermisst ihn auch der Dauertrainer ab und an. Überliefert ist eine trockene Erklärung Thomas Schaafs, mit der er das rituelle Zuspätkommen des Brasilianers aus der Sommerfrische einordnete: »Was Aílton macht, könnte man als bezahlten Urlaub bezeichnen. Er macht Urlaub und bezahlt dafür.«[23]

Am Ende konnte Schaaf es verschmerzen; hat Werder jemals einen besseren Kicker vom Zuckerhut, dem sogenannten, gehabt, von Diego einmal abgesehen? Hat jemals ein Werderaner so viele Tore in einer Saison geschossen? Hat jemals ein Bremer, einer von uns, so bitterlich geweint im Augenblick seines größten Triumphes wie Aílton nach dem 3:1-Meisterstück am 8. Mai 2004? Ach, Toni.

74. GRUND

Weil Werder das späteste Tor der Bundesliga geschossen hat

Es gibt Spiele, die vergisst man einfach nicht. Nicht, weil sie sportlich so wahnsinnig aufregend gewesen wären. Sondern weil sie Beweise dafür sind, dass im Fußball wirklich alles möglich ist. Wie am Abend des 6. August 2004, einem Freitag. Werder eröffnet die neue

Bundesligasaison gegen Schalke. 42.109 Fans sind erwartungsvoll ins Stadion gepilgert, über vier Millionen haben es sich vor ihren Fernsehern oder in Kneipen bequem gemacht. Zu sehen gibt's um 20.30 Uhr hüben im Stadion wie drüben vor den Bildschirmen: keinen Live-Fußball, aber den kuriosesten Liga-Start der Geschichte.

Stromausfall im Weserstadion. Knapp 1,5 Kilometer entfernt, irgendwo im Erdreich unter dem Gelände des St.-Jürgen-Krankenhauses, hatte um 20.20 Uhr die inzwischen berühmteste Muffe Deutschlands beschlossen, mit einem Knalleffekt aus ihrem Muffendasein zu scheiden. Das kleine metallene Verbindungsstück (heute im »Wuseum« zu bewundern) zwischen zwei Teilen im Starkstromkabel »Carola« platzte – und damit fast auch der Fußball-Abend. Kurzschluss im Kabel, kein Strom, nirgends. Im Stadion (und drumrum) gingen die Lichter aus. Und das für ganze 66 Minuten. Über eine Stunde kein Fußball in Bremen, aber dafür eine zauberhafte Stimmung. Eine laue Sommernacht, deren Beginn die Fans mit zu Tausenden hochgehaltenen Feuerzeug-Flämmchen begrüßten.

Nie wurde länger und ausdauernder im Weserstadion gesungen als an diesem Abend. »Fußball geht auch ohne Strom« – in diesen Momenten stimmte das auf jeden Fall. Zur Unterhaltung derer im Stadion trugen auch die vielen Anrufe und SMS verwirrter Freunde und Bekannter bei, die das zweifelhafte Vergnügen hatten, das Spiel bei der ARD sehen zu wollen. Sie sahen stattdessen das wohl kurioseste Abendprogramm der letzten Jahre: eine Zusammenfassung von Werders Weg zum Meister-Titel, eine Dokumentation über den Spieler Angelos Charisteas, Auftritte von DJ Ötzi, Jürgen Marcus und Roberto Blanco beim Festival des deutschen Schlagers 2002, Vicky Leandros bei der Olympia-Gala als Wiederholung vom Vortag und den Anfang des mittelmäßigen US-Streifens *Hals über Kopf*. Und dann, gegen 21.36 Uhr, doch noch das Spiel (kommentiert übrigens per Handy von Gerhard Delling).

Dass es Afltons und Mladen Krstajics erstes Spiel als Ex-Bremer und Neu-Schalker war, ging völlig unter. Nebensächlich angesichts dieses großen Nicht-Ereignisses. Was aber festzuhalten bleibt: Nie wurde ein Bundesliga-Spiel später angepfiffen als diese Partie. Und nie gab es ein Bundesliga-Tor, das später fiel als das von Joker Nelson Valdez in der 83. Minute um 23.15 Uhr zum Endstand von 1:0. Hab Dank für diesen zauberhaften Stadion-Abend, kleine Muffe aus dem Starkstromkabel Carola!

75. GRUND

Weil Werder in der Champions League Chelsea und Real Madrid schlagen kann

Haaaaach, die Champions League. Das große Titel-Projekt, das bei Werder in den vergangenen Jahren, okay, Jahrzehnten, immer im Ordner mit der Aufschrift »Wunschtraum« abgeheftet worden ist. Meistens war man schon nach der Gruppenphase wieder draußen (bzw. im Uefa-Cup), in den Spielzeiten 2004/2005 und 2005/2006 schob sich der SVW immerhin bis ins Achtelfinale vor. Und 1988/1989, da hieß das ganze Ding noch offiziell »Pokal der europäischen Meistervereine«, war erst im Viertelfinale gegen den AC Mailand Schluss. Lange her.

Der Werder-Fan kann sich getrost ein Hobby suchen, das jeweils an Dienstag- und Mittwochabenden seine Aufmerksamkeit erfordert. Volkshochschulkurse zum Beispiel, oder Tanzstunden. An Dienstag- und Mittwochabenden spielt der internationale Fußball, und meistens ohne Werder. Deshalb waren die fünf Jahre zwischen 2003 und 2007, in denen Bremen jeweils bei den Großen, denen in der Champions League, mittun durfte, eine riesengroße Sache. Auch, wenn wir auf den ganz großen internationalen Erfolg wohl noch einige Zeit warten müssen: Für Aufsehen gesorgt haben einige von Werders Spielen auf alle Fälle. So oder so. Festtage waren sie jedenfalls alle. Denn es ist schon verdammt cool, an einem Dienstag-

oder Mittwochabend gegen 19.45 Uhr auf dem Weg ins Weserstadion zu sein und zu wissen: Da steht gleich der überzeugteste aller Trainingspulli-Träger, unser Thomas Schaaf, im schnieken Anzug an der Seitenlinie. Da laufen gleich Ronaldinho, Messi und Eto'o durch unseren Spielertunnel! BAR-CE-LO-NA!!! Bei uns in Bremen! Hallo?! Was aber noch viel viel cooler war an diesem 27. September 2006: Da spielte Werder gegen die spanische Übermannschaft – aber es war eigentlich gar kein großer Unterschied zu sehen. Keine Tore zur Pause, kurz danach die Führung durch ein von Aaron Hunt eingeleitetes Eigentor von Puyol. Werder 1 – Barça 0: Allein für diese Durchsage per Stadionlautsprecher, verstärkt durch den Schrei aus 37.000 Kehlen, hatte sich der Eintritt mehr als gelohnt. Fast wär's sogar die Sensation geworden, tja, kurz vor Schluss kam Messi halt, da hatte Tim Wiese einfach keine Chance. 1:1 am Ende, ein Ergebnis, das vor dem Anpfiff wohl jeder Fan sofort und mit Kusshand unterschrieben hätte. Aber nach diesem Unentschieden waren alle enttäuscht, bitter enttäuscht sogar. Werder hätte gewinnen *müssen*, war klar besser als Barça gewesen. Mannomann!

Und das war nicht die einzige Überraschung, die Werder in dieser Champions-League-Saison in der sogenannten »Todesgruppe« mit eben Barcelona, dem FC Chelsea und Levski Sofia gelang. Beim Heimspiel gegen Chelsea, immerhin mit Ashley Cole, Didier Drogba, Michael Ballack und Michael Essien im Aufgebot, erkämpften sich Pierre Womé, Torsten Frings, Daniel Jensen und Co. sogar den Sieg. 1:0 durch Per Mertesackers Kopfball nach einem Freistoß von Frings. Am Ende reichte es trotzdem nicht, Werder rutschte mit immerhin zehn Punkten und dem inoffiziellen Zertifikat »bester Gruppendritter aller Zeiten« in die Europa League (und scheiterte erst im Halbfinale an Espanyol Barcelona).

Eine Saison später hatte die Losfee Werder in der Gruppenphase wieder einen der berühmtesten Klubs der Welt zugedacht: die Königlichen von Real Madrid. Im Estadio Santiago Bernabéu in Spaniens Hauptstadt mussten die Bremer ein knappes 1:2 hinnehmen. Als am 28. November 2007 das Rückspiel angepfiffen wurde, rechneten selbst die Treuesten der treuen Werder-Fans mit einem Debakel. Wer fehlte nicht alles: Diego! Torsten Frings! Tim Wiese! Auch Tim Borowski war unpässlich. Aber dann: »Werder B« (Vander – Fritz (6. Tošić!), Mertesacker, Naldo, Pasanen – Vranjes, Baumann, Jensen, Hunt – Rosenberg, Sanogo) schaffte das für unmöglich Gehaltene. Fünf Tore im Flutlicht des Weserstadions, 3:2 für Bremen, Rosenberg, Sanogo, Hunt trafen. Noteif besiegt Weltauswahl: Werder-Wahnsinn pur. Das nächste Kapitel mit dem Titel »Fürs Achtelfinale reicht's nicht, zum Favoritenschreck aber sehr wohl« war geschrieben.

Sobald Werder international spielt, muss man mit allem rechnen. Mit Unglaublichem, näher beschrieben im Kapitel »Weil Werder die Wunder von der Weser geschaffen hat«. Als jüngster Beweis für eine göttliche Partizipation auf internationaler Ebene darf das Rückspiel gegen Sampdoria Genua in der Qualifikations-Runde zur Champions League in der Saison 2010/2011 gelten. Das Hinspiel zu Hause locker 3:1 gewonnen – alles klar, könnte man denken. Aber der Bremer an sich braucht halt eine gewisse Spannung. Und so war es vielleicht sogar eine gewisse Absicht, dass der SVW in Genua schon nach einer knappen Viertelstunde 0:2 zurücklag. Nach 85 Minuten sogar 0:3. Wutausbrüche in den Werder-Kneipen dieser Welt, Verzweiflung bei den mitgereisten Fans.

Bis Markus Rosenberg in der 93. Minute endlich tat, was ein Stürmer tun muss: Der Schwede rettete Werder mit seinem 1:3 in die Verlängerung. Was an sich eine Kuriosität war: Rosenberg durfte nur mitspielen, weil Sandro Wagner (geschickterweise) nach einer Zweikampf-Verletzung sein Trikot vollgeblutet hatte und auf die Schnelle kein Ersatz auffindbar war. Also entschied der weise Schaaf: Wagner raus, Rosenberg rein. Tor. Für den glorreichen Schluss-Effekt sorgte Claudio Pizarro mit dem 2:3 (100.) Werder war weiter. Puh.

Aber es ging nicht immer so gut.

76. GRUND

Weil Werder sich in der Champions League aber auch herrlich blamieren kann

Ja, Werder hat in Europas Königsklasse schon einige fußballerische Schwergewichte überrascht. Aber manchmal eben auch sich selbst – negativ. In die Champions-League-Saison 2004/2005 waren die Bremer als amtierender Doublesieger zu Recht mit einer großen Portion Selbstvertrauen gestartet. Die Gruppenphase gegen Inter Mailand, Valencia und Anderlecht war auch nicht das Problem. Zweiter Platz nach sechs Spielen. Achtelfinale, here we come! Es kamen: zwei Spiele, deren Erwähnung noch heute den Fans das grün-weiße Blut in den Adern gefrieren lässt. Das Grusel-Stichwort – Olympique Lyon. Deutschlands Meister gegen den aus Frankreich.

Zuerst hatte Bremen Heimrecht. Und einen schlechten Abend am 23. Februar 2005: 0:3 nach 90 Minuten. Dieses Mal blieb das Wunder von den Werderanern im Rückspiel zwei Wochen später aus. Schlimmer noch, der Auftritt im Stade de Lyon wurde zur Schmach. Neun Treffer bekamen die Zuschauer zwei Wochen später in Frankreich zu sehen. Sieben davon ins falsche Tor. 2:7 (1:3) – ohne Worte. Es mussten an diesem Abend in Bremen und Umgebung sehr viele Trostbiere und Trostschnäpse über die Tresen gereicht werden. Wen wundert's, dass die Hoteliers unseres charmanten Nachbarlandes in den folgenden Wochen so manche norddeutsche Urlaubs-Stornierung für Ferienwohnungen von der Normandie bis zur Atlantikküste erhielten? Quel blamage!

Nicht in die glorreiche Werder-Vereinsgeschichte wird auch das Geschehen im Rückspiel des Achtelfinales gegen die italienische »Alte Dame« Juventus Turin eingehen. Zu Hause hatten die Bremer den damaligen Juve-Trainer Fabio Castello (»Ich habe noch nie von einem ›Wunder von der Weser‹ gehört!«) zwar noch einigermaßen erschreckt. Christian Schulz, Tim Borowski und Johan

Micoud sorgten im Weserstadion in einem heißen Duell für das 3:2. Eine relativ gute Ausgangslage, oder, wie Ivan Klasnić es angeblich gegenüber der Presse ausdrückte: »Ein Märchen mit dem Titel ›Scheiße und Juhu‹.« Der skeptische Klasnić sollte recht behalten.

Im Stade delle Alpi lief für Werder am 7. März 2006 erst mal alles gut. Der unvergleichliche Johan Micoud schoss Werder in Führung, Turin glich Mitte der zweiten Halbzeit aus. Reicht trotzdem noch locker fürs Viertelfinale, oder? Aber dann: Eine an sich harmlose Turin-Flanke segelt von rechts, es ist so um die 87. Minute, in den Bremer Strafraum. Tim Wiese, der bis dahin überragend gehalten hat, stürzt aus seinem Kasten hervor, springt Richtung Ball und – Aaaaach, den Ball hat er sicher, denkt sich der Fan vorm Kneipen-TV und bestellt entspannt noch ein Heimwegbier oder die Rechnung.

Hatte Wiese aber nicht. Nach seinem Hechtsprung Richtung Ball wollte sich Wiese, ganz cooler Hund, elegant seitwärts auf dem Rasen abrollen. Das gelang ihm auch. Was ihm nicht gelang, war, sich gleichzeitig abzurollen und den Ball festzuhalten. Nix war's mit »Er hält ihn sicher, er hält ihn warm ...« Juves Emerson schaltete schneller als der verdutzte Torwart und die Bremer um ihn herum und schickte die Kugel Richtung Torlinie. 1:2. Unfassbar. Was für ein Schock. Für Wiese waren die 16 Meter zurück zu seinem Tor, um den vermaledeiten Ball dort wieder herauszuholen, wohl der schmachvollste Gang seiner Karriere. Ein Unentschieden hätte zum Weiterkommen gereicht. Tja. Aber anders als das 2:7 hatte das Spiel in Turin bewiesen: Werder konnte durchaus mit den besten europäischen Klubs mithalten, war ja eigentlich schon im Viertelfinale gewesen. Eigentlich.

Wieses verunglückte Rolle ist seitdem in jeder Top 10 der dümmsten Torwart-Pannen zu finden. Mit dieser Aktion hatte Werder es immerhin geschafft, in ganz Europa aufzufallen.

77. GRUND

Weil der Unaussprechliche in Bremen so oft traf wie nirgendwo sonst

Der Geist, der stets verneint; das war er. Er war es, und niemand hatte einen Pakt mit ihm geschlossen. In Internetforen nennen sie ihn teilweise immer noch den Unaussprechlichen oder prägnanter noch: das »U«. Als das »U«, also Miroslav Klose, im Sommer 2007 nach München wechselte, kochte die Volksseele in Bremen. Es wurden Klose-Trikots verbrannt und Verwünschungen ausgestoßen, die noch in Bayern zu hören waren. Hannover, der Flughafen, Uli Hoeneß – das Verderben und seine Umstände kann jeder Werder-Fan noch herbeten, er wird es seinen Kindern und Kindeskindern erzählen. Im kollektiven Gedächtnis wird der Sünder Klose auf immer seinen Platz finden – so wie der großartige Stürmer, der in drei Spielzeiten 53 Treffer für Werder erzielte, in vielen, vielen Spielen den Bremer Fans fantastische Leistungen schenkte. Aber die Saison 2006/2007, in der Werder auf einem Peak war, was sein Fußballvermögen angeht, die hat er (fast) alleine auf dem Gewissen. Als wäre es tatsächlich rechtens, dass alles, was entsteht, wert ist, zugrunde zu gehen.

Wie die damals hochfliegenden Bremer Träume, nach 2004 den nächsten Meistertitel zu gewinnen. In der Klasse von 2006/2007 spielten Diego, Klasnić, Frings, Borowski, Naldo und Mertesacker, außerdem Jensen, Fritz, Hunt, Baumann und Hugo Almeida. Besser waren wir wahrscheinlich nie besetzt, und besser als über weite Strecken dieser vermaledeiten Saison haben wir wohl auch nie gespielt. 6:0 in Bochum, 6:1 in Mainz, 6:2 in Frankfurt, das waren so die Ergebnisse. Und dann klappte plötzlich nicht mehr viel, Superstürmer Klose traf die Kiste überhaupt nicht mehr, wie man in der Ostkurve wütend vor sich hin schimpfte. In der Rückrunde, in der entscheidenden Phase der Saison, vermurkste Werder ein ganzes Jahr, ja: eine ganze Ära.

Ist es nicht so, dass Werder in seinen spitzenmäßigen Jahren zwischen 2004 und 2009 einige Titel zu wenig holte? Die Europa League schenkte man 2007 auch ab, und das kam so: Unter der Woche, wir erwähnten es bereits, fuhr Miro Klose zu einem »Geheimtreffen« mit den Abgesandten der Bayern an den Hannoveraner Airport. Zwei Tage später unterlag Werder im Halbfinale bei Espanyol Barcelona 0:3. Im Rückspiel, das Treffen war längst publik geworden, wurde die starke Aufholjagd des SV Werder – Almeida traf schon nach vier Minuten – abrupt ausgebremst, als der übermotivierte »Miro« mit Gelb-Rot vom Platz flog. Ein Drama Shakespear'schen Ausmaßes!

Am Ende gewann Barcelona auch in Bremen, die falsche Mannschaft stand im Finale. Die falsche Mannschaft wurde auch Meister, der VfB nämlich; weil Werder Bremen mit Miroslav Klose am Ende alles vergeigte. Der ging dann also nach München, wurde da auch brav Meister. Aber geliebt wie in Bremen wurde er bei den Bazis nicht, und der Zauber seines Spiels war auch weg. Er stand im Schatten eines Italieners namens Luca Toni und eines Franzosen namens Franck Ribéry, die im gleichen Jahr verpflichtet wurden. So oft wie in den ersten zweieinhalb Bremer Jahren traf er auch nicht mehr.

War's das wert? Für uns sicherlich nicht. Was blieb, waren Erinnerungen an den am meisten laufenden Angreifer, der je für Werder Bremen gespielt hat. An einen spielstarken Stürmer, mit dem Micoud und Diego nach Herzensliebe kombinieren konnten. Klose war eiskalt. Am letzten Spieltag 2005/2006 nagelte er den Hamburgern das entscheidende 2:1 rein. Einer von vielen tollen Treffern. Er war Teil des Bremer Blocks in der Nationalmannschaft, zu der einst Frings, Mertesacker, Borowski, Wiese, Fritz und eben Klose eingeladen wurden. Er machte selbst den unnachahmlichen Aílton vergessen, den er im Nach-Meisterschaftsjahr ersetzen musste. Fünf Millionen ließen sich die Werderaner Klose damals kosten. Puh, was hatten die knauserigen Kaufleute vom Osterdeich zitternde Hände, als sie die Überweisung nach Kaiserslautern tätigten. Is' schon ein Ding, so ein dicker Transfer! Gut, dass man damals vom ganz dicken Ende noch nichts wusste …

78. GRUND

Weil Ivan Klasnić zurückgekommen ist

Unser Ivan. Unsere Nummer 17. Der Killer. Eiskalt wurde es im Strafraum, kurz bevor er zuschlug. »Toooooor für Werder Bremen! Toooooor durch Ivan Klasnić!« Insgesamt 49 Mal hat er getroffen, viele seiner Tore waren gleichsam wunderschön wie wichtig. Ohne Klasnićs Instinkt wäre Werder 2003/2004, als er mit 13 Treffern nach Aílton, mit dem er auf dem Feld aufs Beste harmonierte, zweitbester Schütze war, womöglich nicht Meister geworden. Ohne Klasnić wären wir Fans auch nicht begeisterte Untertanen des dreijährigen Regiments der »K.u.K.«-Monarchie gewesen: Miroslav Klose und Ivan Klasnić, in den Jahren 2005, 2006 und 2007 die absoluten Herrscher über das Bremer Angriffsspiel. Dass Klasnićs Tor-Zähler bei Werder nicht bei 42 stehen blieb, gehört zu einer der traurigsten, aber zugleich schönsten Fußball-Geschichten der letzten Jahre.

Klasnić, in Hamburg aufgewachsen, kam zu Werder, als sein Jugendklub St. Pauli 2001 in die Bundesliga aufstieg. Beim Kiez-Klub wünschen sich einige zwölf Jahre später immer noch die Rückkehr ihres »verlorenen Sohnes«. So schlitzohrig, wie der Kroate auf dem Platz zu Werke geht, ist er auch als Mensch: Immer für einen (gerne auch ein bisschen schrägen) Deal zu haben, und vor allem für jeden Spaß. Klasnić, der Killer mit der Unschuldsmiene. Er machte es den Fans leicht, sich in ihn zu verlieben.

Ende 2005 mussten wir uns erstmals große Sorgen um ihn machen. Mit einer akuten Blinddarm-Entzündung kam er kurz vor dem Champions-League-Spiel gegen Udinese Calcio ins Krankenhaus. Die OP sei gut verlaufen, las man danach. Was aber in Wirklichkeit bei Klasnić schon zu diesem Zeitpunkt ziemlich akut war, erfuhr die Öffentlichkeit erst Anfang 2007: Wegen einer Niereninsuffizienz war eine Transplantation unausweichlich. Die erste, mit dem Organ seiner Mutter, ging im Januar schief. Klasnićs Körper stieß die neue Niere ab. Im März der zweite Versuch mit einer Niere seines Vaters gelang. Danach war Klasnić der einzige Fußballprofi mit drei Nieren, seine eigenen beiden waren bei der Operation im Körper geblieben.

Aus Klasnić, dem Killer, wurde Klasnić, das Phänomen. Mit unglaublichem Willen und Disziplin (von der er vor seiner Erkrankung wahrlich kein großer Freund gewesen war) kämpfte sich Klasnić zurück in sein Leben als Profi. Kurz nach der Transplantation kam er ins Weserstadion, drehte vorm Anpfiff mit einer Botschaft an die Fans eine Runde über den Rasen: »Danke, dass ihr an mich glaubt.« Ja, das taten die Fans – aber viel mehr noch glaubte Klasnić in diesen Monaten selbst an sich. Und er schaffte das Comeback nach 309 Tagen Pause: Beim Zweitrunden-Pokalspiel von Werders Amateuren am 30. Oktober 2007 ausgerechnet gegen den FC St. Pauli war Klasnić wieder da, wirkte fit wie selten zuvor.

Er bereitete einen Treffer vor, Werder kam im Elfmeterschießen weiter, aber das war fast egal. Das weitaus größere Wunder feierten Werder- und St.-Pauli-Fans zusammen: Klasnićs Rückkehr. Selten haben nierentransplantierte Profi-Sportler ihre Karriere fortsetzen können, nie zuvor ein Fußballer. Das Klasnić-Wunder ging erst mal gut weiter. Bei seinem ersten Bundesliga-Heimspiel von Beginn an, es war das 5:2 gegen Leverkusen am 15. Dezember 2007, gelang ihm ein Doppelpack. Die *taz* zitierte Manager Klaus Allofs: »Früher hat man immer einen in der Kabine gehört, wenn man an der Kabine vorbeikam. Das war Ivan. Und heute hört man wieder nur einen. Und das ist Ivan.«[24]

In der Folge wurde es dann noch richtig laut zwischen Klasnić und Werder. Im April 2008 reichte er beim Landgericht Bremen Klage gegen die Werder-Ärzte Götz Dimanski und Manju Guha ein, wegen

Falschbehandlung. Seine schlechten Nierenwerte, argumentierten die Anwälte, hätten nicht übersehen werden dürfen, die Transplantation hätte bei früherer Behandlung womöglich vermieden werden können. Klasnić forderte 1.427.944,55 Euro Schmerzensgeld und verpasste Prämien. 2017 sprach ihm das Landgericht Bremen ein Schmerzensgeld in Höhe von 100.000 Euro zu. Zudem müssen die Ärzte für alle Behandlungskosten aufkommen. Auch einen Verdienstausfall für das Jahr 2007 gestand das Gericht Klasnić zu.

Sein Abschied von Werder nach der Saison 2007/2008 war bitter. Er hatte schon am vorletzten Spieltag nach dem Abpfiff im Weserstadion Tränen in den Augen, beim letzten Auftritt in Leverkusen erst recht. Dass es seine letzten Spiele für Grün-Weiß werden würden, wusste damals nur er selbst.

Nach Aufenthalten in Nantes und Bolton kehrte Klasnić 2012 in die Bundesliga zurück und wechselte nach Mainz. Dort schoss er ein Tor in drei Kurzeinsätzen, anschließend beendete er seine Karriere. In Bremen vermissen wir unseren Killer immer noch.

79. GRUND

Weil Werder den HSV in den »Derby-Wochen« 2009 demütigte

Um eines klipp und klar zu sagen: Hamburger sind auch Menschen. Dies festzustellen ist den Autoren dieses Büchleins ein dringendes Anliegen. Was kann der HSV-Fan dafür, dass ihn sein Vater damals mit nach Stellingen schleppte? Wenn wirklich niemand anderes zur Verfügung steht, kann man auch mit einem HSV-Fan ein Kaltgetränk am Tresen nehmen, und das ist dann noch nicht einmal unter dem Rubrum »Bewährungsauflage« (für den Stellinger) zu verbuchen. Nein, das ist einfach nur nett. Denn eigentlich sind sich Bremer und Hamburger gar nicht so unähnlich, wie soll es auch anders sein:

als hanseatische Brüder. Eingeborene Norddeutsche verstehen sich untereinander, sie sind von derselben freundlichen, ruhigen und kommunikationsmäßig ökonomischen Art, die süddeutsche Frechdachse mit einem einzigen Wort beschreiben: dröge.

Also: Wenn Werder-Anhänger und HSV-Fans durch eine Ungunst des Augenblicks zusammengeführt werden, kommen sie sogar meist ganz gut miteinander aus. Sie schalten den »Nur der HSV«- oder den »Die Nummer eins im Norden sind wir«-Modus aus und lachen gemeinsam über Tim Wieses rosafarbene Trikots und David Jarolims tiefe Erdverbundenheit. Der eine fällt halt gerne, der andere hat einen mutigen Modeberater, was in vielen Milieus ein Erfolgsrezept ist, im Fußball aber nicht – dessen grundsätzlicher Konservatismus ist ja notorisch.

Man darf auch über die ewig und drei Tage dauernde Titellosigkeit des HSV spotten. Nur eines darf man auf keinen Fall ansprechen. Das sind die zauberhaften, sensationellen, überragenden, triumphalen, unvergesslichen, einmaligen, aufregenden und keine Wünsche offen lassenden »Derby-Wochen«, die sowohl in die HSV- als auch in die Werder-Geschichte eingingen. In Hamburg als albtraum-, in Bremen als traumhafte Fan-Erfahrung; vier Mal trafen Werder und der HSV im April und Mai 2009 aufeinander, und Werder zerstörte alle Sehnsüchte des norddeutschen Rivalen, während es selbst vor allem ein Ziel erreichte – dem HSV in einer großen Kraftanstrengung die Grenzen aufzuzeigen.

Sieg im Elfmeterschießen mit einem Tim Wiese im Tor, der sich unsterblich machte, im Pokalhalbfinale in Hamburg. Sieg, nach der 0:1-Heimniederlage, im Rückspiel des Uefa-Pokal-Halbfinales, 3:2, in Hamburg. Unter anderem im Bremer Team: die berühmte Papierkugel. Sieg im Ligaspiel gegen den HSV, der sich danach die Champions League abschminken konnte. Die Bremer Fans waren außer Rand und Band, egal wo sie den Siegeszug verfolgten – im Stadion, in Bremer, Hamburger und Berliner Kneipen oder einfach zu Hause beim Private Viewing in Wohnzimmern, die von so vielen

Werder-Freunden bevölkert wurden wie sonst nur die Domsheide beim Rudelgucken.

Wenn es einen einsamen Höhepunkt dieser Derbywoche gab, die einem im Nachhinein wie ein einziger Rausch vorkommt, dann war das vielleicht der Spurt des sagenhaften Tim Wiese zur Gäste-Fankurve. Gerade hatte er drei Elfer gehalten, jetzt hefteten sich die Mitspieler an seine Fersen. Im Werder-Block tobten die Mitgereisten. Und das Beste: Die Hamburger mussten dabei zusehen.

Fußball ist manchmal eine gehässige Angelegenheit. Wer einen HSV-Fan im Freundeskreis hat, der bekam trotzdem plötzlich sentimentale Anwandlungen – und verspürte eine Ahnung dessen, was man tatsächlich Mitleid nennen könnte. Seit 2009 hat sich, andererseits, die Einstellung der Hamburger gegenüber Bremern deutlich verschlechtert. Die Schmach sitzt tief.

In Bremen dagegen ist die süße Erinnerung an die Festwochen eine willkommene Abwechslung von der immer wieder auch grauen Gegenwart. Der Sport gibt keine Garantien für Glückseligkeit. Und doch ist es so, dass nur der den Geschmack des Erfolgs mit allen Aromen schmeckt, der vorher gehungert hat.

80. GRUND

Weil Werder von einer HSV-Fan-Choreografie profitieren kann

Mit der Fan-Choreografie ist es ja so: Sie gehört vor allem bei Spielen zwischen besonders kräftig rivalisierenden Klubs dazu und sorgt kurz vorm Anpfiff für ein schönes Handyfoto-Motiv. Abgesehen von den Bereichen des Stadions, in denen die Fans mit dem Hochhalten eines Plakats oder Plakatteilen beschäftigt sind und infolge dessen a) keine Hand freihaben und b) den Effekt des Ganzen höchstens erahnen können. Sieht also im besten Fall gut aus, so eine Kurvenshow, und beeindruckt vielleicht auch ein bisschen den

Gegner. Aber wenn das Spiel läuft, ist der ganze Papp-Zauber nur noch ein Fall für den Aufräumdienst. Meistens.

Eine ganz besonders aufwendige Show hatten sich die HSV-Fans für den 7. Mai 2009 ausgedacht, zum Rückspiel des Uefa-Cup-Halbfinales in Hamburg. Insgesamt war dieses Spiel Teil drei der »geilen 19 Tage«, innerhalb derer Werder vier Mal auf den HSV traf (DFB-Pokal-Halbfinale, Uefa-Cup-Halbfinale, Bundesliga). Eine Woche zuvor hatte der HSV das Hinspiel im Weserstadion durch ein Tor von Pjotr Trochowski gewonnen. Um den Bremern klarzumachen, dass – wie Lotto King Karl Heimspiel für Heimspiel nicht müde wird zu besingen – für sie auch in der damals nach der HSH Nordbank benannten Arena nichts zu holen sei, gab es also eine »Ganz-Stadion-Choreo« in den HSV-Farben Blau, Weiß und Schwarz. Ausgenommen der Werder-Block, natürlich. Selbst einige Reporter von Hamburger Zeitungen reckten stolz ihre bereitgelegten DIN-A4-Blätter zu den Klängen von *HSV, forever and ever* gen Abendhimmel.

Es kam der Anpfiff, alles war wie immer, 44.979 schwarze, weiße und blaue DIN-A4-Blätter wurden zusammengeknüllt und mehr oder weniger weit weggeworfen. Es kam die Führung für den HSV durch Olić nach knapp einer Viertelstunde, es kam der Ausgleich durch Diego 15 Minuten später und das 2:1 für Werder durch einen Pizarro-Distanzschuss in der 67. Minute.

Und dann kam die 83. Minute. Die Rache der Choreo. Eines der zusammengeknüllten, unbedacht weggeworfenen Blätter war nämlich in der Nähe des HSV-Tors auf dem Rasen gelandet und beeinflusste nun die Richtung des Balls dermaßen, dass er nicht wie von HSV-Verteidiger Michael Gravgaard geplant bei Torwart Frank Rost ankam. Stattdessen holperte der Ball über die Toraus-Linie. Ecke für Werder. Diego trat an, Almeida verlängerte, Rost parierte erfolglos, Trochowski konnte nicht klären, Baumann Kopf: Toooooor! 3:1. Werder im Finale! Im Finale des Uefa-Cups! Ausgerechnet beim HSV!

Dass Olić kurz vor Schluss noch 3:2 traf – geschenkt.

Danke, Papierkugel. Ein unschuldiges weißes Blatt Papier, in freudiger Erwartung des Anpfiffs von einem HSV-Fan sorglos in die Luft geschleudert. Ein kleiner Wurf mit riesiger Wirkung für Werder. Der spätere HSV-Trainer Mirko Slomka kommentierte damals im TV: »Die Szene des Jahres.«

Inzwischen liegt die legendäre Kugel im »Wuseum«. Auch das ist dem HSV zu verdanken. Gravgaard hatte sein Ärgernis nach dem Fauxpas nämlich ins Aus gekickt, wo es ein TV-Mitarbeiter auflas und – so geht die Legende – für die Nachwelt rettete. Matthias Seidel, der Bremer Erfinder der Internetseite transfermarkt.de, und eine Gruppe von Werder-Fans ersteigerten sie später in einer Internet-Auktion und übergaben sie dem Werder-Museum. Dort liegt die »Papierkugel Gottes« heute als Beweis dafür, dass ebenjener ein Herz für gute Fußball-Pointen hat.

Übrigens: Das Finale verlor Werder 13 Tage später in Istanbul gegen die Ukrainer von Schachtar Donezk 1:2. Die Choreo der Schachtar-Fans hatte wohl zu wenig Papier-Anteil.

81. GRUND

Weil Claudio Pizarro das peruanischste Schlitzohr ist, das je in der Bundesliga spielte

So ein Held wie in Bremen war Claudio Miguel Pizarro Bosio in München nie, obwohl der peruanische Angreifer sowohl dies- als auch jenseits des Weißwurstäquators manches Damenherz höher schlagen ließ. Der Mann, in jungen Jahren bereits mit seiner Jugendliebe verheiratet, war vielen weiblichen Fans eine gelockte Versuchung mit süßem Knuddelakzent; alle anderen nannten ihn stets ein Schlitzohr. Das lag wohl daran, dass Pizarro gerne mal mit der Hacke ein Tor erzielte – das 2:1 gegen Hoffenheim 2008, das 1:0 gegen den HSV 2010? Zum Mit-der-Zunge-Schnalzen! Und es könnte auch etwas damit zu tun haben, dass Pizarro sowieso allerhand Spitzbübisches anstellte, wenn er für Werder das Trikot überstreifte. Pizarro wirkte auf dem Platz immer wie ein Gaudibursche, der schon den nächsten Streich ausheckte, wenn gegnerische Abwehrspieler noch dabei waren, die Folgen seines letzten Coups mental zu verarbeiten.

Der »Gaudibursch« übrigens ist eine original süddeutsche Vokabel, und da sind wir also beim großen Bruch in Pizarros Karriere, der gleichbedeutend war mit etlichen gebrochenen Bremer Herzen: Der Pferdeliebhaber wechselte gleich zwei Mal von Werder zu den Bayern. Ein einsamer Rekord, eine traurige Bestleistung. Aber, das Tolle: Er wechselte auch zwei Mal wieder zurück, zuletzt im Sommer 2015. Dazu an anderer Stelle mehr. Nach seinem Weggang 2012 wärmte unser Piza viel zu oft die Bank. Als bester ausländischer Torschütze in der Geschichte der Bundesliga, wohlgemerkt. Für Werder traf Pizarro zwischen 1999 und 2001 sowie 2008 und 2012 genau 89 Mal, und es waren neben den bereits genannten Hackentreffern einige der schönsten Tore der Vereinsgeschichte darunter. Seine Liebesbeziehung mit Bremen begann, als er mit blutjungen 21 Lenzen Ende der Neunzigerjahre im kühlen Deutschland anheuerte. Durch einen Tipp von Jürgen L. Born war Werder auf den technisch starken Stürmer aufmerksam geworden, von dem man sich auch erhoffte, dass er dem anderen Südamerikaner im Werder-Angriff ein wenig Beine machte. Das tat er dann auch. Beim glorreichen 7:2 in Wolfsburg am 5. Spieltag der Saison 1999/2000 traf dieser Aflton zum Beispiel. Pizarro auch, und das gleich drei Mal. Einfach irgendwie traf Pizarro übrigens nie, beinah jedes Tor war ein Kunstwerk. Er war wohl, wie es im Fußballsprech immer so schön heißt, der »kompletteste« Stürmer, den Werder je hatte – und Werder hatte eine Menge herausragender Torjäger, von Völler über Riedle, Aflton und Bode bis hin zu Klose.

Der fest von seinem Sprachwitz und Talent für geflügelte Worte überzeugte Boulevardjournalismus taufte das leider nur zwei Jahre lang wirbelnde Sturmduo Pizarro und Aflton »Pizza Toni«, und geil abgeliefert haben sie beide meistens.

Man denke nur an den zweiten Peruaner in Bremer Diensten, der direkt nach Pizarro nach Deutschland wechselte und ihn ersetzen sollte. Roberto Silva hieß der Mann, er spielte gerne Gitarre und war eigentlich Mathelehrer. Getroffen hat er nie für Werder, und auch sonst sind mit ihm keine schönen Erinnerungen verbunden. Jahre nach seinem Intermezzo an der Weser hieß es, bei dem auch von Vorstandsmitglied Born abgewickelten Transfer sei es zu Unregelmäßigkeiten gekommen. Später wurde Born rehabilitiert, und trotzdem ging ein Riss durch die sogenannte »Werder-Familie«. Das Paradies auf Erden ist unser kleiner, innig geliebter Sportverein Werder halt auch nicht.

Pizarro übrigens hatte auch einmal Spaß mit der Justiz. Der arme Junge wurde 2009 in den Ehekrieg seines Beraters Carlos Delgado hineingezogen. Dessen Exfrau, eine rassige Schönheit mit dem aufregenden Namen Fiorella Farré, behauptete, dass neben Delgado auch Pizarro mit Spielertransfers illegale Geschäfte gemacht habe. Das war natürlich Quatsch und zog keine rechtlichen Konsequenzen nach sich. Ein Schlitzohr würde sich nie bei so was erwischen lassen.

82. GRUND

Weil Torsten Frings einfach ein Typ ist

Zum Anekdotenarsenal jedes Werder-Fans gehört die Erzählung, wie Torsten Frings zu seinem Spitznamen »Lutscher« kam, sie ist beinah schon eine olle Kamelle. Weil der 20-jährige Torsten, ein herrlich unverbildeter junger Mann aus Würselen vom Niederrhein, so redete, wie ihm der Schnabel gewachsen war, und weil er wie viele andere auch um das Jahr 1997 herum eine Vorliebe für die seltsame Beschimpfung »Lutscher« hatte, titulierte er mit ebendiesem Begriff jeden seiner Mitspieler, der ihm im Training irgendwie in die Parade fuhr. Egal, wie namhaft dieser jeweilige Spieler war. Andreas Herzog, der Österreicher, nannte Frings dann einfach selber einen Lutscher, und das ist die ganze Geschichte. Süß allerdings ist Frings nie gewesen. Im Gegenteil, im letzten Drittel seiner Karriere, die er im Frühjahr 2013 im kanadischen Toronto beendete, näherte er sich phänotypisch immer mehr dem Modell »martialischer Krieger« an. Der langhaarige Tattoo-Kicker Frings sah immer so aus, als würde er gleich sein Messer zücken, um den Skalp seines Gegenspielers zu erbeuten.

Torsten Frings war einfach eine Marke; stets ein bisschen nassforsch im Auftreten, rhetorisch nicht immer geschickt, aber ein ehrlicher Mann. Und in einer Zeit, in der sich Werder nach der Vier-Trainer-Wurschtelei (de Mos, Dörner, Sidka, Magath) selbst abgerüstet hatte, war er der Spieler, der vom qualitativen Aufbruch an der Weser kündete. Ehrlich gesagt rieb man sich nicht nur in der Ostkurve verwundert die Augen, als aus diesem verhinderten Stürmer spätestens in der Saison 2001/2002 ein resoluter Spielgestalter wurde, der die Werderaner bei ihrem Bestreben antrieb, den jeweiligen Gegner vor möglichst viele Aufgaben in der Defensive zu stellen, und der gleichzeitig alles in die Aufgabe warf, die Angriffe des Gegners zu unterbinden. Gefühlt war Frings damals der Joystick-Mann. Man wähnte sich an der Playstation, wo man nur auf den Knopf drücken musste und, schwupps, hatte der kampfstarke Spieler mit den Supermannkräften im Duell eins gegen eins sich schon wieder gegen sein Gegenüber behauptet. Hat der am Ende seiner ersten Werder-Etappe eigentlich einen einzigen Zweikampf verloren?

Nationalspieler Frings (»Am besten, wir grätschen die Brasilianer schon bei der Hymne weg«) verließ den Verein 2002, was einen als Anhänger einer Mannschaft, die sich langsam zu finden schien, gepflegt im Strahl kotzen ließ. Aber ohne die Jahre in Dortmund, wo Frings nicht hinpasste, und die in München, wo Frings noch viel weniger hinpasste, wäre die Torsten-Frings-Story nicht die Torsten-Frings-Story. Und die hat ja durchaus etwas Rührendes, das die Fan-Seele wärmte – nachher.

Denn zunächst war der entlaufene Starspieler, der die erfolgreiche Konkurrenz dem SV Werder vorgezogen hatte, im Jahr 2005 ein Neuzugang, dem man skeptisch gegenüberstand. Er kam ja quasi im Tausch für den in Bremen irre beliebten Elsässer Valérien Ismaël nach Norddeutschland zurück, und wer einmal verschmäht wird, der zieht erst einmal eine Schnute, gell? Lange dauerte es aber nicht, bis die Werder-Fans Frings wieder huldigten; schließlich war der verlorene Sohn, den sie an ihre Brust drückten, ja selbst schuld, dass er das Double 2004 verpasst und zudem in München ein Wiedersehen mit Felix Magath zu überstehen hatte.

Der hatte Frings in der Beinah-Abstiegssaison 1998/1999 nahezu jegliche Qualität abgesprochen. Wie übrigens auch Aílton. Anders als dem war es Frings nie vergönnt, Meister mit Werder zu werden. Zwei Mal langte es zum Vize, zwei Mal wurde er mit Werder Pokalsieger (1999, 2009), und außerdem war er in der Nuller-Jahren der Anführer der Bremer im Nationalteam (Ernst, Borowski, Wiese, Mertesacker, Klose). Frings, der passionierte Hummer-Fahrer, gab Werder eine entschiedene Proll-Note. Als Spieler musste man ihn einfach lieben. Und als Trainer von Darmstadt 98? Da überlegen wir noch …

83. GRUND

Weil Mertesacker und Naldo alles abräumten

Die Sorge war da im Frühsommer 2005: Ist Valérien Ismaël, der den Lockrufen der Bayern erlegen war, ersetzbar? Wer, bitte schön, hält jetzt so elegant wie kompromisslos unsere Abwehr zusammen? Viele Fans stellten sich schon einmal auf freudlose, weil gegentorreiche, Zeiten ein. Die Skepsis blieb auch dann noch, als gegen Ende der Vorbereitung der Name des »Vale«-Nachfolgers bekannt wurde: Ronaldo Aparecido Rodrigues, Naldo genannt, ein 22-jähriger Brasilianer, wechselte nach komplizierten Verhandlungen an die Weser. Ein talentierter Innenverteidiger, so hieß es. Aber eben qua Herkunft auch ein Exemplar der Spezies Fußballer, die sich mit den kalten und nassen Bundesliga-Wintern oftmals so gar nicht anfreunden mag. Die Erinnerung an Gustavo Nery war noch ziemlich frisch.

Naldo also. Nach seinem ersten Einsatz fühlten sich die Skeptiker bestätigt. Höchstens Durchschnitt war, was er zeigte. Als Entschuldigung musste aber gelten, dass er aufgrund des späten Wechsels kaum Zeit zur Eingewöhnung hatte. Und siehe da, nach Naldos zweitem Einsatz, es war ein 2:0 in Mainz, soll Christian Schulz gestaunt haben: »Du hast gespielt wie ein Deutscher!«

Sommer und Herbst kamen und gingen – und Naldo wurde immer besser. Er wurde auch immer »deutscher«, wollte so schnell wie möglich die Sprache lernen (und tat es auch), freute sich sogar über seinen ersten Schnee. Der Brasilianer und Bremens neue Nummer 4: Das passte! Der lange Schlaks, mit 1,98 Metern bei Kopfball-Duellen unschlagbar. Noch viel unschlagbarer war (und ist es meistens immer noch, ab der Saison 2012/2013 leider in Wolfsburg und genauso leider neuerdings bei den hässlichen Schalkern) aber Naldos größte Waffe: sein rechter Fuß. Kein anderer Innenverteidiger ist wohl mit so einem harten Schuss gesegnet wie Naldo. Das stellte sich ab der Saison 2006/2007 heraus, als Per Mertesacker, um seine Nationalmannschaftskarriere zu fördern, für rund fünf Millionen Euro von Hannover und quasi im »Tausch« gegen den darüber nicht sehr erbauten Frank Fahrenhorst nach Bremen wechselte.

Mertesacker, 1,98 Meter, und Naldo – die Innenverteidiger-Riesen, und das waren sie nicht nur aufgrund ihrer Körpergröße. Unsere Twin Towers, so wurde das Duo liebevoll, wenn auch ein bisschen grenzwertig, von den Fans genannt, wankten und fielen nicht. Sie ergänzten und verstanden sich. Mit »Merte« hatte Naldo jemanden an seiner Seite, der ihm den Freiraum für offensive Aktionen ließ. Wie beim 6:2 in Frankfurt, zu dem Naldo (wohl noch zusätzlich angestachelt durch das Aus in der Champions League kurz zuvor) drei Treffer beisteuerte.

Auf für einen Verteidiger unglaubliche 22 Tore, die meisten davon unfassbar wuchtig-schöne Freistöße, brachte es Naldo in seiner Werder-Zeit, wobei er die komplette Saison 2010/2011 und am Anfang der folgenden wegen einer langwierigen Knieverletzung ausfiel und schmerzlichst vermisst wurde. Über das Geheimnis der Verständigung zwischen Merte und Naldo sagte Thomas Schaaf einmal: »Es ist einfach, sie sprechen ja auf Augenhöhe miteinander.«[25]

Auf Augenhöhe war dieses Duo wirklich – mit den besten Innenverteidigern der Welt. Meistens jedenfalls. Und selbst wenn Naldo-Merte mal keinen so guten Tag erwischt hatten, das kam tatsächlich ab und an vor, fanden wir sie trotzdem gut. Denn als Fan weiß man schließlich aus nächster Beobachtung, wie undankbar der Job als Werder-Abwehrspieler sein kann. Vorwürfe machten wir den beiden nur äußerst selten, weil wir uns bei ihnen immer sicher waren, dass sie alles in ihrer fußballerischen Macht Stehende versuchen würden. Ein Charakterzug, den alle unsere Top-Verteidiger besaßen. Und dann kam der Tag im August 2011, als sich Per Mertesacker per Blitzwechsel plötzlich bei Arsenal London wiederfand und den klammen Bremern dadurch 11,25 Millionen Euro einbrachte. Adäquat ersetzen konnte Werder bisher weder ihn noch Naldo. Und so ist es seit dem Weggang der »beiden Laternen«, so taufte Tim Borowski das famose Duo, im Abwehrzentrum deutlich dunkler geworden.

84. GRUND

Weil Werder den Bayern das erste Gegentor in der neuen Allianz-Arena eingeschenkt hat

Der Rheinländer, diese freundliche Seele von einem Menschen, sagt gern: »Man muss auch jönne könne.« Was so viel heißt wie: Nein, das

Weltgeschehen läuft nicht immer so, wie man selbst das gerne hätte. Schon gar nicht im Fußball, diesem herrlich verrückten Zeitvertreib. Aber was bringt es denn schon, sich immerfort eben darüber zu ärgern? Höchstens einen verkniffenen Mund, tiefe Zornesfalten und sonst nichts. Als Bremer Fan lernt man das »Gönnen können« lieber früher als später. Besser is'. Und gesünder auch. Es ist zugegebenermaßen mitnichten eine einfache Lektion und mit dem Üben kurz nach Abpfiff eines, sagen wir, 2:5 in Bochum zu beginnen empfiehlt sich nicht. Man braucht schon eine gewisse Muße, um das »Gönnen können« mit reinem Herzen zu zelebrieren. Wenn es funktioniert, kann man sich als Werder-Anhänger Gedanken erlauben wie: Ja, die Dortmunder haben mehr Fans als Werder und zuletzt mehr Titel gewonnen. Ist doch schön für das strukturschwache Ruhrgebiet. Ja, die Wolfsburger können eine Million nach der anderen für Fußballer raushauen. Sollen sie – wer in Wolfsburg leben muss, braucht dringend irgendeine Hoffnung. Ja, die Freiburger können sich manchmal auch ganz famos aus unbekannten Talenten eine Top-Elf zusammenbasteln. Glückwunsch, dass das Ur-Bremer Rezept auch aus süddeutscher Küche schmeckt. Ja, die Bayern sind nun mal Rekordmeister und irgendwann vielleicht auch Rekord-Champions-League-Sieger. Ist doch toll, wenn wenigstens ein deutscher Klub die Spanier, Italiener, Engländer und Russen das Fürchten lehrt. Ja, die Bayern haben eine schicke Leuchtkissen-Arena, die sich seit Jahren niemand traut, durch ein Bundesliga-Gegentor zu beschmutzen – STOPP! So wäre es womöglich am Ende wirklich gekommen, hätten nicht die Bremer 2005 für einen klitzekleinen Moment das »Gönnen können« vergessen.

Zwölfter Spieltag der Saison, Tabellenführer Bayern empfängt in der im Sommer mit allerlei Bohei eingeweihten Allianz-Arena den Zweiten, den SVW. Vorher hatten sich Gladbach, Hertha, Hannover, Wolfsburg und Duisburg als überaus höfliche und vor allem zurückhaltende Gäste erwiesen. Und die Münchner in aller Bayernseelenruhe machen lassen. Tore München: 13, Tore Gäste: 0.

Als die Mannschaft und Thomas Schaaf das 66.000 Fans fassende Oval betreten hatten, waren auch sie wahrscheinlich erst mal ziemlich beeindruckt.

Nur der freche Tim Borowski aus welchen Gründen auch immer nicht. Nach nicht mal 30 Sekunden rannte er schon links das Feld hinunter Richtung Oliver Kahn und schickte einfach mal eine Flanke auf die Reise. Miroslav Klose ließ sich von der Borowski'schen Rebellion anstecken und köpfte die Flanke einfach mal auf den noch unbenutzten Kasten des Titans. Der Ball war – drin! Und die Liga hatte dank Werder den Beweis: Toreschießen in der Allianz-Arena ist möglich!

So ganz verderben wollten die zuvorkommenden Bremer den Münchnern das Wochenende dann doch nicht: Sie gönnten ihnen in den folgenden 89 Minuten drei Tore.

Dass die Bayern ihrerseits nicht ganz so große Meister im »Gönnen können« sind, bewiesen sie 2007 und 2008: Erst entführten sie den Torschützen, dann den Vorlagengeber. Zuerst wechselte Klose, dann Borowski nach München. Herzlichen Dank auch!

85. GRUND

Weil Werder keine Heimspiele braucht, um den DFB-Pokal zu gewinnen, und andererseits seit 25 Jahren im Pokal zu Hause unbesiegt ist

Wenn es so etwas gibt wie unseren Lieblings-Wettbewerb, dann ist das der DFB-Pokal. Ist ja auch eine sehr praktische Angelegenheit: Man gewinnt mal eben sechs Spiele und schon hat man ihn wieder für eine Saison in der Vitrine stehen. Außerdem lernt man auf dem Weg ins Finale vielleicht die Stadien von putzigen kleinen Vereinen wie dem TSV Havelse, dem TSV Vestenbergsgreuth oder dem SC Geislingen kennen.

Und das Beste: Beim Finale im Olympiastadion herrscht dann endlich mal gute Stimmung, weil beide teilnehmenden Klubs geteiltes Heimrecht haben – die monumentale Schüssel also im Normalfall komplett frei von Hertha-Fans ist. Außerdem lässt es sich in einer lauen Mai-Nacht anschließend (und auch schon vorher) ganz hervorragend in der Hauptstadt aushalten. Aus dem Pokal kann man auch jede Menge Finalsieger-Schampus oder sonst was trinken, mit der Meisterschale klappt das nicht. Sehr praktisch am DFB-Pokal ist ebenfalls, dass er eine komfortable Abkürzung in den europäischen Wettbewerb, also die Europa League, darstellt. Manchmal reicht dafür sogar schon die Finalteilnahme.

Viele Gründe also, die für diesen Wettbewerb sprechen. Das haben natürlich auch die schlauen Bremer schon lange gemerkt und sich deshalb in Pokalspielen immer besonders doll angestrengt. Nicht immer, aber – oft. Und deshalb sind wir, nach, wie könnte es anders sein, den Bayern, Deutschlands erfolgreichster DFB-Pokal-Teilnehmer. Sechs Titel, zehn Finalteilnahmen. Anders ausgedrückt: Wenn wir es bis nach Berlin schaffen, liegt die Wahrscheinlichkeit bei über 50 Prozent, dass wir am Tag danach noch eine Party zu Hause vor und auf dem Rathausbalkon feiern können.

Ein Satz, der unbedingt zum DFB-Pokal gehört und der jede Saison aufs Neue von irgendeinem Kommentator gesagt werden muss, lautet: »Der Pokal hat seine eigenen Gesetze.« Der Satz fällt spätestens dann, wenn es mal wieder ein kleiner Verein (Havelse, Festenbergsgreuth oder Geislingen) geschafft hat, einen der Großen (Dortmund, Schalke, Bayern) in der 1. oder 2. Runde rauszuwerfen. Klein schlägt Groß – klappt regelmäßig. Der Satz von den eigenen Gesetzen gilt aber auch und in besonderer Weise für Werder.

In der Saison 2008/2009 hatte die Losfee (die besonders gerne in Gestalt von Mehmet Scholl oder einer Frauen-Nationalspielerin auftritt) kein gutes Händchen für Grün-Weiß. Sie bescherte uns stattdessen eine schöne Tour durch die nördliche Hälfte von Deutschland, von Nordwest nach Ost nach West nach Nordost nach Nord nach Ost. Aber Werder wäre ja nicht DFB-Pokal-Werder, wenn wir uns nicht auch dieser besonderen Herausforderung mit einem coolen Lächeln gestellt hätten!

Nordhorn? Zum Aufwärmen eine lockere Hürde, 9:3. Aue? Okay, es gibt schönere (und kürzere) Reisen als ins Erzgebirge. Aber auch machbar, 2:1. Dann: Achtelfinale. Hui, Dortmund. Vor einer Wand aus gefühlt 125.000 schwarz-gelben Fans. Na gut, nehmen wir auch, 2:1. Viertelfinale: Die grün-weißen Neureichen aus Wolfsburg, in dieser Saison auf Meisterkurs. Undankbar – aber nur auf dem Papier, 5:2. Halbfinale: Na bitte, beim HSV. Dieses Spiel wird auch noch in anderen Kapiteln ausführlich behandelt, deshalb nur so viel: Wir mussten uns ziemlich anstrengen, bis das Elfmeterschießen entschied: 4:2. Puh. Und dann: Berlin, also Leverkusen. Vorlage Diego, Tor Özil, Pokal gewonnen. Und dabei nicht einmal die Unterstützung der vertrauten Umgebung, den Vorteil der Heimmannschaft gehabt. Werder macht sich im Pokal seine eigenen Gesetze, hieß es in dieser Saison.

Das andere Werder-Pokal-Gesetz gilt seit 1988. Also im Jahr 2018 seit nunmehr gut und gerne 30 Jahren. Insgesamt hatten wir seitdem in 37 Pokal-Partien Heimrecht. Das ist länger als eine Bundesliga-Saison. 37 Siege, das ist eine beachtliche Zahl. Der letzte Mensch, der sich noch gegen das Bremer Heim-Pokal-Gesetz stemmen konnte, war der Frankfurter Frank Schulz am 13. April 1988. Da verlor Werder im Halbfinale gegen den späteren Pokalsieger Eintracht Frankfurt 0:1. Seitdem nicht mehr. Ein Pokal-Statut, das es nach nunmehr einem Vierteljahrhundert durchaus wert wäre, in die Satzung aufgenommen zu werden: Wenn Werder Heimrecht hat, kann es nur einen Sieger geben.

Langweilig, oder? Zwischen 2012 und 2014 (Heidenheim! Münster!! Saarbrücken!!!) konzentrierte sich Werder deshalb lieber auf die Bundesliga. Und 2016 war in der ersten Runde Schluss nach einem blamablen 1:2 bei Drittligist Sportfreunde Lotte.

86. GRUND

Weil Diego bei Werder gezaubert hat

Der erste Spielmacher des SV Werder, der – natürlich unter den Vorzeichen der Zeit, in der er spielte – ein Star wurde, war Willi Schröder. Zwischen 1954 und 1963 gelangen dem brillanten Kicker, der einmal fast beim HSV gelandet wäre, in 213 Spielen 129 Tore. Eine atemberaubende Quote. Von Schröder erzählen sie immer noch in Bremen, der Mann, der lange einen Tabakladen am Hauptbahnhof betrieb, gehört zum kollektiven Fußball-Gedächtnis der Bremer. Als er 1999 starb, hatte er immerhin noch einen seiner großen Nachfolger auf der Position des Spiellenkers erlebt: den Österreicher Andreas Herzog.

Den nannte man auch gerne »Herzerl«, und das passte ja ziemlich gut, denn die Herzkammer des Bremer Spiels, von der aus alle Teile mit Blut versorgt werden, das ist der Spieler, der früher immer die Nummer 10 trug und beim Angriff das Feld vor sich sieht, bei der Verteidigung aber auch mal hinterhertraben darf. Man bezeichnete diesen Spieler früher noch mehr als heute auch als Regisseur, und dieser Typus hat bei Werder eine große Tradition. Mit Herzog fing der bemerkenswerte Zyklus der außergewöhnlichen Mittelfeldspieler an, in dem wahrscheinlich Johan Micoud der meistgeliebte ist. Ganz einfach, weil er Werder mit seinen strategischen und technischen Fähigkeiten nach Jahren des Mittelmaßes wachküsste. Werder wurde für einen glücklichen Augenblick der Fußballgeschichte state of the art, und danach für viele Jahre die Heimat des gepflegten Angriffspiels. Klaus Allofs, der Bremer Sportdirektor, befand sich, wie wir wissen, über etliche Jahre hinweg in einem regelrechten Rausch, auf einem Peak Level seiner Transferschaffenskraft, der fantastischerweise für eine gewisse Zeit ein Dauerzustand war.

Im Nachhinein kann man nur hoffen, dass nicht in irgendwelchen Gefrierschränken Blutproben von Allofs lagern; er muss damals einfach gedopt haben. Nach Micoud zauberte er einfach den beim FC Porto unglücklichen Diego aus dem Ärmel, und der entpuppte sich bereits in seinem ersten Spiel bei Hannover 96 als, nun ja, Zaubermaus. Das Bürschchen mit den geschickten Füßen, ein Dribbler und Schnibbler, spielte einige Jahre so gut, dass sich nach jedem Spiel welche gefunden hätten, die ihm ein Denkmal am Weserstadion errichtet hätten. Für drei Sommer war Diego der aufregendste Spieler unter der Sonne, der mit dem Ball am Fuß magische Dinge anstellte.

Einmal knallte er dem verdutzten Kahn ein Ding unter die Bayernlatte, mal spielte er 20 Bochumer aus und schob die Pille danach lässig ins Tor, mal hob er die Kirsche vom Strafraumeck über den Karlsruher »Torwächter«, wie Onkel Netzer sagen würde. Man kann gar nicht so viele Synonyme für den Ball finden, wie Diego Tore geschossen hat, aber einen haben wir noch – den vom 20. April 2007. Da brachte es der Brasilianer fertig, die Marmel (norddeutsch für Murmel) aus geschätzt zwei Kilometern Torentfernung im Kasten von Alemannia Aachen unterzubringen, wobei er allerdings nicht in der Pauliner Marsch, sondern lediglich hinter der Mittellinie stand.

Es war das Jahr, in dem Werder die Meisterschaft leichtfertig herschenkte, wir erinnern uns. In diesem ersten Werderjahr Diegos spielte gefühlt die fußballerisch beste Bremer Mannschaft aller Zeiten zusammen: mit unter anderem Torsten Frings, Miroslav Klose, Ivan Klasnić, Tim Borowski und Per Mertesacker. Worüber sich, wie über so vieles, streiten lässt – es gab ja auch ein Jahr, in dem Claudio Pizarro, Mesut Özil und Diego gemeinsam auf dem Platz standen. Liebe Leser, Sie dürfen jetzt mit den Ohren schlackern. Oder Bauklötze staunen. Oder bass verwundert sein.

Wie dem auch sei, wir rissen jedenfalls in der Ostkurve die Augen auf in diesem erhabenen Moment, als der Ball wie ein außerirdisches Flugobjekt auf uns zuschwebte, der Flug zerdehnte die Sekunden, und dann senkte er sich und senkte sich, und Torsten Frings hob bereits die Hände hoch, jubelte, und die Aachener stolperten hinterher, ohne Chance, das Unausweichliche zu verhindern, und dann lag der Ball im Tor. Diego lief die Stadionrunde, wir tobten und lagen uns in den Armen, wir schnappten nach den Bierduschen, dann nach Luft, und das war das.

87. GRUND

Weil Mesut Özil in Bremen gezaubert hat

An Bremer Topspielern baggern eigentlich immer Großklubs, und deswegen war es klar, dass Diego irgendwann den Verein verließ. Im Sommer 2009 verabschiedete sich der kleine, große Mann mit dem Pokalsieg von Bremen in Richtung Turin. Das brachte Werder mehr als 25 Millionen Euro ein und einen letzten Gruß Diegos (»Isch liebä Werder Bräm«). Juve hätte am liebsten Mesut Özil gleich mit verpflichtet, aber das wäre dann doch ein wenig unverschämt gewesen. Den hatte Thomas Schaaf in anderthalb Jahren mit Geduld und Hingabe zum Nachfolger Diegos aufgebaut. Ein Jahr durften wir Bremer danach Magic Özil genießen: den vielleicht elegantesten Spieler, der je für Werder spielte. Özil schlug Pässe, die immer ankamen, und er machte auch sonst wie ein Musterschüler wahnsinnig viele Dinge richtig auf dem Platz. Mesut Özil, den Schalke 04s seltsamer Manager Andreas Müller nach Bremen hatte ziehen lassen, spielte leider viel zu kurz bei uns, um eine Ära einzuläuten.

Und auch deswegen ist Werder Bremen ein rundum liebenswürdiger Verein. Hier wird nicht lange herumlamentiert, wenn mal wieder der Beste geht. Hier wird einfach weitergemacht. Und hier ist es den Fans auch nur ein Schulterzucken wert, wenn in der Gerüchteküche sämtliche Töpfe in Beschlag sind und der Dampf durchs Werderland wabert, weil natürlich Manchester United, Arsenal London, Inter Mailand und Real Madrid an einer Beschäftigung des Werder-Wunderkindes interessiert sind. Das läuft dann, egal ob bei Özil (»Schab Vertrag«) oder einem anderen, immer so ab, dass entweder nichtssagend auf Selbstverständliches verwiesen, ganz sanft Druck auf den aktuellen Arbeitgeber ausgeübt (»Werder versaut mir meine Karriere«, Torsten Frings, der junge) oder ein Hilferuf an das Berufsinformationszentrum ausgesandt wird (»Ich habe keine Lust, später als Eisverkäufer durch Paraguay zu reisen«, Nelson Valdez).

Für Özil gilt, was für viele gilt: In Bremen kam er groß raus. Und anders als bei etlichen anderen sieht es bei dem Gelsenkirchener übrigens nicht so aus, als wäre Werder der einsame Höhepunkt seiner Karriere gewesen. Ein typisches Phänomen unter Werder-Fans ist der Entdeckerstolz, der das Verfolgen der weiteren Karriere begleitet: Das hat er bei uns gelernt! Wer über das präzise Spiel Özils staunt, befindet sich in guter Gesellschaft, denn es bleibt ja eigentlich jedem der Mund offen stehen, der sieht, wie toll die Pässe sind, die Özil schlägt. Özil scheint selbst immer zu staunen: Mit großen Augen blickt er in die Welt, seine Welt, in der die Bälle fliegen, wohin immer er sie haben will.

Keine Ahnung, ob das jetzt ein guter Übergang ist, aber es sei an dieser Stelle auch Anna-Maria Lagerblom genannt, die wie die berühmte Sarah Connor aus dem Lewe-Stall stammt. Anna-Maria, die vormalige Ehefrau des Werder-Kickers Pekka Lagerblom, konvertierte aus Liebe zu Mesut zum Islam und nannte sich fortan Melek. So weit würden wir nicht gehen. Wir wurden keine Real- oder Arsenal-Fans, aber wir stehen trotzdem noch auf Özil, den Zauberer.

88. GRUND

Weil man mit Werder so schön auf dem Marktplatz feiern kann

Auf ihre gute Stube (gesprochen bitte schön mit einem ganz kräftigen Spitzer-Stein-ST) sind die Bremer ganz besonders stolz. Und damit ist ausnahmsweise nicht das Weserstadion gemeint, sondern der Marktplatz. Hier findet man die bremischen Sehenswürdigkeiten dicht an dicht: das Rathaus im Weser-Renaissance-Stil, den Roland natürlich, den altehrwürdigen Schütting, der woanders schlicht Handelskammer heißt, das Bürgerschaft genannte Parlament, den Dom. Rathaus und Roland zählen sogar zum Unesco-Weltkulturerbe. Die Stadtmusikanten sind (kleiner als von den meisten Touristen gedacht) auch gleich um die Ecke. Bei jeder Stadtführung ein absolutes Muss ist also dieser Bremer Marktplatz, auf dem es übrigens keinen Wochenmarkt im herkömmlichen Sinn gibt – der schlägt seine Stände und Buden auf der Rathaus-Rückseite rund um den Neptunbrunnen auf. Am allerschönsten ist der Marktplatz im Mai. Wenn es warm, aber noch nicht zu warm ist und sich die Sonne in der Glasfassade der Bürgerschaft spiegelt.

Und am allerallerallerschönsten ist der Marktplatz an Tagen im Mai, an denen Werder Bremen die ganze Stadt, ach was, das ganze Land zum großen Empfang bittet. Wenn es gilt, eine silbern und golden glänzende Schale oder einen schimmernden Pokal zu präsentieren, im Idealfall wie im Double-Mai 2004 gleich beide kurz hintereinander. Was waren das für Partys! Auch die vorerst letzte, an einem strahlend schönen 31. Mai, nach dem Pokalsieg 2009.

An Feier-Tagen wie diesen empfiehlt sich frühes Aufstehen, auch wenn das schwerfällt. Alle, wirklich alle packen dann ihre grün-weißen Schals, Trikots oder irgendetwas Grünes oder Weißes ein und machen sich in kleineren oder größeren Grüppchen auf Richtung Stadtmitte. Den passenden Soundtrack, *Lebenslang grün-weiß*, hört man eh von überall. Auch das Viertel ist an den Sonntagen nach Meisterschaften oder Pokalsiegen ein guter Ort, im Steintor und Ostertor ist man der großen Werder-Party-Karawane, die vom Stadion oder Hauptbahnhof zum Rathaus zieht, zum Anfassen nah.

Dann klicken die Fotoapparate und die Kameras der Mobiltelefone nonstop. Dann schickt man sich Schnappschüsse der lachenden und feiernden Werder-Stars zehntausendfach per Bildnachricht hin und her, was eigentlich total schwachsinnig ist, weil eh jeder die gleichen Aufnahmen macht. Egal, es ist einfach toll. Dann wird gesungen, getanzt und gelacht, dann wird auch jede Menge Beck's (und alles andere auch) getrunken, auch wenn es erst elf Uhr morgens ist. Wenn Werder Titel feiert, ist Bremen im Ausnahmezustand.

Epizentrum des Tages ist natürlich das Rathaus, genauer dessen Balkon. Es ist dann irgendwann gegen Nachmittag immer ein bisschen so wie kurz nach der Papstwahl im Vatikan in Rom. Alle Objektive beziehungsweise Handys sind auf den einen Ort gerichtet, an dem jede Sekunde die große Erscheinung zu erwarten ist – anders als beim Papst sind die Namen der Erscheinung(en) aber natürlich schon längst bekannt. Irgendwann also öffnen sich die Rathausbalkontüren, drinnen gab es vorher den offiziellen Empfang mit allen Würdenträgern der Stadt, und dann gibt es bei unseren grün-weißen Helden kein Halten mehr.

Herabschauend auf die selige Masse, Werder-Fans wohin man blickt, schwenken die Spieler ihre Biergläser oder überdimensionale Champagnerflaschen. Sie recken die Trophäe einer nach dem anderen in die Höhe, präsentieren stolz den großen Schatz, herzen jeden Trainer, Mitspieler, Kommentator, Betreuer, egal, wer halt gerade am nächsten steht. Einige schäumen über vor purem Glück. Bei anderen (Aílton!) mischt sich das Glück mit Tränen, weil sie wissen: Das war der letzte Höhepunkt, ihre Werder-Zeit ist jetzt wirklich vorbei.

Fernsehen und Radio senden die große Bremer Glückseligkeit in die ganze Welt hinaus. Seht und hört es alle: Wir sind Meister! Wir ham den Pokal! Und wir, die Fans, jubeln und jubeln und jubeln. Das soll bitte nie mehr aufhören, denken wir dann. Dass auf jede richtig gute Party unweigerlich auch ein Kater folgt – und er folgt! –, wollen wir nie so wenig wie in diesen Momenten wissen.

Ach, eigentlich müsste man so, auf dem Marktplatz, viel öfter feiern.

8. KAPITEL

WIR HABEN DEN SOUL UND STINKEN NACH FISCH

RUND UM WERDER BREMEN II

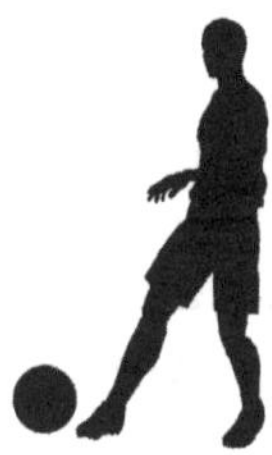

89. GRUND

Weil Werder ein »Wuseum« hat

Grundsätzlich gilt: Fußball ist Kunst, also darf er auch Museen haben. Dazu kommt, dass sich bei jedem einigermaßen erfolgreichen Fußballverein im Laufe der Jahrzehnte so einiges ansammelt: Pokale, Meisterschalen, Unmengen von Trikots und Wimpeln aller Art. Damit der ganze Kram nun nicht in irgendwelchen Kellerkisten vor sich hin verstaubt, ist es gute Sitte, als moderner Klub ein eigenes Museum zu betreiben. Beim FC Bayern München nennen sie ihres gewohnt großspurig »FCB Erlebniswelt«, Borussia-Dortmund-Fans können sich im »Borusseum« an den Zeugnissen vergangener Großtaten erfreuen, Gladbach-Anhänger im »Fohlen-Museum« – selbst der bis dato ziemlich titellose FC St. Pauli hat mittlerweile eins.

Selbstredend, dass auch der SVW angesichts seiner ruhmreichen Vergangenheit ein Museum brauchte und es seit 2004 in Form des »Wuseums« auch hat. Was es auf den circa 300 Quadratmetern nicht alles zu bestaunen gibt! Die Kopien von Meisterschale und DFB-Pokal (wenn die Originale gerade mal wieder zur – ähem … – Reparatur sind), auch unser Europapokal der Pokalsieger von 1992 glänzt noch. Dann natürlich Trikots der berühmtesten aller berühmten Werder-Stars, die legendäre Starkstromkabel-Muffe, ein inklusive Motorblock komplett mit grün-weißen Emblemen verzierter Trabi, auch die schönste aller Papierkugeln liegt (immer noch ab und an vor sich hin grinsend) in einer eigenen Vitrine.

So ein Vereinsmuseum ist ein ziemlich guter Ort, an dem man sich als Fan seiner selbst versichern kann: dass man dem richtigen, dem einzig wahren Verein angehört. Wie kann man besser von alten Geschichten schwärmen als umgeben von deren Zeugnissen in Bild und Text? Weißt du noch, damals, als sich die Werder-Vertreter 1991 im rumänischen Bacau zu Beginn der späteren Europapokalsieger-Saison wie Besucher von einem fernen, superreichen

Stern vorkamen? Weißt du noch, wie Diego Armando Maradona an einem kalten Dezemberabend kopfschüttelnd und sehr frustriert auf dem Rasen im Weserstadion saß?

Praktisch ist so eine Geschichtssammlung auch für neue Spieler, die an Ort und Stelle an der Außenseite der Nordtribüne folgerichtig »eingenordet« werden können auf Werder. Mit der Hoffnung, dass auch sie und ihre Taten einmal Teil der Ausstellung sein mögen. Man kann im »Wuseum« aber auch ganz schön viel lernen. Wie es Werder ging, und wie sie es damals machten, als man selbst noch nicht geboren war – oder noch kein Fan. Wer waren diese Ur-Werderaner, wie sahen sie aus? Zeugnisse lange vergangener Geschichten, Bilder von Menschen wie zum Beispiel Alfred »Abbi« Drewes, die den Verein einst entscheidend prägten – im »Wuseum« haben sie ihre Plätze. Hier werden sie in Ehren gehalten.

Und das Beste: Für all die zukünftigen Pokale, für die von neuen Helden durchgeschwitzten Trikots und für die kleinen und großen Kuriositäten der nächsten Werder-Jahrhunderte ist im »Wuseum« auch noch genügend Platz.

90. GRUND

Weil wir die tollsten Sponsoren haben

Man kann durch Fußballbegeisterung enorm viel lernen. Zum Beispiel geografisch. Damit ist jetzt nicht, lustig, lustig, Andreas Möllers Sehnsucht nach Arkadien gemeint (»Mailand oder Madrid – Hauptsache Italien«), sondern ganz aufrichtig das Interesse, das die Vereine weckten, von denen man bei der Lektüre des Sportteils der Zeitung immer las. Ganz gleich, ob die Fortuna Düsseldorf, Wattenscheid 09, FSV Salmrohr, Juventus Turin oder FC Liverpool hießen – man wollte doch wissen, wo diese mythischen Orte lagen, in denen Menschen lebten, die Jörg Schmadtke, Jürgen Kohler oder Souleyman Sané hießen. Also guckte man halt, es gab noch kein Google, im Diercke-Weltatlas oder auf dem Globus von Vaddern nach, wo denn diese exotischen Orte sich befanden. So ist er, König Fußball, eine Schule des Lebens.

Das betrifft auch die Existenz vieler Unternehmen, von der man gar nichts wüsste, kündete nicht der Schriftzug auf einer Fußballerbrust von ihr. Was ein Beweis für furchtbar viele Marketingabteilungen ist, warum Sportwerbung eine rundum gelungene Sache ist: Unschuldige junge Menschen fühlen sich plötzlich seltsam betroffen, wenn sie einen frei in der Gegend herumstehenden Türrahmen sehen oder einfach nur in ihr Lateinbuch gucken: Alles Portas, oder was? Ende der Achtzigerjahre war's, dass der Türenhersteller und Renovierbetrieb der Bremer Trikotsponsor war. Einmal, Anfang der Nullerjahre, war der Klamottenhersteller KiK unser Geldgeber, und das war namensmäßig ja auch sinnvoll. Als der Wettanbieter bwin im Jahr 2007 rechtliche Probleme hatte und Werder nicht mehr für ihn werben durfte, prangte der Schriftzug »We win« auf den Trikots. Das las sich immer gut.

Der Renner waren aber die Trikots der Saison, in der unser Rechteverwerter keinen Sponsor fand, der mit Werder werben wollte. Das Outfit in jener fernen Spielzeit war grün, und die Brust war frei und gelöst von allen kapitalistischen Übergriffen – was für ein überragend schönes Trikot. Musste man haben. Nicht haben musste man den Spottgesang, der uns seit Mitte der Siebzigerjahre begleitet. Eingebrockt hat uns den der allererste Trikotsponsor, den Werder Bremen hatte: eine Firma mit dem schönen Namen Norda. Norda stellte Tiefkühlessen her. Norda stellte Fisch her. Norda war eine Vorlage. Seit Norda singen die gegnerischen Krakeeler und Sangesknaben voller Inbrunst »Was ist grün und stinkt nach Fisch«. Die Trikots damals waren übrigens auch mal blau, nur der Vollständigkeit halber. Und Norda gibt es immer noch.

Konzertierten Protest rief (und ruft, wenn inzwischen auch schwächer) nur das Engagement der Firma Wiesenhof hervor, sie ist seit der Saison 2012/2013 fest mit Werder Bremen verbunden. Mit Wiesenhof, nun denn, erweitert der ruhmreiche Verein von der Weser seine Speisekarte, denn Wiesenhof ist ein – numerisch ehrgeiziger – Geflügelverkäufer. Numerisch ehrgeizig heißt: zahlenmäßig ambitioniert. Darauf aus, auf möglichst engem Raum möglichst viel Federvieh zu halten, um es dann zu schlachten und zu Wurst- und Fleischspeisen zu verarbeiten. Das machen viele so, und nirgends finden wir das gut. Weil Werder-Fans nicht nur neugierig und wissbegierig, sondern auch politisch korrekt sind, protestierten sie insbesondere im Internet, da geht so etwas immer am bequemsten und einfach per Mausklick, gegen den Sponsor der Werder-Wahl.

Werder-Fans sind nämlich tierfreundlich! Und: Die armen asiatischen Kinder, die angeblich für KiK nähten? Na ja, Asien ist weit weg. Lieber gegen Hühnerausbeuter stänkern. Und vielleicht hatten wir Fischköppe auch einfach keine Lust auf die vielen Wortspiele, die sich im Zusammenhang mit dem neuen Sponsor nun anboten – gerade, weil unsere Abwehr doch wirklich recht oft wie ein Hühnerhaufen aussieht. Und weil niemand von unseren Spielern sagen soll, sie liefen mit Hühnerbrust auf. Die Brust eines Werder-Spielers ist vor Stolz geschwellt, weil er das Trikot mit dem W tragen darf!

Nicht schlecht aber war folgende Einlassung: Kaum ist Wiese vom Hof, trägt Werder Wiesenhof. Sie spielte auf den Wechsel des Torwarts nach Hoffenheim an. Wiese war manchmal gebräunt wie ein Broiler: Gut, dass er die neuen Trikot-Zeiten in Bremen nicht erleben musste.

91. GRUND

Weil man bei Werder hervorragend baden gehen kann

Immer wenn es Sommer ist, macht Bremen ganz besonders viel Spaß. Dann leuchtet und funkelt die Stadt noch viel mehr, als sie eh schon das ganze Jahr über leuchtet und funkelt. In der Idealvorstellung eines Bremer Sommers sitzen von Ende Mai bis Mitte September den ganzen Tag über freundliche Menschen auf den Treppen vor ihren hübschen Bremer Häusern im Viertel in der Sonne. Sie trinken Kaffee oder das eine oder andere Kaltgetränk und erzählen sich was. Die, die keine Bremer Häuser besitzen, liegen am Werdersee, sonnen sich am Café Sand oder tummeln sich auf den abschüssigen Wiesen des Osterdeichs.

Werder ist in Bremen, wenn es Sommer ist, was früher die Schule in den großen Ferien war: irgendwie Thema, aber höchstens am Rande in Gesprächen mit Urlaubsbekanntschaften. Werder ist dann gerade mal nicht so wichtig. Man weiß, irgendwann geht es wieder los, aber die Pause vom Zwei-Wochen-Heimspiel-Rhythmus und sämtlichen guten und schlechten Geschichten unter der Woche hat man sich erst mal verdient.

Werder ist aber natürlich in Bremen auch nie ganz weg. Man verfolgt die (möglichen) Transfers im Internet, und man sieht, wenn gerade eine WM oder EM gespielt wird, die Werder-Spieler in ihren diversen Nationaltrikots im Fernsehen. Man sieht auch das Weserstadion, vom Osterdeich aus. An einem anderen großartigen Sommer-Ort ist man sogar ganz nah dran. Wo die Weser einen großen Bogen macht, kann man nämlich nicht nur Fußball gucken, sondern auch ganz hervorragend baden gehen. Und das ist ausnahmsweise mal nicht auf den Fußball bezogen.

Direkt hinter der Südgeraden des Weserstadions liegt eine der schönsten bremischen Schwimmanstalten: das Stadionbad. Da war dieser Sommer 2003. Ein, wie man so schön sagt, Jahrhundertsommer in Deutschland. Zumindest in der Erinnerung der Autoren dieses Buchs war's verdammt heiß und sonnig, und das über Wochen. Damals musste Freundin Claudi im Lehramtsstudium für ihren DLRG-Schein trainieren, ausdauernd zu schwimmen. Ihrem sportlichen Vorhaben schlossen wir uns nur zu gerne an – der eine aus sportlichem Ehrgeiz, die andere aus schlechtem Gewissen, was ihren sportlichen Ehrgeiz angeht. Und so radelten wir allmorgendlich, der Tau auf den Wiesen war längst noch nicht getrocknet, gen Weserstadion, und reihten uns gegen 7.45 Uhr in die Schlange der frühsportbegeisterten Rentner ein. Um 7.57 Uhr der erste, beherzte Sprung ins kühle Nass, drei der sechs 50-Meter-Bahnen im Sportbecken waren noch von Frühsportrentnerkörpern unberührt.

Eine halbe Stunde später (manchmal bei ein bis zwei Dritteln unseres Schwimmtrios auch schon eine Viertelstunde später) die erste Pause, auf dem Beckenrand sitzend. Dann weiter Bahnen ziehen, die Bewegungen in Gedanken so elegant wie die von Micoud, Klasnić und Borowski auf dem Rasen. In Wirklichkeit sahen einige unserer Kraulversuche wohl eher nach Magnin aus, aber was machte das schon? Die Morgensonnenstrahlen wärmten unsere Rücken, die (damals noch nicht solarzellen-silbern glitzernde) Stadionfassade, Heimat all der sportlichen Werder-Triumphe, als Großteil der Aussicht vor uns.

Vom Zehnmeterbrett sind wir damals nicht gesprungen. So viel Kick brauchten wir gar nicht. Lieber haben wir uns nach (mehr oder weniger komplett) absolviertem Pensum noch ein bisschen im Entspannungs-Becken treiben lassen. Kann ein Sommertag schöner beginnen? Wohl kaum, das wussten wir damals und nahmen auf dem Rückweg noch frische Brötchen mit. Irgendwann am späten Vormittag, auf dem Balkon bei der wissenschaftlichen Lektüre für den Studienabschluss, sind wir regelmäßig eingenickt. Und haben (auch) von der nächsten Saison geträumt. Die mit Pasching begann (das peinliche Aus im Halbfinale des UI-Cups; 0:4 auswärts, 1:1 zu Hause), und die mit dem Double auf dem Marktplatz endete.

92. GRUND

Weil Werders Amateure Bremens Bayern sind

»Du Amateur!« ist für einen Profi-Fußballer gemeinhin eine Beleidigung der fieseren Sorte. Bei Werder sind wir vorsichtig, was die Verwendung dieses Begriffs in geringschätziger Tonlage angeht. Denn wir wissen: Unsere Amateure, auch »2. Mannschaft« oder »U23« genannt, sind und waren alles andere als nichtskönnende Stümper. Ohne »Werder Zwo« wären die Vitrinen des »Wuseums« leerer. Was haben die Jungs nicht alles gewonnen! Dank ihnen darf sich der ruhmreiche SVW mit einem Attribut schmücken, das ansonsten seit Jahrmillionen hauptsächlich in Verbindung mit dem FC Bayern München vorkommt: »Rekord«.

Jahaaa, auch Werders Amateure sind »Rekord«! Und zwar Rekord-Meister. Gut, wenn man ehrlich ist, sind sie eigentlich eher Rekord-Meisterchen. Denn schon der dreimalige Gewinn des Titels, 1966, 1985 und 1991, reicht für die Bestmarke. Den Titel müssen sich die Amateure auch noch mit den Nordrivalen von Hannover 96 und dem SC Jülich teilen; Letztere haben ansonsten aber auch wirklich gar nichts Nennenswertes gewonnen. Den zweiten Platz in der »ewigen Regionalliga-Nord-Tabelle«, hinter den neuerdings insolventen Lübeckern, aber vor den kleinen HSVern, haben wir dagegen ganz für uns.

Es ist ein eher mickriger Rekord, das ist schon klar. Aber, da sind wir jetzt mal ganz bayernmäßig selbstbewusst: Besser ein kleiner als gar keiner. Und drei Mal, so sagt man ja, ist Bremer Recht. Und überhaupt, Werders Amateure konnten schließlich nichts dafür, dass der ganze Wettbewerb 1998 eingestellt wurde. Sie hatten also gar keine Chance, ihre Sammlung auszubauen, was sie todsicher getan hätten. Womöglich sahen die beim DFB sogar eine zu große Gefahr, dass sich die anderen Landesteilnehmer zu sehr langweilten, wenn immer Bremen gewinnt …

Werders Amateure sind nun nicht nur Rekord-Meister, nein, sie sind auch Rekord-Pokalsieger! Und das mit einer stattlichen Zahl an Titeln. Wann immer die Partien im bremischen Landespokal ausgelost wurden, beteten alle Klubs von Hemelingen bis Oberneuland, die auch gerne mal in der 1. Runde des DFB-Pokals (dort darf der bremische Pokalsieger mitspielen) auftauchen wollen: Bitte, bitte, bitte nicht Werder II! »Werders Kleine« gewannen den Landes-Pott zwischen 1969 und 2008 stolze 20 Mal, also durchschnittlich alle zwei Jahre. Es war an ihnen also kein Vorbeikommen, bis 2008 der DFB entschied: Zweite Mannschaften von Profi-Teams müssen künftig leider draußen bleiben. Jammerschade, denn auch im DFB-Pokal stellten sich Werders Amateure – es liegt wohl in der DNA dieses Vereins – gar nicht mal so schlecht an. Der letzte Coup gelang ihnen 2007/2008: In der ersten Runde lagen sie 0:2 gegen den FC Köln zurück, gewannen nach Verlängerung aber noch 4:2. Der FC St. Pauli wurde mit 6:4 im Elfmeterschießen nach Hamburg zurückgeschickt, und selbst im Achtelfinale gegen Stuttgart schossen Werders Youngster noch zwei Tore – Stuttgarts Profis allerdings drei.

Werders Amateure: Sie sind und bleiben Rekordpokalmeisterchen der Herzen!

93. GRUND

Weil Werder den Freimarkt noch toller macht

»Ischa Freimaak!« Betont wird dieser Bremer Freudenausruf auf der zweiten Silbe des zweiten Worts. Andere Regionen feiern Karneval oder Fastnacht, Bremen gerät beim FreiMAAK, also Freimarkt, außer Rand und Band. Im Gegensatz zu Rhein- und Süddeutschland nehmen sich die Bremer ihre Auszeit nicht erst im Februar oder März, sondern jedes Jahr so gegen Mitte bis Ende Oktober.

Und sie feiern diese nicht nur sechs, sondern insgesamt 17 Tage am Stück – allerdings insgesamt dafür dann nicht ganz so enthemmt wie beispielsweise die Kölner oder Düsseldorfer und auch ohne Verkleidungs-Tamtam.

Zum Freimarkt, der im tiefsten Mittelalter ein eben freier Markt war, also für die damals umherziehenden Händler eine Möglichkeit, ihre Waren ohne Zoll- oder sonstige Beschränkungen anzubieten, gehört auch heute noch der Rummel mit Losbuden und Karussells. Einen Umzug gibt's auch seit Längerem, allerdings ohne Kamellewerfen oder Politik und Gesellschaft karikierende Festwagen. Als gefühlsmäßig seit jeher von jeglicher Regierung unabhängige Staatsbürger befanden und befinden die Bremer jegliche Verballhornung der Obrigkeiten wohl für überflüssig und unter ihrer Würde. So'n Schietkram, dann doch lieber eine Runde »Wilde Maus« mehr fahren. Zentrum des Bremer Freimarkts – auf dem, wie man sich erzählt, übrigens 1906 die erste Bratwurst über offenem Feuer gebraten wurde – ist das Gelände direkt gegenüber dem Hauptbahnhof, die Bürgerweide (die angesichts der inzwischen mindestens 1001 Fressstände auf dem Areal auch den richtigen Namen trägt).

Der große Vorteil für Werder während Bremens toller Zeit: Es sind die einzigen Tage im Jahr, an denen es dem SVW niemand übel nimmt, wenn er nicht (mehr) um internationale Meriten kämpft. Aufgrund der eng getakteten Spielpläne in der Champions oder Europa League im Spätherbst ist Werder Anfang des letzten Jahrzehnts nämlich öfter in Terminschwierigkeiten geraten. Stichwort Sonntagsspiel-Ansetzungen in der Bundesliga nach internationalen Anstrengungen unter der Woche. Dann fiel der traditionelle Besuch des Werder-Trosses auf dem Freimarkt regelmäßig aus. Und damit auch der schöne Brauch, den Bremern normalerweise verborgen bleibende Talente der Spieler in größerem Rahmen zu präsentieren. Dass die Werder-Fans singen können, ist spätestens seit der musikalischen Rückkehr des »Andree Wiedener« bekannt. Dass die Werder-Profis – zumindest die neuen – singen müssen, hat sich seit Mitte der Neunzigerjahre als gute Sitte etabliert. Beim großen Auftritt im Festzelt gibt's die ultimative Tonprobe: *Lebenslang grün-weiß*, von den Frischlingen intoniert, unter großzügiger Mithilfe des (meistens) weitaus textsicheren Publikums, ist einer der Top-5-Gründe für einen Freimarkt-Besuch.

Stutzig könnte den geneigten Fan lediglich die Tatsache machen, dass sich der jeweils neu formierte Werder-Chor traditionell ausgerechnet im bayerischen Festzelt die Premieren-Ehre gibt. Zugegeben, die Gleichung Holzbänke plus Haxen plus Bierkrüge geht im Universum der Feier-Gemütlichkeit in Deutschland einfach immer auf. Und die möglicherweise während der Saison in Süddeutschland sportlich nicht ganz so erfolgreichen Werderaner können sich nach erfolgreich absolviertem Sanges-Auftritt immerhin rühmen, zumindest einmal bei den Bayern den Ton angegeben zu haben. Im Epizentrum der späten Freimarkt-Abende, in der legendären Messehalle Nummer sieben, gibt's bei *Lebenslang grün-weiß*, dann vom Band, eh kein Halten mehr.

94. GRUND

Weil Werder die besten Bälle hat

Auf den hinteren Seiten der Hochglanzmagazine, dort, wo von den wichtigen Ereignissen der sogenannten Society berichtet wird, taucht Bremen selten auf. Was gesellschaftliche Anlässe angeht, auf denen sich allwochenendlich die Hautevolee gegenseitig ihre neuen schicken Outfits zeigt, ist die Perle an der Weser ziemlich weitab vom Schuss. In und um Bremen leben, so heißt es, überdurchschnittlich viele Millionäre, aber die feiern wohl eben lieber für sich oder außerhalb der Stadtgrenzen im großen Stil. Da machen wir uns auch nichts vor: Bremen wird nie ein neues Berlin, München oder St. Moritz.

Den Titel der It-Hauptstadt der Saison überlassen wir Jahr für Jahr ganz gelassen den anderen. Unser eigenes hanseatisches Maß an Glamour haben wir ja sowieso dank der Schaffermahlzeit, der Eiswette, des Musikfests. Und alle zwei Jahre beteiligt sich auch Werder Bremen am winterlichen Unterhaltungsprogramm. Im Gegensatz übrigens zu Schaffermahlzeit und Eiswette sind bei den Grün-Weißen Nächten Frauen nicht nur zugelassen, sondern auch höchst erwünscht. Wo sonst als auf den legendären Bällen des SVW können die Werder-Spieler und -Funktionäre ihre Liebsten mal so richtig auf großem Parkett ausführen? Bremen hat zwar kein Residenztheater und auch kein Rokokoschlösschen als angemessene Kulisse (das schnieke Park-Hotel im Bürgerpark wäre inzwischen zu klein und ist neuerdings überdies insolvent), aber das Congress-Centrum auf der Bürgerweide lässt sich auch ganz elegant herrichten.

Durchschnittlich alle zwei Jahre im Februar gibt sich also Werder Bremen die Ehre, diesen trübsten aller Monate durch den vereinseigenen Ball zu erhellen. Die Karten – es gibt Tischplätze für die Wichtigen und sogenannte Wandelkarten fürs restliche Volk – sind immer ratzfatz ausverkauft.

Grün-Weiße Nächte sind Samstagnächte, im Idealfall hat Werder zuvor ein Heimspiel und dieses überdies noch gewonnen. Dann ist die Laune bei den rund 2000 Gästen noch besser als sowieso schon. Dann fliegen die Komplimente (für das schicke Outfit, die extravagante Frisur, die großartige Leistung auf dem Platz, die starke Saison) nur so hin und her. Bremer können sehr charmant sein. Aber vor allem bleiben sie auch im schönsten Party-Small-Talk hübsch bodenständig. Werder-Präsident Klaus-Dieter Fischer zum Beispiel betrat einst in Smoking und nagelneuer grüner Fliege das grün-weiße Parkett. Komplimenten seine Kleiderwahl betreffend, soll Fischers Frau Anne entgegnet haben: »Aber seine Lackschuhe sind 30 Jahre alt.« Werder Bremen anzugehören kommt natürlich nie aus der Mode.

Getanzt wird auch, die Bremer wissen schließlich, was sich gehört auf einem Ball. Eins ist hier niemand: steif. Die Etikette geht spätestens dann über Bord, wenn der musikalische Stargast des Abends – 2013 war es Werder-Fan Jan Delay – sein durchaus vereinsgefärbtes Kurzkonzert gibt. Danach ist kein Halten mehr. Bis zum frühen Morgen gilt: Erlaubt ist, was gefällt. Im Zweifel können alle, inklusive der Spieler, bis tief in den Sonntagnachmittag ausschlafen. Und an die letzten Höhepunkte der Nacht erinnert sich eh kaum noch einer.

95. GRUND

Weil in den Werder-Foren im Internet der pure Wahnsinn regiert

Das Internet macht alles anders, das Internet macht alles neu. Obwohl dieses Neue doch jetzt schon recht lange der Normalzustand ist, gell? Trotzdem, trotzdem. Wir sind noch aus der alten, der analogen Zeit. Wir kennen die Kohlenstoffwelt, wo man sonnabendabends, wie man in Bremen sagt (im Süden besser: samstagabends), mit leibhaftigen Menschen zusammen *Sportschau* guckte und hoffte, dass der Bericht über Werder nur schön recht lang würde. Und wenn Werder unter der Woche im Pokal bei einem Zweitligisten spielte, dann stiefelte man manchmal zur Glotze und guckte im Videotext, wie's steht. So war das damals, direkt nach dem Krieg.

Heute brummt dein Handy, wenn Werder ein Tor schießt. Und du guckst dir die Tore noch mal schnell auf dem iPhone an, weil du da ja einfach Youtube anklicken kannst, wenn du ein Spiel verpasst hast. Auf das Display starrst du dann gemeinsam mit deinem Kumpel, der dir genau erklärt, warum Naldo den Freistoß nicht geschossen hat, sondern Hunt. Früher schnackte man ausschließlich in der Kantine oder in der Straßenbahn über Fußball, heute loggt man sich in eines der vielen Internetportale ein, in denen nie Spielpause ist. Wer zum Beispiel wissen will, wie Werder in der Saison 1966/1967 gegen Eintracht Braunschweig gespielt hat, der guckt das bei der statistisch hoch kompetenten Bescheidwisserseite fussballdaten.de nach, sie wird übrigens in Osterholz-Scharmbeck gemacht (Werder verlor beide Spiele – auswärts 0:2, zu Hause 2:3). Wer unbedingt auf dem Laufenden sein will, was die Spekulationen über Spielertransfers angeht, der klickt mal bei transfermarkt.de rein, in die berühmte Gerüchteküche – das Portal wird zwar in Hamburg gemacht, aber von einem Bremer. Wir haben das Fußball-Netz fest in unserer Hand!

Und sind am liebsten doch unter uns. Im offiziellen Werder-Forum auf werder.de zum Beispiel – aber noch viel lieber im Worum, das genau weiß, worum es geht beim virtuellen Kneipengespräch über den besten Verein auf dem ganzen Erdenrund: um die scharfe Analyse, die unbedingte Besserwisserei, den saftigen Beef mit dem depperten User sowieso, die sensationsgeile Hysterie. Klaus Allofs ist am Flughafen gesichtet worden! Ein Auto mit Mettmanner Kennzeichen (»ME-SSI 69«) wurde am Stadion gesehen! Was das wohl zu bedeuten hat? Auf worum.org finden alle ihre Heimat, die Werderneurotiker, Insider, die Schwarzseher, die ewigen Optimisten, Klugschnacker und Mitteilsamen.

Und wirklich jeder verfügt über ein grundsolides Halbwissen, an dem er andere gerne teilhaben lässt. Das Worum ist, keine Frage, eine bisweilen satirische, mindestens aber hochkomische Veranstaltung. Dort wird ein Insiderhumor gepflegt, der durchaus ein gewisses intellektuelles Niveau hat und den Text, den andere Foren so fabrizieren, wie geistigen Durchfall erscheinen lässt. Im Worum nennt man den Zustand, in den die Fans geraten, wenn gerade nicht gespielt wird und auf dem Spielermarkt Tag der offenen Tür ist, im Worum nennt man diesen Zustand »Transenfieber«.

Der Humor hier ist eigenwillig, aber gut. Und was in der heißen Transferphase im Worum abgeht, in der Spielersichtungen am Airport und die ausführliche Exegese internationaler Zeitungsartikel noch das Harmloseste sind, hat es auch andernorts zu einiger, hüstel, Berühmtheit gebracht. Als Eljero Elia 2012 zu Werder wechselte, schlug die allgemeine Informationspflicht, an die sich alle User halten, so doll Funken, dass sogar die Fußballintellektuellenpostille *11 Freunde* davon Wind bekam und das Protokoll des Worum-Wahnsinns auf seine Internetseite stellte.

Werder-Fans sind manisch, Werder-Fans sind neugierig, Werder-Fans sind selbstreflexiv, Werder-Fans sind investigativ, Werder-Fans sind größenwahnsinnig, Werder-Fans sind Medientheoretiker, Werder-Fans haben von allem und von nix 'ne Ahnung, Werder-Fans feiern sich selbst – wenn sie im Worum sind, das schlichtweg eine der besten Erfindungen ist, seit es Werder gibt.

96. GRUND

Weil, hüstel, keiner so viel Glamour hat wie Werder

Beschauliches Bremen? So sagt man. Hohe Stardichte? Ähm, nein. Sarah Connor, eine Sängerin aus dem Umland, die eigentlich Sarah Marianne Corina Lewe heißt, streunte eine Zeit lang mal ganz gerne durch die Stadt, und manchmal bändelte sie dann auch mit einem Werder-Star an. Na ja, eigentlich war das ja nur Diego. Ein noch größerer Werder-Fan war ja ihre Schwester.

Genug Gossip, ist ja schlimm hier. Wenn wir schon über Promis sprechen, dann nur über deren fußballerische Präferenzen. Und über die nur, wenn sie grün-weiß sind. Der Hamburger Jan Delay ist ein ganz und gar außergewöhnlicher Musiker, das wollen wir an dieser Stelle mal festhalten. Man hatte ja die ganze Zeit schon so ein dumpfes Empfinden, dass der Kerl einfach prima ist. Sprechen wir es klar und deutlich aus: Jan Delay, du bist voll okay.

Delay ist nämlich ein großer Werder-Freund. Setzt sich im Werder-Trikot beim Gastspiel auf dem Kiez ins Stadion am

Millerntor, lässt den Werder-Spielmacher Mesut Özil bei einem seiner Songs rappen (»Wir stinken nach Fisch / Denn wir sind Werderaner«). Palavert in Talkshows über seine Fußballleidenschaft. Plante jahrelang eine Werder-Hymne, sagte aber immer, dass er die erst veröffentlicht, wenn Werder etwas reißt (dazu an anderer Stelle mehr). Tritt auf dem Werder-Ball auf und ist vorher nach eigenem Bekunden aufgeregt wie ein kleines Kind beim Kindergeburtstag. Wären wir auch, Jan. Und wir haben längst nicht so den Werder-Soul wie du.

Promis sind am Ende auch nur Fans, und, hey, der SVW ist recht beliebt: Hugo-Egon Balder zum Beispiel ist Fan. Wow! Der Schriftsteller Uwe Timm. Noch mal wow! Jürgen Trittin! Hans-Dietrich Genscher! Willy Brandt war's angeblich auch. Tatsache. Rudi Carrell natürlich. Und das ist erst der Anfang. Wahrscheinlich kann man all die klugen, schönen und talentierten Leute da draußen gar nicht zählen, die zumindest Sympathien für Werder Bremen haben. Freut uns, nehmen wir alles mit. Aber in Wirklichkeit machen wir bei uns, der Nummer 12, na klar, überhaupt keine Rangunterschiede.

Wir gönnen jedem sein eigenes Werder und uns allen eines zusammen, das uns meistens glücklich macht und manchmal auch sauer. Bei Werder ist jeder willkommen, der ein grün-weißes Herz hat. Und wir wären trotzdem gewillt, einen Fan-König auszurufen, aber nur in einem Fall. Den Thron besteigen darf original derjenige, der eine Werder-Flagge in den Boden des Mondes haut, direkt neben die Stars & Stripes, wenn die da wirklich sein sollten. Eine Aufgabe für Jan Delay, durchaus. Warum nicht.

Werder outer space? Sowieso!

97. GRUND

Weil Bremer Rot-Weiss nicht nur auf Pommes mögen

Was haben Otto Rehhagel, Mesut Özil und Mario Basler gemeinsam? Bei allen drei steht Rot-Weiss Essen als erste (Özil) oder zweite Station (Basler, Rehhagel) in ihrer Transfergeschichte. Und sie waren nicht die einzigen Spieler oder Trainer, die von Essen aus (manchmal auch über einige Umwege) den Weg nach Bremen fanden. Manfred Burgsmüller, Willi Multhaup, Herbert Burdenski sind Beispiele. Andere wie zum Beispiel Jürgen Röber oder Diethelm Ferner machten es umgekehrt: erst Bremen, dann Essen. Zuletzt natürlich weniger häufig, dazu ist der Ligen-Unterschied im Moment einfach ein bisschen zu groß.

RWE, der Traditionsklub aus dem Ruhrpott, einst Heimat von Helmut Rahn, unserem großen Fußball-Boss. Zugegeben, es ist schon ein bisschen länger her, dass die Essener größere Erfolge als ein 2:1 gegen Fortuna Düsseldorf II feiern konnten. 2011 rutschten sie bis in die Fünftklassigkeit ab. Aber auch dort haben die Werderaner ihre rot-weißen Freunde nicht vergessen. Es sind nämlich mit Abstand die engsten Kumpel, die sie in der Fußball-Welt haben. Werder und RWE – diese Beziehung wird seit Jahrzehnten gepflegt.

Bremen und Essen: Auch wenn es auf den ersten Blick nicht so aussieht, hier die steifen Hanseaten, dort die hemdsärmeligen Bergarbeiter, gibt es auf den zweiten Blick allerdings einige Gemeinsamkeiten. In beiden Städten schätzt man das ehrliche Wort und echte Arbeit mehr als Schönrednerei und aufgeblasenes Getue. Beide Städte haben auch den Niedergang einer ganzen Industrie mit all seinen Folgen zu verkraften gehabt. Und, um zum Fußball zurückzukommen: Weder in Bremen noch in Essen mag man Schalke 04.

Ein ganz besonderes Ereignis in der Fan-Freundschaft zwischen Essenern und Bremern war das DFB-Pokalfinale 1994. Essen, damals Zweitligist, hatte sich über Bocholt, St. Pauli, Duisburg, Carl Zeiss Jena und TeBe Berlin ins Olympiastadion gespielt und traf dort auf die Bremer. Weil man sich damals bereits mochte, war die Stimmung in Berlin besonders gut; und am Ende feierten die Bremer nach einem 3:1 mit Treffern von Beiersdorfer, Herzog und Rufer den Titel und die Essener immerhin den größten Erfolg seit ihren vier Bundesligajahren 1973 bis 1977. Seitdem werden die Beziehungen vor allem von den Ultra-Gruppen gepflegt, beispielsweise gratuliert man sich zu besonders wichtigen Siegen (HSV! Schalke 04 II!) und diversen Vereinsjubiläen. Und wer weiß, vielleicht gibt's ja bald im DFB-Pokal ein Wiedersehen, es wäre dann das 19. Aufeinandertreffen insgesamt.

Natürlich hat jeder Fan so seine eigenen Zweit- oder Drittklubs, deren Schicksal er mehr oder weniger engagiert verfolgt, weil er sie »auch noch irgendwie ganz gut« findet. Es gab auch Zeiten, da waren alle Freunde der Bremer oder wollten es sein. Aber außer zu RWE sind den Autoren keine derart langen freundschaftlichen Beziehungen der Werder-Anhänger zu anderen Klubs bekannt. In diesem Punkt verhält sich der Bremer ganz dem hanseatischen Klischee entsprechend: Bis man sein Herz erobert, kann es durchaus dauern. Aber wenn man ihn zum Freund hat, dann für immer.

9. KAPITEL

ZICKZACK, ANNELIESE! LEBENSLANG GRÜN-WEISS!

GRUNDSÄTZLICHES II

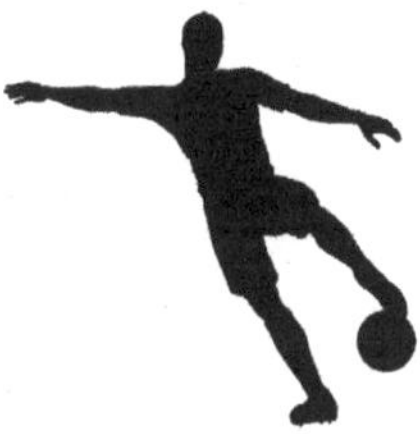

98. GRUND

Weil Werder nicht der HSV ist

Dies ist einer der essenziellen Gründe. Einer, mit dem man zwangsläufig als Werder-Fan irgendwann konfrontiert wird. Und einer, den man im Lauf der Jahre zwangsläufig zu lieben lernt. Entweder Werder oder HSV – weiß oder schwarz. Es gibt zwar Menschen, die behaupten: »Also ich finde ja Nordklubs generell irgendwie cool ...« – aber Leute, das geht nicht. Das geht so was von überhaupt nicht. Man ist ja auch nicht gleichzeitig bei den Grünen und in der FDP Mitglied. Es gibt Momente im Leben, in denen muss man sich entscheiden. Die zwischen Werder und dem HSV ist eine rigorose Entweder-oder-Entscheidung. Ohne Netz, doppelten Boden und vor allem ohne Rücktrittsmöglichkeit. Entweder man geht mit Werder eine Liebesbeziehung ein, oder man verfällt den anderen Rautenheinis. Punkt.

Okay, es mag vereinzelt durchaus funktionierende Beziehungen zwischen Werder- und HSV-Fans geben. Aber spätestens an Derby-Spieltagen ist auch bei denen Schluss mit Hasimausi, Schnuddelschnute, Bärchenpups und so. Dann denkt (oder brüllt) der eine 90 Minuten lang »Scheiß HSV!« und die andere denkt (oder brüllt) in gleicher Intensität zurück »Scheiß Werda Brem!« – oder sogar noch viel, viel bösere Dinge. Sie, lieber Leser, haben sich richtig entschieden, herzlichen Glückwunsch. Gute Wahl.

Fragt man aufrichtige Anhänger des SVW, wie für sie der personifizierte HSV aussieht – Gollum, die glatzköpfige, unsympathische, bucklige Gestalt aus der *Herr der Ringe*-Trilogie ist sicher eine mehrheitsfähige Antwort. Ein HSV-Gollum, der »Wo ist mein Schaaatzzzzz? Wo ist mein Tiiiiitel?! Wir wollen ihn wiiiiiederhaben!! Wo isssssst er??!!« brabbelnd und vor sich hin sabbernd in die ewige Verdammnis stürzt. Obwohl, da ist der HSV ja schon, seit dem Vierfachtreffen mit den Bremern 2009, dessen Resultat der damalige Rauten-Boss Bernd Hoffmann so kommentierte: »Dieses Trauma wird aus der Geschichte des HSV nicht mehr zu tilgen sein.« Jep, stimmt genau.

Hamburg und Bremen, die beiden stolzen Hansecousinen, waren sich eigentlich noch nie besonders grün. Schon zu uralten Zeiten, als Elbe und Weser noch per Kogge befahren wurden, geriet man sich nur zu gerne in die Haare. Immer ging es um den einen Zankapfel, nämlich die Frage: Wer ist die Schönste, Reichste, Tollste im ganzen Land? Wenn ein Hamburger diese Frage beantwortet, ist alle hanseatisch-noble Zurückhaltung ganz fix verschwunden. Hamburg ist die schönste Stadt der Welt, behaupten die Hamburger. Mit drei, ach was, fünfzehn Ausrufezeichen. Das ist todernst gemeint und wird bei jeder noch so unpassenden Gelegenheit immer wieder betont. In dieser Sache versteht der Hamburger an sich wirklich absolut gar keinen Spaß. Er erträgt auch keine abweichenden Meinungen zu diesem Thema. Weshalb die Berliner, Kölner, Münchner und alle anderen, die schon mal in Paris, New York oder Tokio waren, den Hamburger dann für ein bisschen beschränkt und vor allem für ein bisschen sehr eitel halten.

Was Hamburgern ebenfalls wichtig ist: Tradition. Also ihre (glorreiche) Vergangenheit. Mit dem HSV hat Hamburg genau den Klub, der zu dieser Stadt passt. Auch hoch droben im Volkspark sonnen sie sich noch immer so gerne im Glanz der alten Erfolge. Als der HSV national wie international gefeiert wurde und Titel um Titel holte. Den letzten gewannen sie wann noch mal? Ach ja, 1987. Quasi vorgestern. Kein Wunder, dass sich der HSV ausgerechnet mit einem Dinosaurier als Maskottchen schmückt. Kein anderer Verein käme auf die Idee, sich selbst als ausgestorbene Spezies zu präsentieren und das auch noch toll zu finden. Aber die Hamburger ficht das nicht an. Was Selbstbewusstsein bis hin zur Arroganz angeht, stehen HSVer den Münchener Bayern in nichts nach. Nur haben sie im Gegensatz zu diesen in jüngerer Zeit keine Erfolge mehr vorzuweisen, die eine derartige Großmannssucht auch nur ansatzweise rechtfertigen könnten. Ein Beispiel: Der HSV leistet sich mitunter auch mal satte

13 Aufsichtsräte, die regelmäßig für alle Nicht-HSVer sehr amüsante öffentliche Komödien aufführen. Gern unter dem Arbeitstitel und mindestens genauso absurd wie das Original: »Warten auf den Sportchef«. Und wenn das Geld nicht reicht, um den Spieler der Herzen samt seiner (Ex-)Ehefrau aus dem englischen Exil zurückzuholen, kommt mal eben ein Milliardär um die Ecke und klappt seine üppig bestückte Brieftasche auf. Dann gehen die HSVer felsenfest davon aus, dass »der kleine Engel« sie zurück in alte Höhen schießt. Dass er womöglich inzwischen gealtert ist und anfälliger für Verletzungen, kommt ihnen nicht in den Sinn. Und dann sind alle beim HSV sehr verwundert, wenn es am Ende der Saison nur Platz 8 oder 9 reicht ODER man halt sogar in die Relegation muss.

Wir Bremer mögen diesen Hamburger Sportverein einfach nicht. Offen gesagt, gucken wir aber manchmal schon neidisch auf dessen finanzielle Möglichkeiten. Was hätte unsere weise Vereinsführung nicht alles angestellt mit den zig Millionen, die der HSV in den vergangenen Jahren fröhlich für die unzähligen Trainer und Heerscharen an talentfreien Spielern raushauen durfte? Auf der anderen Seite ist es ungemein tröstlich: Dass sie es seit Jahrzehnten einfach nicht hinbekommen, trotz der ganzen Kohle. Und dass sich daran, da sind wir uns sicher, auch so schnell nichts ändern wird.

Weil der HSV nicht Werder ist.

99. GRUND

Weil keiner so oft gegen die Bayern gewinnt wie Werder

Zugegeben, der SV Werder hat zuletzt immer alt ausgesehen gegen den Rekordmeister. Das ist sehr schade, denn nach Bremen sind die Bayern viele Jahre lang überhaupt nicht gerne gefahren. Hier oben im kühlen Norden, wo die Menschen herbes Pils trinken und Fisch essen, hatten die gemütvollen Weißwurst-Feinschmecker, die so gerne träge in Biergärten herumsitzen, Kaiser Franz einen guten Mann sein lassen und obergärigen Gerstensaft in sich hineinlaufen lassen, nicht nur mit einem Kulturschock, sondern stets auch mit motivationsmäßig derbe hochgejazzten Werderanern zu kämpfen.

Das ging selten gut aus für die Münchner, weil manchmal den Bremern ganz und gar Unwahrscheinliches gelang, wenn es gegen den Krösus der Liga ging. Einmal, in der Saison 1990/1991, knallte der unfassbare Uli Borowka dem Bayern-Keeper Raimond Aumann einen Volleyschuss aus ungefähr 250 Metern Torentfernung in den Winkel – der 1:0-Siegtreffer für Werder und das weltweit schönste Tor aller Zeiten, wenn nicht sogar der Bremer Vereinsgeschichte. 1993 entschieden die Bremer die Meisterschaft quasi für sich, als sie mit ihrem Anführer Andreas »Herzerl« Herzog die Bayern im Weserstadion mit 4:1 ausknockten. 2004 war's noch schöner: Da hieß der Anführer Johan Micoud, und er feierte mit seiner Mannschaft nach einem epischen 3:1 im Olympiastadion den Gewinn der vierten Deutschen Meisterschaft. Ein Angstgegner Münchens ist Werder leider, leider nicht mehr, im Gegenteil wurden die Punkte in der allerjüngsten Vergangenheit den gefräßigen Bayern gar zu leicht überlassen. Als Dank für den Länderfinanzausgleich, oder was? Come on, you boys in green – strengt euch mal wieder mehr an! Der Bayer mag das, wenn man ihm ab und an die Lederhose auszieht und zünftig den Arsch versohlt!

Letztmals geschah das 2008 im neuen Stadion der Bayern. 5:2 gewann Werder da, es war die große Zeit des Bremer Hurrafußballs, der niemals berechnend war und schon gar nicht zynisch, sondern einfach nur aufregend und unverfälscht, gesegnet mit der Naivität des Unterhaltenden, beflügelt von der Lust am schönen Spiel. Those were the days. Die beiden Tore für die Heimmannschaft schoss übrigens Tim Borowski in seinem einzigen Nicht-Werder-Jahr. Er kehrte danach schnell nach Bremen zurück. Heimweh nennt man das.

Heimspiele gegen Bayern sind immer Festtage gewesen, und auch auswärts haben wir oft gut ausgesehen, wenn's gegen die da aus dem Süden ging. Uli Hoeneß sah man des Öfteren mit hochrotem Kopf auf der Trainerbank sitzen, wenn die Angestellten des FC Bayern sich erfolglos gegen heißblütige Bremer versuchten. »So richtig weggemacht«, wie sich der damalige Bayern-Manager das im entscheidenden Spiel 2004 wünschte, haben die Münchner die Bremer jedenfalls fast nie. Auch in blassen Phasen gewann Werder gerne gegen Bayern, anno 2013 stehen in der Statistik 27 Siege. Über die Niederlagen schweigen wir an dieser Stelle. In der an sich völlig nebensächlichen »Ewigen Tabelle« der Fußball-Bundesliga, die trotzdem jedem Fan ein Begriff ist, ist Werder Zweiter hinter Bayern und das denkbar knapp. Der Abstand zur Spitze beträgt derzeit etwa 600 Punkte.

100. GRUND

Weil Werder in Berlin beliebter als die Hertha ist

Sicher, Berlin ist der Außenstand jeder deutschen Provinz, sei es Schwäbisch Hall, Wuppertal, Mainz oder Hamburg. In Berlin, der Stadt des Bären, gibt es Fans so vieler Vereine, wie es Vereine überhaupt gibt. In Stuttgart ist gefühlt jeder VfB-Fan, in Hannover jeder 96-Anhänger, und in Gelsenkirchen geht jeder zu Herne-West. Mindestens ist es aber so, dass in jeder Bundesliga-Stadt der jeweilige Lokalverein die meisten Sympathisanten auf sich vereint.

Nicht so in Berlin. Dort leben eben viele zugezogene Landsmannschaften, es ist also nicht automatisch so, dass der fußballaffine Mensch der Hertha oder Eisern Union anhängt. Und dennoch ist höchst bemerkenswert, dass der wichtigste Verein der Stadt nicht die meisten Fans hinter sich vereint, sondern unser SV Werder: Laut einer selbstverständlich hochrepräsentativen Umfrage ist Bremen in Berlin populärer als Hertha BSC. Das gibt es sonst nirgendwo in Deutschland, und wirft zum einen ein Schlaglicht auf die Sexyness Werders – der Verein sieht auch auf dem Kudamm und in Berlin-Mitte gut aus. Zum andern zeigt es, wie unattraktiv die alte Dame Hertha ist. Der läuft man nicht gerne nach. Und zum Dritten verdeutlicht es einmal mehr, dass der Preuße an sich eben keine Bayern mag – die Münchner, den beliebtesten deutschen Klub (warum auch immer), hätte man noch am ehesten vorne erwartet in Berlin.

So ist ein Spieltag in Berlin, wo Werder doch auch recht gerne gewinnt, immer eine schöne Sache. An jeder S-Bahn-Station steigen Grün-Weiße ein, die ins Olympiastadion wollen. Wenn sie keine Karte haben, schauen sie wie immer Fußball im Alois S. in Prenzlauer Berg (dessen Besitzer ironischerweise ein Bayer ist) oder in der Wilden 13 in Friedrichshain. Für grün-weiße Wahlberliner sind »Auswärtsspiele« keine Reise ins Feindesrevier, weil die Werder-Kneipen ein Stück fußballerische Heimat in die Hauptstadt holen. Kein Leser dieses Buches wird die psychologische Notwendigkeit unterschätzen, als Fan unter seinesgleichen zu sein.

Oder hat hier etwa noch nie jemand ganz diffuse Glücksgefühle gespürt, wenn er an einem Ort jenseits des Ostertorviertels oder meinetwegen auch des Alexanderplatzes völlig überraschend auf werder-bremisches Leben gestoßen ist, auf einen Werder-Wimpel in einem Lkw-Führerhaus an der Raststätte vor Frankfurt, auf einen Werder-Aufkleber an einem Pkw in der Nürnberger Innenstadt oder auf einen spanisch sprechenden Strandkicker mit Werder-Sporthose an einem Strand auf Mallorca? Genauso, wie es einen sofort für sein Gegenüber einnimmt, wenn es sich plötzlich als Werder-Fan outet: Man hätte nicht damit gerechnet, denn man steht ja gerade im ICE auf einem saublöden Stehplatz im Gang und nicht etwa in der Lila Eule auf der Tanzfläche oder am Tresen im Litfass. Über Werder und Fußball lässt sich überall gut schnacken, und meistens gibt es Heldentaten zu besprechen, Kick-Grandezza und das geile Spiel von gestern Abend, als Werder wieder alles nach vorne warf und dann …

Es gibt übrigens sehr viele sehr junge Werder-Fans über die ganze Republik verstreut, weil ein aufrechter Werderaner seinen Nachwuchs unmittelbar nach der Geburt beim Verein seiner Wahl anmeldet. Ein schöner Brauch.

Werder ist überall!

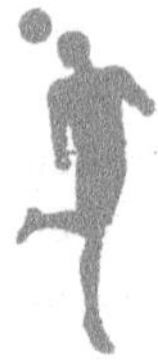

101. GRUND

Weil man mit niemandem mehr leiden und tieferen Schmerz erfahren kann als mit Werder

Fan sein meint: Liebe, die immer hofft und nichts erwartet – so sagt man doch, oder? Leider ist das nur die devote, die idealistische Haltung des durchschnittlichen Fußballanhängers, der in Wirklichkeit nie einfach hofft, sondern immer alles erwartet. Am besten die Weltherrschaft. Unglücklicherweise sind Siege, die quasi industriell und präzise gefertigt werden und in bemerkenswerter Effizienz (fast) immer zum Titel führen, das Vorrecht von Bayern München, Manchester United und dem FC Barcelona. Werder ist eher so der solide, talentierte Mittelständler, der mit Auge, Maß und Leidenschaft handwerkt und dann auch regelmäßig einen schönen Titel schnitzt. Regelmäßig heißt: alle fünf Jahre. Manchmal dauert es auch länger, und vor allem ist es ja auch so, dass Werder in manchen Phasen ziemlich häufig verliert.

In der Saison 1979/1980 bekanntlich so oft, dass Werder anschließend zum bislang einzigen Mal abstieg. Damals soll Hochwasser geherrscht haben in Bremen, weil untröstliche Fans ihren Kummer in die Weser weinten. Die Leidensmiene des Fans, dessen Verein gerade abgestiegen ist, ist eines der Sinnbilder der Bundesliga: ein erwachsener Mann, der unendlich traurig ist und mit tränenvollen Augen ins Leere blickt. Früher hielt er sich dabei oft am Gitterzaun vor der Kurve fest, als stehe er im Gefängnis seiner Leidenschaft, heute sitzt er auch mal gezeichnet von seiner Fußballliebe auf der sich leerenden Tribüne. Der Abstieg ist die ultimative Schreckensvorstellung, der Dammbruch, nach dem alle Befürchtungen, Schmerzen und Fußballdepressionen in einem Meer aus Tränen zusammenlaufen. Aber selbst in mittelmäßigen Jahren wie zum Beispiel in denen nach 2009 (dort wurde der Pokal gewonnen), ja natürlich sogar in den ruhmvollen Episoden Werders hatten wir oft dieses Ziehen in der Brust, wenn wir den Osterdeich entlang nach Hause stapften.

Diesen Jammerton in der Stimme, wenn wir unseren Freundinnen und Freunden das allgemeine Fußballleid klagten: »Die haben's schon wieder nicht geschissen gekriegt! Ich geh da nie wieder hin!« Oder, auch sehr häufig: die nackte, kalte Wut, weil man nicht verstehen kann, wie das jetzt wieder hat so laufen können, und warum der Schaaf nicht den Ignjovski mal gebracht, warum der Labbadia den nicht reingemacht, warum der Bockenfeld so blöd zum Gegenspieler bei der Ecke gestanden hat, warum der Ramzy so verträumt durch den eigenen Strafraum gegurkt ist, und überhaupt, ob das denn eigentlich alles nottut mit Werder. Dieser Blödsinn, alle zwei Wochen zum Weserstadion zu fahren, am besten noch aus Leer, Münster, Braunschweig oder Flensburg, nur weil man leider irgendwann sein Herz an diesen Schietverein verloren hat. Und dann jetzt dieser elend lange Heimweg, alle um einen rum, die auch so blöd waren, bei drei Grad minus nach Bremen zu fahren, um ein 0:5 gegen Borussia Dortmund zu sehen, lungern mit hängenden Köpfen im Abteil, es ist alles ein Albtraum. Nie wieder! Und übermorgen dann der Spott und die Häme der Arbeitskollegen, denen unsere Griesgrämigkeit ein Lächeln ins Gesicht zaubert und unsere nach unten gezogenen Mundwinkel ein innerer Vorbeimarsch sind. »Na, Werder war ja nicht so gut«, sagt selbst Mama beim nächsten Telefonat.

Ja, war es nicht, und jetzt lasst uns alle zufrieden mit Fußball, wir leiden an der Welt, die immer die anderen jubeln lässt und so saumäßig unfair ist. Wir gehen zugrunde am SV Werder, aber nächste Woche sowieso wieder hin, ist doch klar.

102. GRUND

Weil man mit niemandem so sehr im siebten Himmel schwelgen und so glorreich Geschichte schreiben kann wie mit Werder

Beseelt guckt man in der Gegend herum, siegesbesoffen und glückstrunken. Man schwebt fast die Treppen des Stadions hinunter oder durch die dicht gedrängten Reihen der Kneipe, kommt ganz drauf an, wo man das Spiel geschaut hat, und faselt etwas von wegen »geil, schön, toll, wunderbar« – das alles, weil Werder eben 6:0 gegen den 1. FC Köln gewonnen hat, einfach so. War ja eh klar, die Kölner sind superschlecht, aber Werder hat ein Fest draus gemacht. Die Sonne scheint, sie lässt alles strahlen, noch 'ne Kippe, noch 'n Bier, es ist das schönste aller Leben. Selbst nach einem unverdienten 2:1 gegen Hertha BSC kriegt man manchmal das Grinsen nicht aus dem Gesicht: Gewinnen ist geil. Mit Werder kann man im siebten Himmel schwelgen wie mit niemandem sonst, weil die Endorphine einen fluten, wenn unser Verein ein Tor schießt. Eine Glücksexplosion ereignet sich, wenn Werder einen Titel gewinnt. Routine ist das bei uns auch in erfolgreichen Epochen nie geworden; und so entlädt sich immer ein riesiger Gefühlsstau, wenn der Schiri diese Spiele abpfeift, in denen der ruhmreiche SVW etwas für seinen Briefkopf tut.

Als Werder 1965 erstmals den Titel errang (»Wer glaubt an Spuk und Geister? Werder Meister!«), wurde der Sack zwar ganz endgültig erst am letzten Spieltag in Nürnberg zugemacht, aber gefeiert wurde schon eine Woche vorher, als Werder Dortmund nach Toren von Matischak, Klöckner und Zebrowski 3:0 schlug. Danach strömte, so wissen es Vereinschronisten zu berichten, halb Bremen auf den Rasen des Weserstadions. Da hätte man dabei sein wollen! Den Jubeldreiklang 1988-1993-2004 bekam man dagegen leibhaftig mit, wenn auch teilweise nur aus der Ferne.

Wie erleichtert die Freie Hansestadt durchatmete, als 1988 endlich, endlich und nach drei vermaledeiten Vizemeisterschaften die

Schale nach Bremen geholt wurde. Keine spannende Saison, nein, Olli Reck bekam praktisch kein Gegentor, und mit Ottos kontrollierter Offensive sackten wir Punkt um Punkt ein. 1993 dann, Rehhagel befand sich bereits auf der Zielgeraden seiner langen Bremer Wegstrecke, das Kunststück, nur zwei Mal Tabellenführer zu sein, ein Mal davon aber am letzten Spieltag nach dem 3:0 in Stuttgart: Das ging uns runter wie Öl. Und doch war die dritte Meisterschaft nur ein Titel von vielen in der Zeit, in der Werder Bremen nicht nur die Schale, sondern auch diverse Pötte nach Hause schleppte.

Wie anders 2004: Die Durstrecke war lang damals, zu lang, und es hatte sich schon ein lähmendes und hartnäckiges Gefühl der Vergeblichkeit in den Werder-Fans eingenistet, die die Spitzenteam-Zeiten für immer perdu wähnten. Zu gewaltig war die Liste der Enttäuschungen und Entsagungen. Und dann weckte uns ein stolzer Franzose aus dem Dornröschenschlaf. Der Marsch zur Meisterschaft mit all den schönen Einzelheiten, mit Micoud, dem Zauberfußball, den hohen Siegen und dem Public Viewing auf der Domsheide, als Werder das Ding mit einem 3:1 bei den Vize-Bayern klarmachte, fühlt sich auch in der Erinnerung manchmal immer noch an wie ein Traum, oder? Gut, das war jetzt pathetisch. Genau das ist Werder in manchen Momenten, es sind nicht die schlechtesten: ein Zuviel an Gefühlen, Leidenschaften, Wünschen, Feiereien, eine überbordende Lebensfreude. Und dabei ist Fußball doch nur die wichtigste Nebensache der Welt.

103. GRUND

Weil keiner so großzügig Titel verschenkt wie Werder

Manchmal lieben uns auch die anderen, die Bayern vor allem, aber auch die Dortmunder. Vielleicht, weil wir im Uefa-Cup gerade mitreißend die Neapolitaner herspielen oder in der Champions

League Chelsea London zu Hause wegfiedeln. Weil wir immer so toll offensiv spielen, nach vorne rennen und geil sind auf Tore. Weil wir lieber 5:4 als 1:0 gewinnen. Doch, Deutschland hat Werder oft artig Applaus geklatscht. Richtig geliebt, geradezu heiß und innig, haben uns die anderen aber nur wegen unserer Freigiebigkeit.

Wer spielt nicht gerne gegen einen Gegner, der so oft Räume lässt für die eigenen Bestrebungen, den Ball hinter die Linie zu bugsieren? Werders Maxime lautet schließlich oft spielen und spielen lassen. Bei uns darf jeder nach seiner Fasson Tore schießen, auch und gerade der Gegner. Außerdem hat Werder Bremen, um die Gegenwart des Jahres 2018 zu verlassen, in der diese so, sagen wir, unkonventionelle Idee zu Hause ist, wie Verteidigung heute (nicht) geht, eine große Vergangenheit als milder Wohltäter, dem es angelegen ist, auch anderer Vereine Vitrinen zu füllen.

Wer erinnert sich nicht an die Saison 2006/2007, als Werder in unfassbar tranfunzeliger Weise den Titel herschenkte. Der Titel war eigentlich unsrer, wir waren die mit Abstand beste Mannschaft, wir hatten Diego, Frings und Klasnić, aber wir vergeigten es grandios. Die Stuttgarter schwärmen jetzt noch von ihrer atemberaubenden Siegesserie am Ende der Saison. Wir wissen: Hätte Werder sich ein bisschen zusammengerissen, wäre Klose nicht mit seinen Gedanken schon in München gewesen – wir hätten den anderen nicht den Hauch einer Chance gelassen. Am Ende wurden wir nur Dritter. Niemand denkt gerne daran zurück. Was für eine Verschwendung.

Auch die Vizemeisterschaft 1994/1995, als Otto Rehhagel seine Abschiedssaison in Bremen beging, gehört in die Kategorie der fahrlässig aus der Hand gegebenen Meisterschaften. Basler und Herzog spielten damals als hervorragendes Kreativgespann, und was wollten denn diese unterprivilegierten Dortmunder da, die seit Ewigkeiten nicht mehr Meister waren? Sie wollten genau das: endlich Meister werden. Wurden sie dann auch. Weil Andy Möller eine dreiste Schwalbe fabrizierte (gegen den KSC), und weil Werder nach einer doch so starken Schlussphase der Saison am Ende ausgerechnet beim Dortmunder Erzrivalen Schalke völlig neben der Spur war und sich am letzten Spieltag in München eine weitere Niederlage einstellte. Dortmund gewann gegen den HSV, und wir geknickten Bremer mussten den schlimmen Ottmar Hitzfeld im Fernsehen flennen sehen. Geweint haben wir selbst viel, besonders in den Achtzigern, als Bayern München zwei Mal die besseren Nerven hatte.

Man sagt ja, dass einen Niederlagen stärker machen, nicht selten sind dramatische Verlusterfahrungen der Antrieb für spätere Höchstleistungen. Aber hätten wir auf diese epischen Pleiten nicht gerne verzichtet? Verlierer der Herzen hat man irgendwann ab Anfang des dritten Jahrtausends die genannt, die nicht mit Weizenbier duschten, sondern nur Frustalkoholika kippten. Es gibt nichts Schlimmeres als Verlieren, und das Mieseste, die absolute Krönung, ist ja dabei: dass die anderen gleichzeitig gewinnen.

104. GRUND

Weil alle immer an einen denken, wenn Werder spielt

Der Fan hat ein schlichtes Gemüt, er ist nicht schwer zu durchschauen. Gewinnt sein Verein, läuft er wie aufgepumpt durch die Gegend, voller Selbstsicherheit, Lebensfreude und Euphorie. Er ist, zumal wenn es ein großer Sieg war (aber wir nehmen auch kleine!), wie auf Droge. Jeder darf ihn jetzt ansprechen, jeder darf sich mit ihm freuen; er könnte Bäume ausreißen. Er würde jeder Oma über die Straße helfen, und er zahlt das nächste Kaltgetränk – für euch alle. Er ist ein Charmebolzen, der jede Frau und jeden Typen anlächelt. Kurz: ein zufriedenes Exemplar der Gattung Mensch.

Verliert sein Verein, rumort es im Fan. Er könnte jetzt Bierflaschen zerdeppern und Taxifahrer anherrschen. Manchmal macht er das sogar. Er ist jetzt in Pöbellaune. Bloß nicht ansprechen. Am besten auch nicht mit dem Handy ansimsen.

In guten Zeiten ist der Lieblingsverein eine Bank, eine Gute-Laune-Versicherung. In schlechten ist jeder Sonnabend Folter. Für die Mitmenschen ist es manchmal nicht leicht, die Nähe des Fans zu ertragen, und zwar auch, wenn der Verein gewonnen hat, nennen wir ihn, um der groben Richtung dieses Büchleins zu folgen, Werder Bremen.

Der Werder-Fan ist dann sehr weltumarmend, er hat zu viel Energie. Er erzählt zu viel und ist dabei in seiner Wortwahl doch sehr beschränkt. Manchmal brabbelt er nur noch von tollen Vorlagen und geilen Toren, dabei ist er der fußballgeile Tor, der andere mit seinen Siegesgeschichten langweilt. Wenn sein Verein verloren hat, hat er manchmal auch zu viel Energie. Die geht dann aber in die andere Richtung: Jetzt steigert er sich in ein Frustgerede. Und seine Stirn liegt das ganze Wochenende in Falten. Und irgendwann, nach den Schimpfkanonaden, ist die Energie dann auch weg. Den Müll bringt er nicht mehr raus, er mäht auch nicht den Rasen am Sonntag, sondern sitzt lethargisch auf dem Sofa. Den Rest geben ihm die sadistischen Kumpel, die keine Werder-Fans sind und neckische Textnachrichten schreiben. Statt neckisch könnte man natürlich auch widerwärtig sagen, oder unverschämt. Wie kann man einen Leidenden so drangsalieren, wo ihm doch eh schon das ganz beschissene Leben versaut ist! Das ist die Krux am Fan-Dasein: Eine Garantie für grünweiße Gefälligkeit gibt es nicht, und jeder weiß, dass du mit ganzem Herzen dabei bist. Jeder denkt an dich, wenn Werder verliert, und garniert Wortmeldungen aus der Ferne mit entsprechenden Anspielungen – »Na, Fußball hat sich ja wieder voll gelohnt heute, was?«; »Na, gut drauf? Hehe, ihr wart ja gute Gastgeber, hört man.« Gilt natürlich auch umgekehrt. Wenn Werder gewinnt, gar einen Pokal, kommen Glückwunschtelegramme aus der ganzen Republik.

Überhaupt ist die öffentlich nur allzu bekannte Leidenschaft des Fußballanhängers XY ein erstklassiger Widerhaken im Gedächtnis der Leute. Die Eltern denken immer an ihn, wenn in der *Tagesschau* die Ergebnisse verlesen werden, und selbst uralte Freunde und Bekanntschaften merken auf, wenn von Werder die Rede ist. Und das ist eigentlich ganz schön: dass man sich durch Werder bei den Leuten in Erinnerung ruft. Fußball hat halt eine soziale Funktion, auch in dieser Hinsicht.

Man muss allerdings mitunter auch diszipliniert sein, besonders wenn man dazu neigt, mobilfunktechnisch sehr höflich zu sein, also auf SMS alsbald zu antworten, wie einer der Verfasser dieses Werder-Liebesbuchs: Der nimmt sich jetzt auch die Freiheit, auf Kurznachrichten im Stadion nicht mehr zu antworten. Beim Pokalfinale 2009 tat er das noch und schrieb sage und schreibe 48 SMS, das könnte auch an der Nervosität gelegen haben.

Weil Liebe ansteckend sein kann, kommt es gerade in Liebesbeziehungen oft zu empfindsamen Annäherungen: Man interessiert sich plötzlich für Werder, weil der Freund oder die Freundin verrückt danach ist. Im allerbesten Falle ist dann zukünftig für beide das Wochenende gelaufen, weil es im Stadion bescheiden war – der Gleichklang der Herzen, wie romantisch.

105. GRUND

Weil in der Bremer Mannschaftsaufstellung immer Platz für einen Zick-zack oder eine Anneliese war

Was wäre der Fußball ohne Spitznamen? Psychologisch gesehen sind die manchmal auch Auswuchs des Bestrebens, sich über jemanden zu erheben. Meistens dann, wenn sie als Diminutive, also in verniedlichender Funktion, gebraucht werden. Leider musste sich der ehrenwerte und sagenhaft wichtige Werder-Kapitän Frank Baumann zeit seiner Karriere »Baumi« rufen lassen. Aber das war nie herablassend gemeint, Gott bewahre.

Spitznamen für Fußballer sind oft auch Kosenamen, denn Fans neigen dazu, ihre Lieblinge zum Knuddeln zu finden, besonders wenn es gut läuft. Es war viel Gefühl mit im Spiel, wenn die Bremer ihren sensationellen Angreifer Rudolf Völler »Rudi« nannten, gerne auch »Ruuuuudi«. Irgendwann fingen sie in ganz Deutschland an, »Rudi Nazionale« (auch Tifosi schätzten Völler) und »Tante Käthe« zu rufen, wegen seiner Haarpracht.

Beliebter noch als das niedliche »i« ist im Bolzplatzkontext freilich das raue und knorrige »e« am Ende der neuen Benamung: bei Fabian »Fabe« Ernst, Valérien »Vale« Ismaël, Jürgen »Peitsche« Röber, Dieter »Budde« Burdenski und Frank »Otze« Ordenewitz zum Beispiel. Tja, und dann gibt es noch die absoluten Originale. Die Ivan »Killer« Klasnićs oder »Toni« Aíltons.

Klasnić bildete einst mit Miroslav »Miro« Klose den K.u.K.-Sturm, und unser Kaiser, das war natürlich der Killer. Toni dagegen lieferte zusammen mit Claudio Pizarro im Fastfood-Bringdienst »Pizza Toni«. Klaus »Tanne« Fichtel spielte dagegen nie mit dem »Elch« Rune Bratseth gemeinsam in einem Team. Der wiederum kannte den »Heimspiel-Meier« Norbert ganz gut, wenn auch nur aus Bremen. Auswärts spielte der ja nie. Frank »Sokrates« Neubarth war Fußballer und dachte trotzdem nach, das war sehr erfrischend. Irgendwann kam einer zu Werder, der köpfte noch besser als Sokrates, den nannte man dann Karlheinz »Air« Riedle. »Air« Riedle wiederum war nicht so wendig und trickreich wie Klaus »Zick-Zack« Matischak, der in den Sechzigerjahren nicht so furchtbar gerne zum Werder-Training gegangen sein dürfte. Dort wartete ja stets Horst-Dieter »Eisenfuß« Höttges auf ihn. Der kümmerte sich später auch rührend um Werner »Anneliese« Görts.

Warum Görts »Anneliese« hieß? Na, weil er halt so hieß, sagt hier der Werder-Fan. Und das ist eine überaus überzeugende Antwort. Man könnte nun ewig weitermachen mit der Namenskunde, sie hat ja, ist man geneigt zu sagen, durch den machtvollen Kommunikator Internet noch eine weitere Insider-Ebene gefunden. In den Werder-Foren sind auch Zeitgenossen wie Leon »Andrööööösen« keine Unbekannten. Eigentlich heißt er ja Andreasen, man wusste aber nie, wie der sich ausspricht, bis einen dankenswerterweise und ausgerechnet Reporterlegende Rolf »Töppi« Töpperwien darüber aufklärte, dass man sich künftig im Falle des Dänen ruhig ans »ö« wagen solle.

Dass der langjährige Manager Klaus Allofs in den herbeigesehnten Transferperioden die Schatulle nicht immer öffnen wollte, brachte ihm den Namen »Knauser-Klaus« ein. Väterliche Gestalten wie der ehemalige Vorsitzende Jürgen L. Born werden heute noch von schutzbedürftigen Internetusern »Papa« Born genannt. Ein Crowdpleaser war dagegen der seinerzeitige Linksverteidiger Christian »Schuuuuuulz«: Fußballfans bekommen einfach wohlige Gefühle in allen möglichen Körpergegenden, wenn sie beim Skandieren eines Namens einen Vokal möglichst lange artikulieren können.

Apropos Schulz: Es ist ein schönes Ritual, dass im Stadion gerne auch die Mittelmäßigen zu Volkshelden werden. Wenn es um die Verehrung der Massen geht, muss man manchmal um die Ecke denken. Grobmotorikern wie dem Norweger Håvard Flo wurde eine ganz besondere Zuneigung des Publikums zuteil: Es ist die dezent ironische. In ihr äußert sich ein feiner Spott, der aber immer überzogen ist mit der Patina der Ehrfurcht, die aus den fernen Gestaden kommt, in denen der Fußballer grundsätzlich ein Übersinnlicher ist, er heißt dann »Håvard Flo Fußballgott«.

106. GRUND

Weil wir die besten Hymnen haben

Schlachtrufe sind wichtig: »Werder Bremen allez allez allez« zum Beispiel. Und dass man weiß, welcher Spieler welche Nummer und welchen Vornamen hat. Dann kann man mitschreien, wenn der Stadionsprecher zur rituellen Verlesung der Aufstellung anhebt.

Wichtig sind auch die Vokabeln und Satzbausteine, die man im Stadion ventiliert, wenn man nicht gerade Namen skandiert oder Schlachtrufe anstimmt.

»Schiri! Das war gelb«, »Mensch, jetzt wechsel' die Pfeife aus!«, »Den muss er machen!« – solche Sachen. Wichtig ist ja, also von fundamentaler, essenzieller Bedeutsamkeit, dass man in der Steh-Kurve (»inner Ost«) oder auf den Sitzplätzen, aber auch im VIP-Bereich, immer etwas tut, während man den 22 Typen zuschaut, die so sehr am Unterbringen des Balls in zwei gegenüberliegenden Vierecken interessiert sind, dass sie allerlei mit ihm anstellen.

Wenn die Stimmbänder eine Pause brauchen, kann man auch einfach mal dastehen und ein paar tiefe Züge aus dem Bierbecher nehmen oder die nächste Zigarette anstecken. Geschätzt sechs Minuten vor Anpfiff müssen allerdings beide Hände frei sein, denn dann singt das ganze Stadion *Lebenslang grün-weiß*. Dreieinhalb Minuten werden dabei die Werder-Schals hochgehalten, weshalb der Besuch des Weserstadions zumindest ansatzweise immer auch etwas mit Body-Workout zu tun hat. Muskeln für Werder, Krakeelen für Werder, Saufen für Werder, alles geht, alles muss.

Die Vereinshymne ist wesentlich für den Zusammenhalt von Team und Fan-Schar, die ja, wer würde es bestreiten, auf gewisse Weise während der 90 Minuten eines Spiels miteinander verschmelzen. Die Vereinshymne ist identitätsstiftend und gehört fest zur Soziologie der Kurve. Sie ist ein Bestandteil der Performance der Besucher, und manchmal haben die Fans Glück, manchmal nicht: Denn auch wenn es auf die musikalische Qualität der Songs nicht ankommt, schaden Pepp und ein wenig Pop-Appeal keineswegs. Die meisten Fußballsongs sind vom Text her natürlich ein bisschen dämlich und banal.

In München singen sie tumb *FC Bayern, Stern des Südens* und in Hamburg *Hamburg, meine Perle*. Beides Songs, die Bremern zu einem Ohr rein und zum andern wieder raus gehen. Das Gegenteil gilt für *Fußball kommt nach Haus'* und *Wir sind Werder Bremen* –

coole Nummern, leicht zu merken die Texte, verführerisch die Melodien. Kunststück, sind ja Coverversionen von Stücken der Lightning Seeds und der Monkees. Warum sich selbst so einen Schrott ausdenken wie der Hamburger Stadionsprecher? Besser clever klauen!

Apropos Stadionsprecher: Der eine in Bremen heißt Arnd Zeigler und kann ganz gut mit Noten. Das bereits erwähnte *Lebenslang grün-weiß* ist von ihm und der Smashhit (Platz 46 in den deutschen Single-Charts!) unter den Fußballsongs, der Gassenhauer und Evergreen. Komponiert im Doublejahr 2004, sorgt er immer noch für Gänsehaut und ist, wir sagen es gerne, ein vollendetes Kunstwerk, textlich wie musikalisch.

Was für ein Jahr, wir waren immer voll da.
Und machten Unmögliches wahr.
Wir lebten Fußball mit Herz und Verstand.
Und spielten den Rest an die Wand.
Hebt die Hände hoch, zeigt den Werderschal.
Wir sind Meister und ham den Pokal.
Werder Bremen, lebenslang grün-weiß.
Wir gehör'n zusammen, ihr seid cool und wir sind heiß.
Werder Bremen, unser Leben lang.
Denn der neue Deutsche Meister kommt wieder mal
vom Weserstrand.

Dennoch, wer wüsste es nicht, ist es wichtig, dass auf Altes Neues folgt. Jan Delay hat deswegen eine neue Werderhymne geschrieben. Sehr, sehr stark.

10. KAPITEL

BREMER ALLERLEI

UNSERE BESTENLISTEN

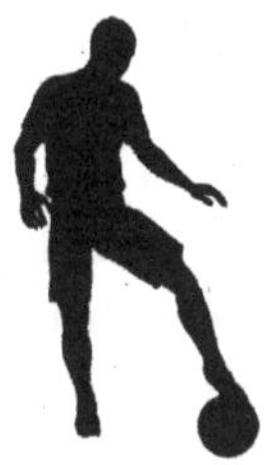

107. GRUND

Weil es die Wunder von der Weser gibt

Bundesligaspiele sind schon was Feines. Aber die Crème de la Crème sind nun mal internationale Spiele. Die große weite Welt des Fußballs plötzlich im eigenen Stadion zu erleben, internationale Stars zu sehen, Teil eines irgendwie größeren, wichtigeren und bewegenderen Ereignisses zu sein: Das muss man einfach mal erlebt haben. Mit Werder haben die Fans auf der großen Bühne schon einiges erlebt. Und für viele begann die Liebe zu diesem Klub auch mit einem dieser ganz besonderen Auftritte im europäischen Wettbewerb. Spiele, bei denen man als Ticket-Besitzer vorher dachte: »Ach, eigentlich ist es viel zu kalt draußen, außerdem regnet es. Und die haben ja eh keine Chance. Na ja, aber die Karte jetzt verfallen zu lassen … Hm. Ach, verdammt, gehste halt hin. Kannst ja immer noch zur Halbzeit abhauen …«

Tja. Und stattdessen bot einem Werder dann eins dieser unerklärlichen, herrlich verrückten Spiele, die nur den Schluss zulassen, dass es einen Fußballgott geben muss. Und dass der manchmal ein ganz schön großes Herz für den SVW hat. Ja, Fußballwunder gibt es immer wieder. Es gab sie 1954 in Bern, 1986 an der Uerdinger Grotenburg, auch schon auf Schalke im DFB-Pokal. Aber vor allem traten diese Wunder regelmäßig und in ihrer vollen Schönheit in Bremen auf, in entscheidenden Europapokalschlachten der Achtziger- und Neunzigerjahre.

Die vier Wunder von der Weser. Für alle, die damals noch nicht dabei gewesen sind, oder zum Einfach-noch-mal-ins-Schwärmen-Geraten – eine kurze Chronologie. Hauptdarsteller sind ein kalter, feuchter Spätherbst- oder Winterabend, das Weserstadion, eine Bremer Mannschaft, die das Hinspiel haushoch verloren hat.

Erster Akt: 4. November 1987, Europacup-Vorrunde gegen Spartak Moskau, nur 16.000 Fans verlieren sich kurz vorm Anpfiff im Stadion. Nicht verwunderlich, im Hinspiel (auf der Reise war alles schiefgelaufen, was schieflaufen konnte) hatte sich die Mannschaft von Otto Rehhagel mit 1:4 blamiert. Anpfiff in Bremen, Frank Neubarth trifft in der 2. Minute. Und in der 10. Minute. Frank Ordenewitz erhöht auf 3:0 in der 25. Minute. Pause. Werder spielt, aber Moskaus Tscherenkow trifft (71.). Inzwischen dichter Nebel überm Weserstadion. Gunnar Sauer erhöht auf 4:1 (79.). Verlängerung. Extrem schlechte Sichtverhältnisse. Angst vor dem Spielabbruch wabert durch die Reihen der Fans. Karlheinz Riedle schießt das 5:1 (100.), Manfred Burgsmüller das 6:1 (110.). Mirko Votava erinnert sich: »Wir wussten zwischendurch selbst nicht mehr, welches Ergebnis uns jetzt denn reicht.«[26] Passulko macht noch das 6:2 (111.). Schluss! Es reicht, Werder ist weiter. Das erste Wunder von der Weser. Schluss ist im Halbfinale gegen Leverkusen.

Zweiter Akt: Champions League 1988/1989, damals Europapokal der Landesmeister, 2. Runde. Das Hinspiel hat Werder beim »Stasi-Klub« BFC Dynamo Berlin 0:3 verloren. Fürs Rückspiel am 11. Oktober 1988 haben sich alle Bremer geschworen: »Nicht mit uns!«. Manfred Burgsmüller, so geht die Legende, hämmert vorm Anpfiff gegen die Gäste-Kabine und brüllt: »Kommt raus, ihr Feiglinge!« Michael Kutzop trifft per Foulelfmeter (22.), Günther Hermann (55.), Karlheinz Riedle (62.), Burgsmüller (80.) und Thomas Schaaf (90.) machen den 5:0-Triumph perfekt. Die Wende, Werder kommt weiter. Bis ins Achtelfinale, da fliegt Werder nach dem 0:1 (Hinspiel 0:0) beim AC Mailand raus.

Dritter Akt: Wieder Champions League, Gruppenspiele in der Viertelfinalrunde 1993. Werders Meisterstück, was 90-Minuten-Wunder angeht. Am 8. Dezember liegt Bremen nach 33 Minuten zu Hause 0:3 zurück. Aber dann kommen Wynton Rufer (66.), Rune Bratseth (72.), Bernd Hobsch (80.), Marco Bode (83.) und wieder Rufer (89.). 5:3! Ganz Europa staunt über das dritte Weser-Wunder, klatscht Werder für diese Energieleistung Applaus. Nach der Gruppenphase ist trotzdem Schluss.

Vierter Akt: Uefa-Cup, dritte Runde. 0:3 bei Olympique Lyon, Rückspiel am 7.12.1999 in Bremen. Thomas Schaaf auf der Trainerbank und nur 9500 Zuschauer im Stadion sehen Marco Bodes 1:0 (16.), Andreas Herzogs verwandelten Elfmeter (39.), Frank Baumanns 3:0 (54.) und Claudio Pizarros Treffer zum Endstand 4:0 (77.). Auch ein Abend für die Werder-Ewigkeit, dieses vierte Wunder von der Weser.

Aber auch damit reichte es nicht für den Titel: Aus im Viertelfinale gegen Arsenal nach 2:4 (0:2 im Hinspiel).

In den folgenden Jahren machte Werder zugegebenermaßen relativ selten Gebrauch vom inzwischen fast als Naturrecht betrachteten Anspruch auf ein internationales Wunder. Deshalb gehören die vier Mirakel in der kollektiven Erinnerung längst zu den schönsten und wertvollsten Erinnerungen, die umso heller strahlen, je öfter sie hervorgekramt werden. Dank denen von der Weser wissen die Werder-Fans: Ja, es gibt diese Fußball-Wunder tatsächlich. Und das Beste ist: Werder-Fans wissen auch, wie sie sich anfühlen.

108. GRUND

Weil diese Top-Elf bei Werder gespielt hat

Jetzt stellen wir uns mal Folgendes vor: Wir sind seit Jahren nur noch ganz, ganz oben zu finden. Nur den Qualifikationsplatz für die Champions League zu erreichen, würden wir schon als bitteres Ergebnis einer Spielzeit empfinden, eilen wir doch national wie international von einem Titel zum nächsten. Wer waren noch mal diese Bayern aus München? Der neue Rekordmeister kommt aus Bremen! Und warum? Weil diese Mannschaft einfach nicht und von keinem zu schlagen ist: Unsere Top-Werder-Elf aller Zeiten. Der SVW, so offensiv wie nie. Voilà:

Im Tor die Nummer eins ist nach hartem, aber fairem Konkurrenzkampf in der Vorbereitung: **Dieter Burdenski**. In 444 Spielen erprobt und in den meisten auch für gut befunden.

In der Abwehr: **Horst-Dieter »Eisenfuß« Höttges**, weil an ihm in 420 Spielen kaum einer vorbeikam. Außerdem ist er die selbsternannte Versicherung gegen die unteren Tabellenregionen (»Mit mir steigt der SV Werder nicht ab«). **Rune Bratseth**, der einzige Elch, der je einen Europapokal der Pokalsieger gewann. Und eine Meisterschaft. Und einen DFB-Pokal. **Uli Borowka**, weil er »die Axt« genannt wurde, aber immer fair spielte. Außerdem unverzichtbar: Freistoßexperte **Naldo**, weil auch das fieseste Bremer Schietwetter seinem eleganten Spiel nichts anhaben kann.

Im Mittelfeld: **Torsten Frings** auf der Sechs. Weil er so schön dynamisch spielte und in seinen besten Zeiten von zehn Zweikämpfen elf gewann. **Dieter Eilts**, weil er einfach zu einem richtig guten Bremer Mittelfeld gehört, weil er ein schweigsames Gegengewicht zum Dampfplauderer Frings ist, und weil er 1996 Bremen im All-Star-Team der EM vertrat. **Johan Micoud**, weil er Johan Micoud ist. Und **Diego**, weil er sich als legitimer Nachfolger von Micoud entpuppte.

Im Sturm: **Rudi Völler**, weil er die Haare immer schon schön hatte. Und weil er sich bei Werder gleich auf Anhieb zum Torschützenkönig schoss. **Aílton**, für seine Wort- und Torkreationen.

Auf der Ersatzbank, aber genauso gut: **Tim Wiese**, wegen seines legendären Sprints in Hamburg quer durchs Stadion hin zur Werderkurve und viele andere unvergessene Momente. **Andreas Reinke**, wegen seiner Meistererfahrung und weil er ein cooler Typ ist.

Valérien Ismaël, weil er gleich das Double holte. **Und Per Røntved** – wegen seiner 40 Werdertore (als Verteidiger!) in 194 Spielen, vor allem aber wegen der wenigen lichten Momente, die er uns in einem dunklen Werder-Jahrzehnt bescherte.

Arnold »Pico« Schütz, weil er zu den ersten Werder-Stars gehört und 826 Spiele für Werder Bremen absolvierte. **Mesut Özil**, weil er in Bremen zu dem Spieler wurde, der er heute in der Nationalelf ist – ein perfekter Spiellenker.

Marco Bode, weil er mit Werder fünf Titel holte und immer wusste, wo das Tor stand, wie man so schön sagt. Und weil er immer fair war. Außerdem **Claudio Pizarro**. Wegen seines Charmes, seiner Schlitzohrigkeit, und weil er wie Frings zu seinem und Bremens Glück zurückkam an die Weser.

Cheftrainer: **Otto Rehhagel**. Weil Dietrich Weise, der Rehhagel einst in Kaiserslautern trainierte, recht behalten hat mit seiner Weissagung, dass von Otto als Trainer noch einiges Positives zu hören werden sei.

Co-Trainer: **Thomas Schaaf**. Weil er Rehhagel nacheiferte als Dauertrainer an der Waterkant – und weil er den Erfolg zurückbrachte zu Werder Bremen.

109. GRUND

Weil ziemlich viele (deutsche) Nationalspieler aus Bremen kamen

Kurz vor und nach Länderspielen kann man sich als Fan den Weg zum Training sparen. Es sei denn, man will mal nachgucken, wie Werders Trainerteam einen Vor- oder Nachmittag ganz unter sich verbringt. Okay, das war jetzt ein bisschen übertrieben. Aber Fakt ist: Wenn sich in Europa und überall auf der Welt die Nationalteams zu Pflicht- und Freundschaftsspielen versammeln, ist auch in Bremen der von den Fußballern meistfrequentierte Ort unser kleiner, aber feiner Flughafen. Seit 1963 haben bei Werder weit über 100 Spieler für die A-Nationalauswahlen ihrer Heimatländer gespielt, von Ä wie Ägypten (Mohamed Zidan, Hany Ramzy) bis T wie Tschechien (Theodor Gebre Selassie) – Australier und Zairer gab's übrigens noch nicht bei Werder.

Wenn Werder-Spieler mal wieder ganz formidabel durch die Liga dribbeln, bleibt das natürlich auch den deutschen Nationaltrainern nicht verborgen. Deutschland ohne Bremer? Gibt's ja gar nicht. Zumindest kommt es uns so vor. Tatsächlich haben Werderaner mit bisher 577 Einsätzen nach Bayern, Kölnern, Stuttgartern und Dortmundern die meisten. Über die Jahrzehnte gesehen trugen 41 Nationalspieler unter dem Deutschland-Trikot die Werder-Raute. Im Frühjahr 2013 allerdings, das sei hier nicht verschwiegen, genügt leider kein einziger Werderaner den Ansprüchen von Bundes-Jogi Löw.

Der erste war 1934 Linksaußen Matthias Heidemann (1912–1970), den Reichstrainer (so hieß das Amt damals) Otto Nerz mit zur Weltmeisterschaft nach Italien nahm. Und das nicht zu Unrecht, Heidemann beteiligte sich mit zwei Torvorlagen am dritten Platz, den Deutschland bei der politisch äußerst umstrittenen Veranstaltung holte. In den Fünfzigerjahren dann mischte Herbert Burdenski (1922–2001, Vater von Werder-Torwart-Legende und Ebenfalls-Nationalspieler Dieter) als hanseatische Vertretung in der BRD-Elf mit. Die Statistik führt den Mittelfeldspieler als ersten deutschen Nachkriegs-Torschützen bei einem Länderspiel, es war ein Elfmeter und das Siegtor gegen die Schweiz am 22. November 1950. Und dann unser Weltmeister Horst-Dieter Höttges in den Sechzigern und Siebzigern, natürlich! Seine 66 Einsätze (ganz zu schweigen von den ungezählten eisenharten Grätschen) sind bis heute Werder-interner Rekord.

Eine deutsche Nationalmannschaft ohne Werder-Block oder zumindest grün-weiße Beteiligung – undenkbar ab Anfang der Achtziger. Völler! Riedle! Eilts! Borowka! Bode! Oft haben sie gezaubert, die Werderaner mit dem Bundesadler. Wie Mitte der 2000er-Jahre. Klose, Borowski, Ernst, Baumann, Fahrenhorst, Schulz: sechs Bremer Nationalspieler. 2009 waren es mit Mertesacker, Özil, Hunt, Marin und Wiese noch fünf, ein ordentlicher Bremer Block.

Unter Fußballfachleuten geläufig ist auch die These, dass Deutschland bei der Weltmeisterschaft 2006 im Halbfinale nicht gegen Italien verloren hätte, wäre Torsten Frings dabei gewesen. Er verpasste das Spiel aufgrund des Tohuwabohus, das nach dem Viertelfinale gegen Argentinien (4:2 i. E.) ausgebrochen war: Frings wurde gesperrt, weil er im allgemeinen Gemenge relativ unfein die Hand gegen den Argentinier Julio Ricardo Cruz erhoben hatte, was italienische Medien – im Gegensatz zunächst zur FIFA – für ziemlich unfair hielten und für eine harte Strafe plädierten. Die gab es dann auch. Kein Frings, kein WM-Titel für uns, so war das damals. Einer der bislang letzten Werderaner im deutschen Aufgebot war 2012 Tim Wiese. Als Torhüter hatte unser Timmi allerdings stets Manuel Neuer vor der Nase, am Erst-Schalker, Dann-Münchner war für ihn einfach kein Vorbeikommen. Obendrein gewann Wiese mit Deutschland keines seiner sechs Spiele.

Europameisterschaften und Weltmeisterschaften und sämtliche Qualifikationsspiele verfolgen wir Fans grundsätzlich gerne. Aber eben immer noch ein bisschen leidenschaftlicher, wenn unsere Spieler vorm Anpfiff die deutsche Hymne so schön schief singen oder auch gar nicht singen. Wenn Fußballdeutschland eben nicht nur aus Dortmundern, Bayern und ein paar versprengten Schalkern oder Stuttgartern besteht. Werder für Deutschland!

110. GRUND

Weil Werderaner diese Tore geschossen haben

Notwendigerweise bedienen wir uns in unserem Werder-11er einer perspektivischen Verkürzung des Verstandes: Die Ungnade der späten Geburt lässt uns erst schätzungsweise ein armseliges Vierteljahrhundert an den wunderbaren Geschicken des ruhmreichen SV Werder teilhaben. Wir wissen, dass wir gar nichts wissen, und deshalb ist vieles in diesem Kapitel nur bloße Behauptung. Es dreht sich im Folgenden um die schönsten Tore der Werder-Geschichte, und nicht nur, weil es aus den Sechzigern, Siebzigern und Achtzigern viel weniger Aufnahmen gibt als aus den späteren Jahren, schöpft unsere penetrant subjektive Auslese vornehmlich aus der Youtube-Zeit. Die Auswahl ist ein Angebot, im Zweifel wissen Sie es besser. Als da wären:

- Das 2:1 von Johan Micoud in der 2. Runde des DFB-Pokals 2003 gegen Wolfsburg. Es läuft die Verlängerung im Weserstadion am Abend des 28. Oktober des Jahres, das wir nur das Doublejahr nennen, nach 90 Minuten steht es 1:1. Dann die 95. Minute: Klasnić köpft den Ball kurz vor dem Wolfsburger Sechzehner zu Micoud. Was »Le Chef« dann mit dem Spielgerät anstellt, ist Weltklasse: Bei der Annahme lupft er den Ball über einen Wolfsburger hinweg. Dann noch in der Drehung sein Volleyschuss, der unhaltbar links oben ins Tor einschlägt. Elegant, gekonnt, wunderschön.
- Der 2:1-Siegtreffer von Fabian Ernst im Bundesligaspiel bei Borussia Dortmund. Der 27. Spieltag der Saison 2002/2003, es läuft die 86. Spielminute, als BVB-Keeper Roman Weidenfeller weit aus seinem Kasten läuft (oft keine gute Idee bei Torhütern) und den Ball in den Fuß unseres technisch ganz und gar nicht unbedarften Mittelfeldarbeiters Ernst spielt. Der steht noch fast an der Mittellinie und hat trotzdem die gute Idee, den, wie man so treffend sagt, »schnellen Abschluss« zu suchen. Seine Direktabnahme fliegt weit, hoch und schön über Freund, Feind und Weidenfeller hinweg und dann ins Tor. Kann man so bringen.
- Das zwischenzeitliche 1:0 Werders in der Auswärtspartie bei Hansa Rostock. Ästhetisch anspruchsvolle Tore sind nicht wählerisch, was ihre Auftritte angeht: Sie können auch in einem schmucklos erarbeiteten Sieg in Rostock fallen. Am 29. Spieltag der Saison 2007/2008 hämmerte Torsten Frings den Ball in der 57. Spielminute aus mehr als 25 Metern halbrechts zentimetergenau in den linken Winkel. Maßarbeit! Am Ende gewannen die Bremer 2:1.

- Der 2:1-Siegtreffer Daniel Jensens im Qualifikationsspiel für die Champions League gegen Dinamo Zagreb. Ein lauer Sommerabend 2007, es ist der 15. August, als Daniel Jensen sich kurz vor Spielende denkt: Ein 1:1 ist eine Scheißausgangssituation. 2:1 ist besser. Und weil er in dieser 85. Minute gerade eh keine Anspielstation findet, zieht er aus mehr als 20 Metern einfach mal mit dem rechten Fuß ab. Der Ball fliegt diagonal in die vom Schützen aus gesehen rechte Ecke, genau in den Winkel. Ein Kunstschuss. Oder wie Sportreporter sagen: ein Sonntagsschuss am Mittwochabend.
- Das 1:0 im Heimspiel gegen Schalke. Claudio Pizarro hat viele hübsche Tore für Werder geschossen. Eines der tollsten war der 1:0-Führungsstreffer am 17.2.2001 gegen Schalke 04 (Endergebnis 2:1): Da erreichte den Peruaner ein butterweicher Pass aus dem Mittelfeld, den er frei vor dem Schalke-Keeper aus der Luft annahm und ohne den Ball aufprallen zu lassen über Oliver Reck ins Tor lupfte. Pures Genie.
- Der Führungstreffer im Heimspiel gegen den HSV. Und noch mal Claudio Pizarro: 8. Mai 2010, Derby gegen Hamburg, die 58. Minute: Clemens Fritz dringt auf der rechten Seite in den Strafraum ein und passt den Ball hart nach innen. Dort steht Pizarro und lenkt ihn mit der linken Hacke ins Tor (das 1:0, Endergebnis: 1:1). Besser gesagt, er nagelt ihn unter die Torlatte – wie gesagt mit der Hacke. Kann nicht jeder. Pizarro dagegen hat eine Vorliebe für das Hackentor: Gegen Hoffenheim, beim legendären 5:4, traf er mit derselben Methode.
- Das 1:0 gegen den SC Freiburg nach einer Ecke. Mario Basler hat auch etliche prima Dinger für uns gemacht. Mal ist er in der eigenen Hälfte losgedribbelt, um den Ball höchstpersönlich dem Netz des gegnerischen Tores zu übergeben, mal hat er einfach eine Ecke direkt verwandelt. Zum Beispiel beim 5:1 gegen den SC Freiburg am 21. Spieltag der Saison 1994/1995. Da gab Super-Mario dem Ball bei einem Eckstoß in der 2. Minute so viel Spin, dass er sich quasi um Freiburgs Torwart Jörg Schmadtke

herum neben den sogenannten langen Pfosten ins Tor drehte. Basler-Budenzauber vom Allerfeinsten!

- Eher aus der Kategorie »das besondere Tor«: Uwe Reinders' Einwurftreffer gegen Bayern München. Am 21. August 1982 sah der blondgelockte Bayern-Torwart Jean-Marie Pfaff nicht gut aus. Er war der Tor des Tages, weil er Uwe Reinders erlaubte, das Tor des Tages zu erzielen. Es war die 44. Minute, als Reinders auf der linken Seite zum Einwurf schritt, weit ausholte und den Ball in Richtung des Gästetores warf. Es war ein kräftiger Wurf, der ohne aufzuditschen im Tor landete. Pfaff, der sein allererstes Spiel für den heutigen Rekordmeister machte, berührte den Ball noch mit seinen Patschehändchen, deswegen wird er als Eigentorschütze geführt. Das war auch gut so, denn dieses Tor, eines der kuriosesten der Bundesligageschichte, hätte ohne diese Pfaffberührung nicht gezählt. Direkt darf man den Ball zwar ins Tor werfen, es zählt dann nur nicht. Werder gewann dieses Spiel mit 1:0, und Uwe Reinders musste beim Torjubel ganz kräftig lachen.
- Auch Miroslav Klose taucht in dieser Liste auf. Er traf beim wichtigsten 2:1 in Hamburg, das je erzielt wurde. Am 13. Mai 2006 köpfelte Werder-Verteidiger Naldo den Ball in der 72. Minute im Strafraum zu Miroslav Klose. Der war mal wieder da, wo ein Stürmer stehen muss, und lenkte den Ball mit dem linken Innenrist unter die Latte. Stürmertore sind oft Tore von ganz eigener Schönheit. Wir haben das beim drahtigen Rudi erlebt, der die Kugel immer irgendwie über die Linie völlerte, bei Aílton, der ständig auf das gegnerische Tor zuspurtete und cool verwandelte, aber auch eine tolle Schusstechnik hatte – siehe sein Tor beim Meisterschaftsendspiel bei Bayern München im Mai 2004. Die Angreifer Aílton und Klose waren Teil des spieltechnisch avanciertesten Werder-Kollektivs der Geschichte, Werder spielte zwischen 2003 und 2007 einen ganz, ganz feinen Ball. Der sogenannte One-Touch-Fußball mit Micoud, Baumannn, Lisztes, Ernst, Hunt, Klasnić und Klose verzahnte Mittelfeld und Sturm,

viele Tore wurden herauskombiniert, sie waren Resultat des strategisch schönen Spiels. Die finale Ballberührung war da eher die unspektakulärste.

- Gunnar Sauers 4:1 gegen den SSC Neapel am 6. Dezember 1989. Die sogenannten »Wunder von der Weser« haben nicht nur wegen der unerwarteten Ergebnisse einen hohen Schauwert, sondern auch wegen der Tore. Gunnar Sauer, der bei weniger Verletzungspech eine imposante Karriere hätte hinlegen können, lupfte drei Minuten vor Schluss beim legendären 5:1 im Uefa-Cup-Achtelfinale gegen Maradonas SSC Neapel den Ball von der Strafraumbegrenzung über Keeper Giuliani hinweg ins Tor. Prädikat: besonders anspruchsvoll.

111. GRUND

Weil Werderaner ziemlich lustige Sachen gesagt haben

»Mal verliert man, und mal gewinnen die anderen.« Wer hat's gesagt? Otto Rehhagel natürlich, Herrscher über die kontrollierte Offensive. Seine Wortwahl kontrollierte »uns Otto« dagegen nicht immer so ganz genau, wenn zufällig eine Kamera oder ein Reporter-Notizblock in der Nähe waren. Das ging vielen anderen Werder-Spielern, -Funktionären und -Trainern nicht anders – sehr zur Freude von uns Fans. Fußball ist ja oft traurig oder ernsthaft genug.

Umso lieber ergötzen wir uns da an verbalen Ausfällen unserer grün-weißen Helden, seien sie aus Versehen unterlaufen oder in bester, wenn auch grammatikalisch ahnungsloser Absicht. Nachzulesen ist das längst in jedem Fußball-Trainer-Sprüche-Kompendium, natürlich im Internet auf diversen Werder- und sonstigen Homepages (von »werdermania.de« bis »sportkomplott.de«).

Der genaue Entstehungs-Kontext der folgenden Zitate ist ungeklärt. Aber sie haben sich durch stetiges Wiederholen und Weitertragen längst in die »oral history« der Fangemeinde eingeschrieben.

Sie sind Bestandteil des erzählten Fußball-Wissens, dessen Wesen vom Grundsatz her frei flottierend ist. Die Werder-Sprüche mehren den Ruhm ihrer Urheber, schließlich leben sie so auch abseits von Toren und Zuckerpässen in den Erinnerungen der Fans fort. Aber wie das mit Erinnerungen so ist: Wer kann schon genau sagen, ob das alles nun wirklich so und nicht anders gesagt wurde …

Als erstaunlich guter Sprücheklopfer hat sich über die Jahre Thomas Schaaf herausgestellt. Obgleich Schaaf (wohl einfach aus einer Laune des Schicksals) in Mannheim geboren wurde, gilt er längst als Meister des typisch bremischen Humors. Der ist staubtrocken, die legendären Steinläuse (ihren Schöpfer Loriot schätzt Schaaf sehr) hätten ihre Freude an so manchen von Schaafs Wortgebilden. Überhaupt arbeitet der Ex-Werder-Trainer immer wieder gegen das Vorurteil an, er habe keinen Humor. Hat er wohl! Und nicht nur er, wie unser »Best of Werder-Sprüche« beweist. Hier also einige Klassiker und solche, die es vielleicht noch werden, sie fallen allesamt unter die Autorschaft von unseren Verbal-Helden in grün-weißen Stutzen, sie sind freiwillig komisch und unfreiwillig:

- Thomas Schaaf beantwortet die Frage, was er auf dem Flug zum Uefa-Cup-Spiel in Aktobe/Kasachstan zu tun gedenkt: »Bestimmt nicht aussteigen!«
- Mario Basler: »Wenn der Ball am Torwart vorbeigeht, ist es meist ein Tor.« Und noch mal Mario Basler: »Ich grüße meine Mama, meinen Papa und ganz besonders meine Eltern.«
- Jürgen L. Born über Werders Transferverhandlungen: »Man muss nicht immer gleich mit Geld rumspritzen!«
- Ailton über die Aussichten, noch in die Champions League zu rutschen: »In momento n bisschen guck.«
- Dieter Burdenski: »Im Leben gibt es nicht nur Sahnestücke, es gibt auch harten Butterkuchen.«
- Thomas Schaaf erklärt Werders Absichten beim Uefa-Cup-Spiel in Udine: »Natürlich wollen wir gewinnen. Wir fahren ja nicht hier hin, um nur lecker Nudeln zu essen.«

- Marko Arnautović Anfang Dezember 2012 auf die Frage, wer neuer Werder-Geschäftsführer werde: »Also ich werde es nicht.«
- Aad de Mos bei seiner Vorstellung als Trainer: »Ich bin da, aber ich bin auch nicht da.«
- Uli Borowka würdigt nach dem Pokalsieg 1991 die Fans: »Ihr seid nämlich auch die, die den Pokal gehören!«
- Fan-Transparent 2010 im Weserstadion beim Spiel gegen den HSV: »Hoffmann bleibt.«
- Andreas Herzog: »Früher haben wir Gras gefressen, jetzt wackeln wir nicht mal mehr mit dem Arsch.«
- Max Lorenz, als Uwe Seeler nach einem Kopfballduell auf ihm landete: »Schade, dass du keine Frau bist!«
- Dieter Eilts: »Das interessiert mich wie eine geplatzte Currywurst im ostfriesischen Wattenmeer.«
- Thomas Schaaf rechnet vor der Champions-League-Qualifikation in Basel: »Ein 25:0 wäre nicht schlecht.«
- Marco Bode rechnet ebenfalls: »Pro Jahr habe ich mich etwa sechs Kilometer von meinem Geburtsort entfernt. Folglich werde ich im Jahr 4657 in Australien leben.«
- Rudi Völler vor einem Länderspiel gegen Island: »Ich spiele gern bei Wind und Regen. Sonst hätte ich es auch nicht fünf Jahre in Bremen ausgehalten.«
- Klaus Allofs: »Gegen uns hätten wir auch gewonnen.«
- Dr. Franz Böhmert zum Aus für Bremen als Standort für die WM 2006: »Da wird der Fußball mit Füßen getreten.«
- Marko Arnautović nach einer Verkehrskontrolle in Österreich zum Polizisten: »Du hast mir gar nichts zu sagen. Ich verdiene so viel, ich kann dein Leben kaufen.«
- Fabian Ernst: »In Hamburg kann man gut einkaufen und gut essen, aber Fußball muss ich da nicht anschauen.«
- Das *Bayern-Echo*, Stadionzeitung eines süddeutschen Rekordmeisters vor einem Spiel in Bremen: »Jetzt fahren wir selbstbewusst an die Ostsee-Küste!«

- Thomas Schaaf, nachdem Aílton (wieder mal) den Trainingsauftakt verpasst hatte: »Das, was Toni macht, könnte man als bezahlten Urlaub bezeichnen. Er macht Urlaub und bezahlt dafür.«
- Aílton, nachdem er den Trainingsauftakt nur um einen Tag verpasste: »Ich werde immer pünktlicher.«
- Andreas Herzog entkräftet Wechselgerüchte: »Um mich zu bezahlen, braucht Rapid Wien sechs Sechser im Lotto.«
- Die *Süddeutsche Zeitung* über Thomas Schaaf: »Der Rudolf Scharping des Fußballs.«
- Tim Wiese über seine Aussichten, die deutsche Nummer 1 im Tor zu werden: »Ich gebe jede Woche eine Visitenkarte ab, aber ich habe keine Lobby in diesem Land. Trotzdem werde ich weiter kämpfen, bis mir das Blut aus den Ohren tropft.«
- Noch mal Tim Wiese, mit etwas Abstand über sein rosafarbenes Trikot: »Deutschland war damals einfach noch nicht bereit dazu.«
- Thomas Schaaf auf die Frage, wie er Werders nächsten Gegner 1860 München erwarte: »Blau-weiß gestreift!«
- Michael Schulz über Duisburg-Fans: »Ich wusste gar nicht, wie viele Idioten in einen Fanblock passen.«
- Uli Hoeneß, ein bisschen neidisch: »Wir sind alle so nett. Aber wir können nicht auf Dauer everybodys Liebling sein und das brave, nette Image wie Werder Bremen haben, denen derzeit jeder den Meistertitel gönnt.«
- Dieter Eilts zu Rehhagel-Zeiten: »Wir sind insgesamt so gefestigt, dass jeder die Meinung des Trainers akzeptiert.«
- Aad de Mos: »Ich spiele weiterhin mit Risiko. Schließlich profitieren alle davon: wir, das Publikum und auch der Gegner.«
- Júnior Baiano: »Bremen war ein Albtraum. Es muss die kälteste Stadt auf dieser Erde sein. Ich habe immer gefroren, ich habe niemanden verstanden, und mir ging es schlecht.«
- Thomas Schaaf bei *Johannes B. Kerner* zum Vorurteil, er sei langweilig und unterkühlt: »Deswegen haben Sie mich ja heute eingeladen.«

11. KAPITEL

DIE BONUSGRÜNDE

WAS SEITDEM GESCHAH

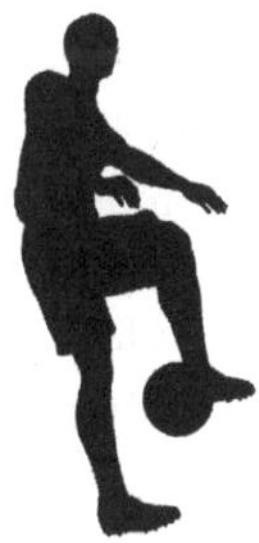

BONUSGRUND 1

Weil nur Bremen eine grün-weiße Zauber-Mauer hat

Es war so verdammt, verdammt knapp am Ende der, mit Verlaub, wieder mal absolut besch… Saison 2015/2016. Drei Heimsiege innerhalb von vier Wochen brauchte Werder, um der zweiten Zweitliga-Saison der Geschichte zu entgehen. Das Problem: Werder hatte für drei Heimsiege zuvor rund zehn Monate (!) gebraucht. Spielverläufe, Ergebnisse, Form der Abstiegs-Gegner (die taumelnden Stuttgarter!, die wiederauferstandenen Frankfurter!), Unruhe im Team – es sah wirklich düster aus.

Dass wir uns in Bremen wohltuend von den Sympathisanten anderer Klubs unterscheiden, bewiesen wir schon in der brenzligen Schlussphase der Saison 2012/2013 mit der deutschlandweit gelobten Aktion »Alle(z) Grün«. Anderswo reißt im Abstiegskampf eine tiefe Kluft zwischen Fans und Verein auf. »Ihr habt eine Stunde Zeit, die Stadt zu verlassen«, lasen die Dresdner Spieler nach dem Abstieg 2014 auf einem riesigen Transparent, »Wenn ihr absteigt, schlagen wir euch tot« die Kölner 2011 – herzlichen Dank auch… Wir in Bremen, wir machen dicht. Wir rücken bei Gefahr so eng zusammen, dass kein Trikot mehr, geschweige denn ein gegnerischer Spieler zwischen uns und unsere Mannschaft passt.

Wir werden zu einer gigantischen, viele Zehntausende starken grün-weißen zauberhaften Schutzmauer. Zur »Green White Wonderwall«, benannt nach Oasis' Mega-Hit aus dem Jahr 1995. Da singt Liam Gallagher auf Deutsch ungefähr Folgendes: »Heute wird der Tag sein, an dem sie es dir zurückzahlen. Inzwischen solltest du endlich verstanden haben, was du tun solltest. Ich glaube nicht, dass jemand so für dich fühlt wie ich gerade.« Today is gonna be the day…

»Today«, das war in diesem Fall der 2. Mai 2016. Werder gegen Stuttgart, die Vorentscheidung über den Abstieg. Die Ansetzung: Eine unfreiwillige Pointe der DFL. Wegen der vielen Polizei-Einsätze am 1. Mai wurde der Abstiegs-Kracher Bremen – Stuttgart kurzerhand auf Montag verschoben, Anstoß 20.15 Uhr. Haha, wie passend, ist ja auch bald das Topspiel der 2. Liga, unkten nicht wenige. Über den ungeliebten, weil reiseunfreundlichen, Termin schimpfen seit seiner Erfindung die Fans der Zweitliga-Klubs, auch Ultragruppen von Werder wie Stuttgart beschlossen den Boykott. Um es kurz zu machen: Sie haben das aufregendste, emotionalste Spiel der jüngeren Geschichte verpasst.

Schon der Weg vom Bahnhof zum Stadion war anders als sonst. Grün-Weiß überall, auf Trikots, Fahnen, an Häuserwänden. Hätte man nicht die böse Bundesliga-Tabelle im Kopf gehabt, man wäre sicher gewesen, Bremen bereite sich schon auf die Titelfeier vor. Die Stimmung vorm Anpfiff in der Ostkurve: Wahnsinn. Gänsehaut. Ihre Angst sangen die Fans einfach weg. Nicht mal die – und die gehen in einem echten Fußballtempel eigentlich mal GAR NICHT – in Nord-, Süd- und Westkurve ausgeteilten und ausdauernd benutzten Klatschpappen nervten, im Gegenteil. Alles surrte, vibrierte irgendwie. Jeder Kubikzentimeter Luft im Weserstadion bis zum Platzen gefüllt mit Werderliebe. Wir sind Weeeeerder Brem, und wir schaffen das, und selbst wenn nicht, dann hat zumindest jeder von uns alles gegeben. Wie Claudi, grippekrank und trotzdem dabei; wie Sabrina, normalerweise redselig, aber vor Nervosität leise; wie Daniel, eigentlich stoisch, der schrie wie noch nie; wie der seriöse Stephen, dauerrauchend und Beschwörungen nuschelnd. Halbwegs normal wirkte nur Dauer-Optimist Esko – und er sollte recht behalten. Die Energie dieser »Green White Wonderwall« konnte gar nicht anders, als sich auch auf die Spieler – die vom SVW, natürlich – zu übertragen. Und also schwangen sie sich auf zu einer Reminiszenz an die Schaaf-Spektakel-Zeiten, es fiel Tor um Tor. 6:2 der Endstand. Wooooaaah.

Dann zwei Wochen später der 14. Mai. Ein Schicksals-Samstagnachmittag. Das 6:2 hatte Werder immerhin ins Abstiegsfinale gegen Frankfurt gerettet. Relegation, drinbleiben oder runtergehen –

alles war möglich. Die Green White Wonderwall war erneut gefordert. Und sie lieferte. Die Ankunft des Mannschaftsbusses? Gefeiert wie anderswo nicht mal der Gewinn der Champions League. Im Stadion dann war's allerdings anders als gegen Stuttgart. Leiser, gedämpfter. Angespannt, nur eine hauchdünne Schicht zwischen grenzenloser Freude und tiefster Trauer. Mehr als 40.000 innerliche Dauer-Stoßgebete. Lieber Gott, lass es gut gehen. Lass endlich dieses verdammte Tor fallen!!!

Es fiel in der 88. Minute, gefühlt war es eher die 188. Minute. Auf ewig Dank, Papy Mison Djilobodji, für diesen gestocherten Linksschuss zum 1:0. Männer weinen ja meistens heimlich, das wissen wir nicht erst seit Herbert Grönemeyer. Aber an diesem 14. Mai, kurz nach 17.13 Uhr, weinten sie ganz offen in der Ostkurve. Werder – gerettet. Was in der Erinnerung bleibt von diesen gruselig-schönen Wochen, sind nicht die sportlichen Details der Spiele, sind nicht Spielzüge oder Torszenen. Es bleibt die Erinnerung an die Green White Wonderwall, die kollektive Magie der Fans. THIS IS OSTERDEICH!

Aber, mal ganz ehrlich: Was machen wir eigentlich, wenn Werder wieder Titel gewinnt?

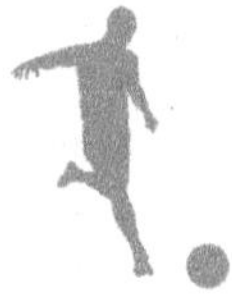

BONUSGRUND 2

Weil Werder auch Drama kann

Als Werder-Fan existiert man im Status der ewigen Unschuld. Die Weser macht träge ihren Bogen, das Beck's schmeckt immer gleich solide und lecker angeherbt, die Straßenbahnen singen, wenn sie durchs Viertel fahren. Bei Werder wird mit ruhiger Hand regiert. Ehe in Bremen Köpfe rollen, Jahreshauptversammlungen im Chaos enden und Traineramt und Managerposten zu Wanderpokalen werden, konvertiert der Papst zum Protestantismus.

Nein, Werder Bremen ist ein Ort des Sich-und-seinen-Mitarbeitern-Treubleibens, ein Ort, an dem die Fischers dieser Welt Jahrzehnte das Zepter schwingen, Otto Rehhagel und Thomas Schaaf im Weserstadion festwachsen und Marco Bode seine Berufung findet. Man sah diesen Bode nie in einem anderen Trikot als dem der Bremer, und dass er 2014 neuer Chef des Aufsichtsrats wurde, war zwangsläufig. Er wurde es freilich in einer unruhigen Zeit, in der Personalwechsel plötzlich auch das Bremer Mittel der Wahl wurden.

Werder kann eben auch Drama, wenngleich es nicht unbedingt immer Shakespeare sein muss. Intrigantenstadl, das ist immer noch woanders. Aber auch in Bremen kann es wehtun, das Fußballgeschäft. Im Mai 2013 ging Thomas Schaaf, der jahrelange Erfolgstrainer, dem am Ende Glück, Lust und Können abhandenkamen, ziemlich wortlos nach 14 Jahren auf der Trainerbank. Es war eine einvernehmliche Trennung; hätte Schaaf darauf bestanden zu bleiben, so darf man vermuten, wäre er wohl rausgeschmissen worden.

Selbiges widerfuhr Schaafs grundsätzlich glücklosem Nachfolger Robin Dutt, der zwar beide Derbys gegen den HSV gewinnen konnte, aber zu Beginn seiner zweiten Saison an der Weser gleich in Richtung Tabellenende trudelte. Der Werder-Manager Thomas Eichin, der 2013 Sportdirektor Klaus Allofs beerbte, fackelte, wie man so schön sagt, nicht lange und schickte Dutt zurück ins Schwäbische. Nicht lange gefackelt hatte Eichin ja auch bei Schaaf, und er wollte es auch nicht bei Viktor Skripnik tun, als der in der Spielzeit 2015/16 nach einer eher unzulänglichen Trainer-Leistung gerade mal so die Klasse sicherte.

Eigentlich, machen wir uns nichts vor, war die Performance Werders seit 2010 ein einziges Drama: auf dem Feld und auch daneben. Als wollte Werder Bremen, die Heimat der spielästhetischen und spielerischen Beständigkeit, der ganzen Welt beweisen, dass es auch so launenhaft sein kann wie alle anderen.

Als Eichin also Skripnik im Sommer 2016 in die Wüste schicken wollte, um auf der Trainerbank Platz für einen neuen Coach zu schaffen, hatte er jedoch die Rechnung ohne die alte Werder-Garde gemacht. Wäre dies ein schlechter Verschwörungsroman, man würde vom ewigen Willi Lemke reden, der im Hintergrund immer noch die Geschicke des Vereins lenkt.

Lemke hatte einst, als letzte Amtshandlung, Bode als seinen Nachfolger als Aufsichtsratschef installiert. Bode nun tat etwas, was die wenigsten erwartet hatten. Er feuerte keineswegs Skripnik, der also auch über den schicksalsmächtigen Sommer hinaus versuchen durfte, ein souveräner Bundesligatrainer zu werden. Er feuerte Eichin, und das gegen die öffentliche Meinung, die in Eichin, dem ehemaligen Eishockey-Mann, übrigens wohl einen besseren Macher sah, als er es tatsächlich war. Machtkampf nennt man das wohl. Mit so etwas muss man dann doch auch im »beschaulich« genannten Bremen immer rechnen.

Armer Eichin: Ihm war stets nicht ganz zu Unrecht vorgeworfen worden, im Ego-Modus unterwegs zu sein. Aber Rucksäcke mit sensiblen Daten wie der Hamburger Kollege hatte er nie verloren.

Die ganz großen Dramatiker und Komödianten sind immer noch beim Hamburger SV angestellt. Was für eine Trostreichung.

BONUSGRUND 3

Weil Werder sich auf Rückholaktionen versteht

Wenn es nicht so gut läuft beim Lieblingsverein, wenn die wöchentliche Verliebtheit in stoisches Ausharren umschlägt, wenn Stadion-Besuche erlitten werden und nicht zelebriert, dann, ja dann: hilft das Internet. Manchmal zumindest. Im Spätsommer 2015 war es, als es völlig überraschend eine Pizarro-Sichtung gab. Ein Werder-Fan und Worum-User – das Worum, wir erinnern uns, ist das unverzichtbare digitale grün-weiße Fan-Forum – erblickte direkt vor seinen Augen in München am Flughafen in der Abflughalle tatsächlich den größten Peruaner aller Zeiten. Er teilte dies, wie es sich gehört, unverzüglich den Gleichgesinnten via Internet-Post mit. Was zur Folge hatte, dass zuerst eine richtig schöne Fan-Hysterie entstand, die selbstredend sofort auf einer Meta-Ebene derbe abgefeiert wurde – ihre Existenz war also purer Selbstzweck –, und anschließend, als der Fußball-Olympier Claudio Miguel Pizarro Bossio einige Zeit später müde seinen Koffer durch den Bremer Airport schob, Hunderte Fans die Ankunft des Sturm-Gottes huldigten.

Ja, Pizarro kehrte 2015 tatsächlich ein zweites Mal an die Weser zurück. Nach 1999 und 2008 entschloss er sich zum dritten Mal zu einem Engagement in Bremen.

Weil er wusste, dass ihn die Leute hier lieben, weil er spürte, dass nur der frische Wind in Bremen seinen damals schon 37 Jahre alten Beinen noch ein letztes Mal Schwung geben würde. Am Anfang tat sich der Methusalem ein bisschen schwer, dann schoss er wieder Tor um Tor. 14 waren es beispielsweise in der Bundesliga-Saison 2015/16 dann insgesamt. Und die Rückholaktion ein voller Erfolg.

Es ist einfach so, dass die Spieler gerne nach Bremen zurückkehren. Pizarro ist kein Einzelfall. Andreas Herzog, der Maestro aus Wien, hielt es bekanntlich einst (1995/96) nur ein Jahr bei Bayern München, ehe er sich wieder Werder Bremen anschloss. Tim Borowski kam 2009 nach nur einem Jahr bei den Bazis ebenfalls schnurstracks in die Freie Hansestadt Bremen zurück. Torsten Frings nahm nach seinem Dortmund-München-Ausflug erst in Bremen wieder richtig Fahrt auf. Leider reichte es nicht zum Meistertitel, aber später immerhin zu einer zweiten Karriere, als er nach einem Auslandsjahr beim FC Toronto beim SV Werder das Trainer-Handwerk lernte. Weil Torsten Frings Wert auf eine umfassende Ausbildung legt, zu der Erfahrungen im Tabellenkeller dazugehören, war er ab 2014 als Co-Trainer unter Viktor Skripnik genau am richtigen Ort. Höhere Tabellenpositionen musste er in dieser Zeit zunächst nicht fürchten.

Rückkehrer heuerten zum Beispiel auch im Sommer 2016 bei Werder an. Zum einen Lennart Thy, der 2012 von Werder zum FC St. Pauli ging und dort zum gestandenen Profikicker reifte. Außerdem wechselte Nationalspieler Max Kruse zum SV Werder. Ein Transfer, der nur einige Monate vorher undenkbar erschienen war, als Kruse, der zwischen 2006 und 2009 in Bremen ein viel versprechender Nachwuchsspieler war, den Durchbruch aber nicht ganz schaffte, ein ganz heißes Ticket auf dem Transfermarkt war. Aber wie das mit heißen Tickets so ist; manchmal verglühen sie. Der Offensivkünstler Kruse fiel in ein kleines Karriereloch, und dann fiel ihm etwas ein: Werder ist Heimat, Werder hat die geilsten Fans. Nicht die schlechtesten Gründe, um an den Ort zurück zu wechseln, an dem die Profikarriere begann.

Es ist bei uns in Bremen ja so: Wir nehmen die verlorenen Söhne wieder auf. Wer das »W« auf dem Trikot trägt, der ist einer von uns. Egal, ob er zwischendurch mal weg war. Oder wie Max Kruse nach eigenem Bekunden sogar einmal in HSV-Bettwäsche geschlafen hat. Letzteres war, da sind wir uns ganz sicher, eh zu Zeiten, als der kleine Max noch ins Bett machte. Der trockene Max schlief selbstverständlich in Werder-Bettwäsche.

Um abschließend zum wichtigsten Werder-Rückkehrer zu kommen: Das war kein anderer als Otto Rehhagel, der den Verein 1976 für die letzten Spiele der Saison übernahm und vor dem Abstieg rettete. Danach trieb er sich für ein paar Jahre im Westen der Republik herum, verlor 0:12 mit Borussia Dortmund gegen Borussia Mönchengladbach, worauf sich Rehhagel eine Weile »Otto Torhagel« nennen lassen musste, und trank keinen Alkohol. So war er, der Otto: ein begeisterter Abstinenzler. Die Bremen-Abstinenz, so dünkte es ihn, tat nicht wirklich gut. 1981 war er wieder da, und es wurden goldene Jahre, für ihn und alle Werderaner.

Comebacks in Grün-Weiß sind eine Sache für sich.

BONUSGRUND 4

Weil die neue Werder-Hymne von Jan Delay stammt

Jeder Verein hat seine Edelfans, aber Werder hat den edelsten: Seine Name ist Jan Philipp Eißfeldt, aber jeder nennt ihn Jan Delay. Jan Delay ist zufälligerweise einer der bekanntesten und besten deutschen Popkünstler, er ist aber, und das ist noch wichtiger, der allererste Werder-Fan in der Freien und Hansestadt Hamburg. Grün-Weiße leben in Hamburg, dem trotzigen Schlachtruf »Hamburg ist grün-weiß« zum Trotz, in der Diaspora. Der große Styler und phänomenale Musiker Jan Delay ist ein ziemlicher Lokalpatriot, aber er lässt quasi keine Gelegenheit ungenutzt, seine Liebe zu Werder auszuleben. Das weiß man dann besonders gut, wenn man seine Tweets liest. Nach einem Hattrick des Werder-Dänen nannte sich Delay bei Twitter vorübergehend recht konsequent in »Jan Delaney« um. (Und nach Delaneys Wechsel im Sommer 2018 dann in Jani Pavlenka – auch Delay war verliebt in Werders tschechischen Torwart, verstehen wir gut).

Jan Delay also ist Edelfan und edler Spender obendrein. Letzteres hat Delay freilich von Anfang an an Bedingungen geknüpft. Als Verfasser einer Werder-Hymne wollte er erst in Erscheinung treten, wenn Werder wieder Werder ist. Also halbwegs anständigen Fußball spielt. Der ließ in den Jahren nach 2010 erschreckend lange auf sich warten, aber in der Rückrunde der Saison 2016/2017 war es so weit, als Werder mit Glück, Verstand und Max Kruse eine tolle Elf-Spiele-Serie ohne Niederlage hinlegte. Der Meister, der zuerst den Rappermund voll genommen und sich dann jedoch, wir erwähnten es, aus genau den richtigen Gründen so lange geziert hatte, befand: Nun ist es gut. Der Song muss her. Der Meister wollte aber dem Volk ein gewisses Mitspracherecht einräumen, und so fragte er im Frühling 2017 beim vorletzten Heimspiel via Stadionmikrofon 40.000 Werder-Anhänger, wie sie es denn haben wollten. »Was

Modernes, so mit Beats und so« – oder doch die klassische Stadionhymne? Er bat um Handzeichen. Der Meister bekam: die Stadionhymne.

Und dann ließ er sich wieder Zeit, auch das völlig zu Recht: In der Vorrunde der darauffolgenden Spielzeit fabrizierte das Team wieder den in dieser Epoche üblichen Werder-Murks. Dann kam der neue Hoffnungsträger Florian Kohfeldt und küsste die schläfrigen Bremer wieder einmal wach. Unter ihnen Delay, der in der Rückrunde versprach, dann jetzt aber endgültig am ersten Heimspieltag der Saison 2018/2019 zu liefern. Wer da müde abwinkte, weil er dem saumseligen Jan gar nichts mehr glaubte, der erhielt wiederum im Frühjahr 2018 den Beweis, als der wie so oft in Anzug gewandete Musiker sich vor der Ostkurve filmen ließ. Tatsache, ein Videodreh! Weil die Schals am weitesten nach oben gereckt werden, wenn die alte Hymne, das ewige »Lebenslang grünweiß« läuft, posierte Delay ironischerweise genau dann, und er sang dabei aber, das war deutlich zu sehen, in einem ganz anderen, dem Jan-Delay-Flow.

Und jetzt haben wir ihn, den neuen Werder-Song, er ist ganz sicher der stilvollste und popkulturell wertvollste Vereinssong der 1. Liga. Den kann man auch in Hamburg laut hören, oder sogar: besonders da. Sein Schöpfer ist ein Sohn der Stadt, der hat eh alle Rechte.

BONUSGRUND 5

Weil in Bremen immer der Berg ruft

Es ist ein Stein, den wir Bremer immer den Berg raufhieven. Als mitnichten reicher Verein, der die Großen ärgern will, ist man ein Sisyphos, und leider rollte der Stein in den Jahren nach 2010 gefühlt öfter nach unten als je zuvor. Und wir versuchen es dennoch immer weiter, wir versuchen, den Berg zu bezwingen. Und bei diesem Ansinnen halfen immer schon diejenigen, die sich am besten damit auskennen. Österreicher. Die sind gefühlt schon immer gerne nach Norddeutschland gewechselt. Oder umgekehrt: Werder hat sich gerne in Österreich bedient. Der erste »Ösi« – natürlich mögen Österreicher diese Bezeichnung gar nicht, aber: nun denn – bei Werder war 1980 Gerd Steinkogler. Dann schon kam der große Bruno Pezzey (1955–1994), der in der frühen Rehhagel-Ära eine große Rolle spielte. Zum Meistermacher aber wurde erst Andreas Herzog, den wahrscheinlich auch sein Landsmann Heimo Pfeifenberger liebevoll »Herzerl« rief. Martin Harnik, der in Bremen seine ersten Schritte als Profi unternahm, zum gestandenen Bundesligaprofi in Stuttgart und Hannover reifte und 2018 nach Bremen zurückkehrte, ist als gebürtiger Hamburger so norddeutsch, als wäre er ein Bremer, ist aber der Sohn eines Steirers, also Halbösi. Dann kamen Sebastian Prödl und Marko Arnautović, der mit seiner dickhosigen Ansprache an einen österreichischen Polizisten (»Ich verdiene so viel, ich kann dein Leben kaufen.«) in der inoffiziellen Liga der sehr gewöhnlichen Flegel unsterblich wurde. Richard Strebinger, Florian Grillitsch, Florian Kainz und Marco Friedl kamen wie die beiden Letztgenannten in den sehr österreichisch geprägten Zehnerjahren. Dass sie alle während magerer Jahre beim SV Werder in Lohn und Brot standen, ist sicher nur Zufall. Wobei nicht letztgültig geklärt ist, ob sie alle in Wirklichkeit nicht doch besser Ski anschnallen sollten, anstatt die Kickstiefel zu schnüren.

Billiger Gag, nicht wahr? Klar. Und es ist ja auch so, dass wir unsere Österreicher sehr geliebt haben. Und dabei keinen so sehr wie den ewig unverstandenen Dauerläufer und gerade im Abstiegskampf eisern durchregierenden Vorlagenkönig Zlatko Junuzović, der von 2012 bis 2018 sechseinhalb Jahre in Bremen spielte, zwischendurch immer wieder mit Wechselkoketterien nervte, Freistöße versenkte, planlose Laufwege absolvierte und bei Bedarf schelmisch grinste. Der luzideste Werder-Philosoph seit Frank

»Sokrates« Neubarth hatte die tiefsten Einsichten (»Die Wahrheit ist eine Tochter der Zeit.«) und war eine prägende Figur in einer größtenteils düsteren Werder-Epoche, er redete dieses immer bestrickende österreichische Deutsch, und wir hatten ihn alle gern.

Aber am liebsten erinnern wir uns eben doch an Andreas Herzog, dem es bei Werder so gefiel, dass er einst nach einem Bayern-Abstecher flugs zurückkam. Aus Bremen konnte er die Alpen nie sehen, aber der Osterdeich ist eh viel besser. Österreicher in Bremen, das war immer eine gute Wahlverwandtschaft. Traditionen sind wichtig, hoffen wir auf weitere fruchtbare Jahre mit Kickern aus dem Nachbarland.

BONUSGRUND 6

Weil Werder immer noch der romantischste Verein der Welt ist

Es gibt, durch grün-weiße Brillengläser betrachtet, eigentlich überhaupt gar kein Stadion, das so schön liegt wie unseres in Bremen. Und weil hinter diesem formvollendeten Ensemble – Deich, Fluss, Betonschüssel – bisweilen die Sonne im Schlick versinkt, ist dies unbedingt ein Ort der Romantik. Hier pocht das Herz eines jeden fühlenden Menschen. Werder Bremen Heartcore.

Umso mehr, als das liebreizende mittelständische Unternehmen Werder auch sonst beharrlich sein romantisches Image pflegt. Die Namensrechte fürs Weserstadion wurden bis in die Zeit der Niederschrift dieser Zeilen – wir schreiben das Jahr 2018 – nicht verkauft, da ist Werder hartnäckig, und der in Wirklichkeit natürlich gar nicht langersehnte China-Investor steht immer noch nicht auf der Matte. Aber immerhin wurde im Jahr 2017 ein bedauernswerter Fußballer namens Yuning Zhang verpflichtet. Ein Spiel machte der junge Mann nie, und er war nicht mal für die U23 spielberechtigt. Klarer Fall von PR-Stunt: Werder wollte an den asiatischen Aufmerksamkeitsbörsen punkten. Auch, um für Sponsoren interessant zu werden. Was prompt klappte. Ein chinesischer Wettanbieter stieß zum Sponsorenpool. Leider ist der tollste Sport der Welt längst eine riesige Kommerzmaschine, in der ohne Geld gar nichts mehr geht. Auch das sicherlich einer, wenn nicht der Hauptgrund, warum der über weite Strecken als Erfolgsverein auftretende SV Werder im zweiten Jahrzehnt des dritten Jahrtausends zur vielzitierten grauen Maus wurde. Leider war nach sieben mageren Jahren das Tal nicht durchschritten, aber muss man unseren Verein nicht gerade auch für seine Standfestigkeit in wirtschaftlichen Fragen lieben? Sicher, zwischendurch stöhnte man nur noch auf, wenn die Bodes und Filbrys – eine chinesische Postille nannte Letzteren zur Freude der Werder-Fans übrigens »Bremen CEO Phil Bree« – immer und immer wieder vom grundsätzlichen Interesse des Vereins sprachen, mit potenten Geldgebern anzubandeln, aber es ergebe sich halt nichts.

Wie auch? Die besten Jahre hatte Werder wegen der Saumseligkeit der Vereinsspitze leider nicht vergoldet. Und nun rannte unserem Ruhmreichen eben keiner mehr die Bude ein. Der »strategische Partner«, der natürlich mehr sein soll als ein kurzfristiger Investor, der mal schnell Anteile für 30 Millionen kauft, ist der Goldstandard der fußballerischen Geldakquise. Und solange der nicht in seiner prächtigsten Ausführung die Franz-Böhmert-Straße entlang geschlendert kommt, mit einem sonnigen Gemüt und dem freundlichsten Antlitz, zu dem der Kapitalismus imstande ist, solange bleiben wir eben eher arm. Tafelsilber ist in Bremen noch nicht verkauft worden. Im hanseatischen Konservatismus liegt in diesem Falle eben auch ein Hauch von Fußballromantik: Daran zu glauben, dass man mit solidem Wirtschaften und beinahe altmodisch kleinem Etat – verglichen mit den Fußballriesen, die längst in andere, in ganz andere Sphären entschwebt sind und dabei willentlich den Fußball, so wie wir ihn lieben, entstellt haben – irgendwann einmal wieder einen Titel gewinnen kann.

BONUSGRUND 7

Weil es das Worum gibt

Fußballvereine und ihre Online-Communitys, das ist so eine Sache. Da ist zum einen und ganz besonders die Pöbelei im unverdienten Schutze der Anonymität, die Vereinsforen zu digitalen Stammtischen macht. Im offiziellen Werder-Forum sollte das halbwegs umgangen werden, als im Jahr 2008 jeder User aufgefordert wurde, Name und Anschrift zu hinterlegen. Gleichzeitig änderte sich das von vielen Usern lieb gewonnene Design. Beides zusammen, wahrscheinlich aber ein wenig mehr Ersteres, führte zum Schisma der Werder-Online-Gemeinde, zur großen grün-weißen Spaltung: Das Worum war geboren. Gegründet wurde es von Fans, die fest an ein zivilisiertes unabhängiges Werder-Forum glaubten, das auch ohne Preisgabe der Anonymität funktionierte.

Im Jahr 2018 feiert das einst von den Usern Matjes, 7 und BartS (Letzterer gab dem Kind seinen Namen!) gegründete Worum seinen 10. Geburtstag, und man kann sagen: Die Hoffnungen der heroischen Gründer, deren Herrlichkeit in den unendlichen Weiten des Netzes seit Langem von den sprachmächtigsten Dichtern, den schönsten Frauen und den grün-weißesten Fans besungen wird, sind voll und ganz aufgegangen. Das Worum ist ein mustergültiges Diskussionsforum, berstend vor Expertise, Witz und Fanwahnsinn. Eine Gemeinschaft, die inzwischen weit mehr als 10.000 Nutzer vereint, und nicht jeder von ihnen ist Werder-Fan – sogar HSV-Fans schreiben mit, und damit ist alles über das aufgeklärte und meist tolerante Wesen des durchschnittlichen Worum-Users gesagt. Eine Gemeinschaft, die – mal mehr, mal weniger – einen Blog und ein Worum-Wiki pflegt und einen eigenen Verein gründete, Worum e.V.

Und wenn Ur-User Matjes, der sich heute Kilgore Trout nennt und den Fisch durch die Literatur ersetzt hat, sagt, dass das Worum

»als Ort für alle Werder-Fans« sich weltweit »einen festen Platz in der Onlinegemeinde erobert« hat, dann ist dem unbedingt zuzustimmen. Gerade was die weltweite Perspektive angeht. Darunter macht es das Worum nicht! Wahrscheinlich liegt es auch an seiner Informiertheit und seinem Twitter-Account, auf dem alle Werder-Neuigkeiten verlässlich einlaufen, dass sich das Worum so großer Beliebtheit erfreut. Noch mehr aber ist es der allgemein verständliche oder auch Insiderhumor und die Werder-mäßige Hysterie, in die sich die Worumuser immer wieder mit Hingabe begeben. Wie in jedem Forum wird auch im Worum manchmal sagenhaft unsachlich argumentiert und auf Spieler, Trainer und Sportdirektor geschimpft. Aber wenn es darauf ankommt, ist das Worum da, ganz klar: Als 2013 der Abstieg drohte, machte die vom Worum initiierte Unterstützungskampagne »Allez grün« mobil und riss die gesamte Stadt und Werder-Anhängerschaft mit. Dafür gab es den »Fan Award« der *Sport-Bild* und einen Ehrenplatz im Worum.

Sagen wir mal so: Das größte Problem des Worum ist wahrscheinlich, dass der Server mal wieder schlapp macht, weil immer noch mehr mitmachen wollen beim Fachsimpeln und Grün-weiß-Daherreden. Bis dahin werden all die Worum-Beiträger, all die User, die so klingende Namen wie »Bierstandszene«, »Dudu« oder »Papierkugel« tragen oder immer den unbekannten Max geben und den ewigen Altbürgermeister Koschnick, bis dahin werden all jene User und alle anderen das Worum weiter zu dem machen, was es ist: der grandioseste digitale Fan-Treff Werder Bremens.

BONUSGRUND 8

Weil Werder Max Kruse wieder hinbekommen hat

Mal ehrlich, hätten wir Fans im Sommer 2016 gedacht, dass Frank Baumann seine Amtszeit als Sportchef – lange möge sie währen – gleich mal mit einem Doppelkracher beginnt? Eher nicht, aber so war es dann. Vielleicht hatte er eine Vision damals, mindestens eine Idee, oder vielleicht lag in seinem Sportchef-Büro auch irgendwo noch ein Fitzelchen des Allofschen Spürnasengenies herum, das im richtigen Moment den Weg in Baumanns Blutkreislauf fand. Vielleicht war aber auch einfach der Draht kurz zum ehemaligen Boss, der ja seit 2012 sein Glück bei den neureichen Grün-Weißen in Wolfsburg gesucht hatte (und es dort aber nicht so richtig fand).

Wie auch immer, Werder begann die Saison 2016/2017 mit Max Kruse und dem vertraglich festgehaltenen Versprechen auf den Superdänen Thomas Delaney, der uns dann nach der Winterpause und immerhin bis zum Sommer 2018 mit seiner Mittelfeldkunst begeisterte, sich dann aber dafür entschied, dass Bundesliga mit Bremen zwar toll, Champions League mit Dortmund aber noch ein bisschen toller ist.

Max Kruse also, endlich mal wieder eine Nummer 10, die uns richtig Spaß macht. Und für Spaß ist auch Kruse selbst immer zu haben. Ein Ausflug in den Rap als »MC Max« in seiner Zeit beim FC St. Pauli, ein Wer-sieht-bekloppter-aus-Frisurencontest mit Aron Johannsson ausgerechnet beim offiziellen Fotoshooting der Werder-Profis, um nur zwei Beispiele von garantiert sehr vielen zu nennen – als Folge des Foto-Spaßes mussten beide dann in der Saison 2017/2018 damit leben, dass immer, wenn eine Zeitung oder ein Internetportal ein Profilfoto von einem der beiden veröffentlichte, es eins aus der optisch eher ungünstigen Mittelscheitel-Fotoserie war.

Eigentlich war Kruse zum Zeitpunkt seiner Rückkehr schon längst über Werder hinaus, zumindest über das Werder um das

Jahr 2016. Mit Gladbach und Wolfsburg kannte der Stürmer die unteren Tabellenregionen nur vom Hörensagen, außerdem hatte er sich bei Bundestrainer Joachim Löw empfohlen. Die Karriere als Nationalspieler bekam aber dann nach insgesamt 14 Einsätzen kurz vor der Europameisterschaft 2016 einen deutlichen Knacks – Kruses Hang zu, tja, nächtlichem Spaß und in einem Berliner Taxi nach einer Poker-Nacht vergessene 75.000 Euro Siegesprämie (ja, unser Max ist großzügig ausgestattet, was seine pekuniären Talente angeht) waren ihm zum Verhängnis geworden. Zur Wahrheit gehört natürlich auch, dass Max Kruse, oder eher Max Krise damals, zu dieser Zeit in Wolfsburg leben musste, in einer Stadt also, an der schon ganz andere Künstlerseelen zerschellt sind und aus der man sich tatsächlich am besten, so oft wie es geht, ins ICE-ideal angebundene Berlin absetzt.

Max Kruse und Werder: Im Sommer 2016 war der eine für den anderen so etwas wie der coole Held im tarnfarbenen Maserati. Kruse wusste, dass nur ein Wechsel seine Karriere vor dem Absturz und ihm die Hoffnung auf eine neue Chance bei Bundes-Jogi bewahren konnte. Werder hingegen suchte schon lange nach einem Spieler mit seiner sportlichen Qualität, konnte so einen aber natürlich nicht bezahlen – und überhaupt, welcher Spieler einer Kruse-Klasse hätte im Sommer 2016 schon Bock auf eine neue Saison Abstiegskampf gehabt? Werders Plus, nein, es waren zwei Plusse: Als schwierig geltende Spieler, die sich in einer Leistungskrise befinden, schubst der SVW nun mal wie kein anderer Verein wieder in die Bahn. Und wie schön es rund um das Weserstadion ist, wusste Kruse, das hatte er ja selbst mitbekommen als U23-Spieler.

Leben und leben lassen, das können wir in Bremen gut, und so haben wir auch den Offensivkünstler Kruse ganz gut wieder hinbekommen, auch wenn der Löw das ignoriert hat. Sei's drum, bei Werder ist Kruse längst der Chef auf dem Platz und lässt uns wieder von besseren Zeiten träumen. Klar, ein Micoud, ein Özil oder Diego war und wird er nicht, aber seine 15 Tore und sieben

Vorlagen 16/17 – die macht ihm auch so schnell keiner nach. In der Saison 2017/2018 war Kruses Ausbeute mit sechs Liga-Toren und acht Vorlagen geringer, das lag aber auch mit daran, dass sich sein offensiver Idealpartner und Tor-Butler Fin Bartels schon früh schwer an der Achillessehne verletzt hatte. Kruse und Bartels, sie kannten sich aus gemeinsamen Millerntor-Zeiten, entdeckten aber erst im Weserstadion ihre kongenialen Fähigkeiten als Sturmduo.

Apropos Hamburg. Denen da drüben haben wir Kruse überhaupt erst zu verdanken. Er ist dort geboren, in Reinbek genau gesagt, als Buttje kickte er am Deich beim SC Vier-und Marschlande. Genau wie übrigens auch ein gewisser Halbösi namens Martin Harnik, und beide schon in der A-Jugend überragend gut. Und wer hat's verpennt, sich die Talente von direkt vor der eigenen Haustür zu sichern? Genau, der HSV. Kruse und Harnik wechselten 2006 an die Weser, und hier treffen sich die besten Freunde zum ersten Mal seitdem in einer Mannschaft wieder, um, das ist zumindest der Stand und der Traum der Fans zur Zeit der Niederschrift dieser Zeilen im Frühsommer 2018, das erste Mal gemeinsam in der Bundesliga Tore zu schießen. Für Werder.

BONUSGRUND 9

Weil auch Thomas Schaaf zurückgekommen ist

Unser liebes Werder hat, wie bereits an diversen Stellen dieses Buches beschrieben, ein irgendwie schwieriges Verhältnis zu Abschieden. Man könnte auch sagen: Werder kann es einfach nicht, das »Tschüss-Sagen«, jedenfalls nicht für immer. Die Karriere eines geschätzten Spielers neigt sich ihrem Ende entgegen? Flugs wird geguckt, wo im Management oder im sportlichen Bereich noch ein Plätzchen frei sein könnte. Weil, und das hat vielleicht auch mit dem ewigen Hang des Bremers zu Sparsamkeit zu tun, man nicht einfach weggibt, was man einmal für gut befunden hatte. Wer weiß denn schließlich, ob man es nicht doch noch mal brauchen könnte? Wäre dieser Klub ein Mensch – er wäre der Typ, der mit allen Ex-Partnern unbedingt befreundet bleiben möchte, und der das auch in den meisten Fällen sehr gut hinbekommt.

Manchmal aber merken sie auch beim SVW nicht sofort, dass da plötzlich doch etwas fehlt, manchmal muss ein bisschen Zeit vergehen, bis die größte Rückholmaschine der Bundesliga angeworfen wird und das grün-weiße Zauberlasso sie dann alle wieder einfängt. Siehe Torsten Frings, siehe Claudio Pizarro, siehe in jüngster Zeit auch Max Kruse, Fin Bartels oder Martin Harnik auf Spielerebene. Und auf Trainerebene: Thomas Schaaf.

Um es mit einem Bestseller-Titel zu sagen: Er ist wieder da – womit die Ähnlichkeiten zwischen unserem Erfolgstrainer und der Geschichte um den plötzlich in der Gegenwart auftauchenden Nazi-Adolf natürlich aber auch schon erschöpft sind. An Schaafs 57. Geburtstag, dem 30. April 2018, wurde feierlich verkündet: Er kehrt zurück. Fünf Jahre nach der einvernehmlichen Trennung von seinem Lebensklub im Mai 2013. Damals, wir erinnern uns, hatte sich, hatte auch er Werder am vorletzten Spieltag vor der Zweiten Liga gerettet. Drei Tage später kam das Aus für Schaaf, für seine eigene Rettung war die Saison insgesamt zu mies.

So richtig konstant besser geworden ist es mit Werder danach nicht, und auch nicht für Schaaf in Frankfurt (36 Spiele) und Hannover (11). Sein letztes Spiel als Trainer: ein 0:3 mit Hannover gegen ausgerechnet den HSV Anfang April 2015. Kann man den Mann so von der Bundesligabühne abtreten lassen, der als Spieler mit Werder 1988 und 1993 Meister wurde? Der als Trainer exakt 14 Jahre und drei Tage an der Seitenlinie stand und in dieser Zeit 2004 das Double holte und die DFB-Pokale 1999 und 2009? Nein, kann man nicht.

Die Karriere des Thomas Schaaf als Bundesligatrainer mag vorbei sein, er ist aber, das glauben sie bei Werder, jetzt einfach in ein neues Stadium eingetreten. Er hat sozusagen das nächste Level erreicht, und deshalb bekam er (erst mal) einen Vertrag bis 2021 und einen nigelnagelneuen Posten. Technischer Direktor, so einen gab's vorher noch nie bei Werder. Schaaf wird Trainer-Trainer, diese Bezeichnung fand die *Bild-Zeitung* für das, was von ihm erwartet wird. Mit Schaaf holt Werder die DNA dessen zurück, was den Klub Anfang des neuen Jahrtausends zu einem, ach was, dem sympathischsten und vor allem fußballtechnisch besten Klub Deutschlands gemacht hat. Werders Angriffsfußball damals – die reinste Augenweide. Und da will man wieder hin. Sportdirektor Frank Baumann hat es bei der Verkündung von Schaafs Heimkehr ungefähr so formuliert: Man wolle, dass man schon bald wieder erkennen kann, dass da Werder Bremen spielt. Auch wenn man zufällig einen der letzten Schwarz-Weiß-Fernseher auf dieser Erde hat und deshalb die Trikotfarben nicht unterscheiden kann oder wenn die Kameraperspektive so unglücklich gewählt ist, dass man nicht erkennen kann, ob im Weserstadion, auf Platz 11 oder auf einem der anderen Rasenplätze auf dem Peterswerder gespielt wird. Kurz, Schaaf ist derjenige, der darüber wacht, dass jeder Trainer, von der frühesten Jugend bis zu den Profis, denselben, attraktiven Stil spielen lässt.

Der als Mentor jederzeit Ansprechpartner ist, falls mal einer der jungen Kollegen danach fragt, wie man das eigentlich macht, so eine Meistermannschaft zusammenzustellen oder schwierige Charaktere (Ailton! Micoud! Arnautović, hüstel!) in mannschaftsdienliche Spieler zu verwandeln. Der aber nicht nur den Erfolgsfußfall der Vergangenheit kennt, sondern auch weiß – Spielanalyst für die Uefa war Schaafs letzte offizielle Aufgabe vor seinem Werder-Comeback –, mit welchem Spielsystem, mit welchem Mannschaftsgefüge man heutzutage erfolgreich Fußball spielt. Der, auch wenn das bei Schaafs Neuverpflichtung alle Seiten vehement abstritten, übergangsweise erste Wahl sein könnte, wenn es mal wieder ad hoc einen Profitrainer zu ersetzen gilt. Der, wahrscheinlich haben sie auch das bei Werder irgendwann sehr vermisst in den vergangenen Jahren, »die Dinge« einfach seit Jahrzehnten kennt. Und der zwischendurch, zum Leidwesen der Fans wohl hauptsächlich nur noch intern, einfach mal einen staubtrockenen Spruch raushaut.

BONUSGRUND 10

Weil Werder den HSV ewig auf Abstand halten wird

Samstag, der 12. Mai 2018 geht als einer der Tage mit besonderer Bedeutung in unsere jüngere Vereinsgeschichte ein. Letzter Spieltag der Saison, und wohl der erste (und vorerst einzige), an dem ab 15.30 Uhr auf mehr Bremer Bildschirmen das Geschehen im Volkspark lief als Werders Spiel in Mainz. Und an dem gegen 17:20 Uhr so viele Jubelschreie, die nicht Werder galten, wie noch nie im Viertel, in Findorff, Oberneuland und der Vahr, durch diesen sommerlichen Nachmittag hallten. Unser 2:1 in Mainz – völlig wurscht, der Sky-Kollege, der dieses Spiel für die Konferenz kommentieren durfte, hatte wohl den stressfreiesten Tag seiner beruflichen Laufbahn. Tor in Mainz? Komm, lass stecken, das interessierte niemanden an diesem Tag, und das war ausnahmsweise auch völlig in Ordnung. Mainz gegen Werder: die einzige Partie, die so gar kein Drama-Potenzial hatte. Die vom HSV gegen Gladbach dagegen …

Was hatten wir gehofft, gebangt und gebetet. Ein typischer Gesprächsverlauf in den Wochen und Monaten zuvor, kam das Thema auf die Hamburger: »Meinst du, die steigen wirklich ab?« »Dieses Jahr müssten sie fällig sein, aber es ist eben der HSV. Irgendwie werden die sich noch retten.« »Ich glaube es auch erst, wenn es wirklich passiert …« Und dann IST es am Ende passiert, nach gefühlt fünf Relegationen in Folge, in denen das entscheidende zweite Spiel immer genauso lange lief, bis der HSV endlich seinen

Rettungsfreistoß irgendwie reingemarmelt hatte: Sie sind weg. In der 2. Liga. Ist es zu fassen?

Werden wir den HSV vermissen? Jein. Es gibt Werder-Fans, auch die Autoren kennen welche, denen die Nordderbys als Saisonhöhepunkte fehlen werden. Die jüngsten, ein müdes 0:0 in Hamburg und ein zähes 1:0 bei uns, das auch noch durch ein Eigentor von HSV-Innenverteidiger Rick van Drongelen entschieden wurde, hätte man sich aus sportlicher Sicht auch sparen können. Die Pessimisten unter den Werder-Fans, selten vertreten, aber es gibt sie doch, unken schon: »Wir haben das Schicksal herausgefordert und bekommen die Quittung. Der HSV steigt im Mai 2019 wieder auf, und wir steigen dann ab …« Aber die meisten von uns sind einfach froh, dass das nervige Gequatsche vom Bundesliga-Dino – wie hieß er doch gleich mit Vornamen? – und der blöden Uhr aus der selbsternannt schönsten Stadt der Welt endlich ein Ende hat. Sollen die Rothosen mal schön 34 Spieltage »Urlaub« machen in Sandhausen, Bochum, Heidenheim, Dresden, Ingolstadt und Aue, vor allem Aue – durchaus reizvolle berufliche Reiseziele, die Autorin kann das aus langjähriger Erfahrung bestätigen. Und so einen Zweitliga-Ausflug, wer weiß das besser als wir beim SVW, kann man theoretisch ja auch dazu nutzen, sich vorzubereiten auf eine neue Ära des Erfolgs. Wobei, so weit muss es bitteschön nicht kommen, und bisher sieht es auch nicht danach aus: Der Dino bleibt, ihm kleben sie einfach ein Pflaster auf die Schnauze und der Uhr haben sie ebenso wie Mäzen Klaus-Michael Kühne nicht den Saft abgedreht, sondern lassen sie einfach weiterlaufen – für uns Anlass zu der Hoffnung, dass der HSV auch als zweitklassige Version der HSV bleibt und nach dem GAU genauso weitermacht wie vorher.

Während der HSV sich also die Provinz anguckt, schauen wir auf die Ewige Tabelle der Bundesliga. Noch 34 Spiele in der Saison 2018/2019, dann steht auch bei uns in der ersten Spalte die Zahl 55, die uns dann zusammen mit dem HSV als den Verein ausweist, der die Bundesliga am längsten mit seiner Anwesenheit bereichert hat. Erstklassige 55 Jahre und 1866 zugegeben nicht immer erstklassige Spiele. Klar, was die Punkte angeht, die wir in diesen ganzen Jahren gesammelt haben, es sind 2771 nach der Saison 2017/2018, liegen die Streber aus Bayern vor uns, die haben nur 53 Jahre und 1806 Spiele gebraucht für bis dato 3609. Aber wir sind manchmal stolz auf unseren zweiten Platz im Gesamtklassement, und unseren in Zukunft erst mal geteilten ersten, was die Anzahl der Spiele angeht. Und wer weiß, vielleicht gefällt es ja dem HSV auch so gut im Unterhaus, dass er seinen Aufenthalt dort einfach um ein paar Jahre verlängert. In diesem Fall würden wir großzügig auf Neuauflagen der Nordderbys warten und währenddessen die Profis von der Müllverbrennungsanlage tabellarisch auf ewig abhängen. Einstweilen gucken wir an zwei Spieltagen besonders interessiert nach Hamburg und drücken dem FC St. Pauli die Daumen.

BONUSGRUND 11

Weil wir Orte wie den Stromkasten haben

»Der Fußball schreibt seine ganz eigenen Geschichten« – diese Plattitüde sagen die Kommentatoren spätestens dann immer, wenn der erste Bundesligist in der ersten Runde des DFB-Pokals bei irgendeinem Regional- oder Oberligisten auf die Mütze bekommen hat. Aber sie stimmt ja, der Fußball schreibt an jedem Spieltag so viele Geschichten, und die drängen dann irgendwann raus aus den Gehirnwindungen der Fans, sie müssen erzählt werden. Und dafür braucht es Orte.

Nun ist ein Stadion für das Erzählen dieser Geschichten nur bedingt der richtige Platz. Erstens sind die Geschichten noch nicht ganz fertig, während man als Fan auf den Rängen steht oder sitzt und einem Liga-, DFB-Pokal- oder einem internationalen Spiel zusieht. Es ist dort – je nach Stadionbauweise und Jahreszeit, bei Werder zum Beispiel haben bei Regen ausgerechnet die körperlich eingeschränkten Fans und die Sitzplatz-Dauerkarteninhaber der unteren Nord- und Süd-Tribüne ziemliches Pech – nur bedingt gemütlich. Es ist, während das Spiel noch läuft, zu laut, und es ist direkt nach dem Abpfiff auch in den meisten Fällen noch zu früh für eine Einordnung des eben Gesehenen in den Gesamtzusammenhang. Was bedeutet das 0:0 gegen Augsburg, ist es ein wichtiger Punkt im Abstiegskampf oder macht Stuttgarts 2:1 gegen Wolfsburg in diesem Zusammenhang mehr Sorgen? War die Aktion von Theo Gebre Selassie während der ersten Halbzeit wirklich so ungeschickt, wie sie von oben aussah? Hat Florian Kohfeldt Maximilian Eggestein nicht ein bisschen zu spät eingewechselt, und warum hat dieser Schiedsrichter immer nur bei Werder Abseits gepfiffen? So ein Fußballspiel wirft keine Fragen auf, die grundsätzlich irgendwie wichtig wären für das Weltgeschehen insgesamt, aber an den Spieltagen 1 bis 34 vom Abpfiff bis zwei oder sieben Stunden danach halten Fans sie eben doch genau dafür.

Kurz, so ein Fußballspiel wirft Fragen auf, die beantwortet werden wollen. Und es ist nun mal am einfachsten, diese Fragen mit denjenigen zu diskutieren, die genau wissen, wovon man redet, also den Freunden oder Ehepartnern oder Verwandten, mit denen man zusammen das Spiel besucht hat. Der Weg aus dem Stadion eignet sich naturgemäß eher schlecht für eine solche Erörterung, da ist einfach zu viel los. Jeder will raus, Pfandbecher abgeben oder schnell noch mal aufs Klo – stehenzubleiben im Gedrängel auf den Treppen und in den Gängen ist einfach wenig empfehlenswert. Viele Fans steuern, sobald sie das Weserstadion verlassen haben, erst mal eine der vielen Fußballkneipen rund ums Stadion und den Brommy-Platz an – wenn sie nicht zu den manchmal bemitleidenswerten Buten-Bremern gehören, die für unabsehbar lange Zeit Platz nehmen müssen in den Park-and-Ride-Bussen, die erst im Stau stehen und sie dann irgendwann an den Stadtgrenzen wieder in Reichweite ihres Autos bringen. Auch da ist natürlich Zeit, um das eben Gesehene einzusortieren, suboptimal allerdings die Getränke-Situation.

Grundsätzlich wichtiger ist es aber, einen Ort zum Reden zu haben, sei es nun Tresen, Straßenbahnstehplatz oder Auto-Rückbank. Die Autoren dieses Buches wiederum gehören einer Stadiongemeinschaft an, in der immer einer kurz vor dem Ende des Spiels »Stromkasten« ruft. Eigentlich bräuchte es das gar nicht, unser Treffpunkt ist seit Jahren immer derselbe – selbst wenn wir uns im Ausgangsgedrängel verlieren, das Ziel ist klar. Es ist tatsächlich ein schnöder Stromkasten in der Hamburger Straße, allerdings strategisch optimal positioniert. Ein italienisches Restaurant direkt gegenüber, ein anderes einmal über die Straße, das wissen vor allem die Damen der Runde toilettentechnisch sehr zu schätzen. Der Weg zu unserem Stromkasten führt praktischerweise an der findigen Hausgemeinschaft vorbei, die sich seit einigen Jahren ein Zubrot damit verdient, aus ihrem Vorgarten heraus kühles Bier zu verkaufen. Und so stehen oder sitzen wir dann an unserem Stromkasten, Bexe oder Alster in der Hand, und reden. Über das Spiel, manchmal stundenlang. Wir haben im Lauf der Jahre Restaurants und Kneipen kommen und gehen sehen, genau wie Lebenspartner in unserer Runde. Wir lassen die Flut der abreisenden Fans an uns vorbeiziehen, grüßen Bekannte, vergrößern unsere Runde kurzfristig für diejenigen, die stehenbleiben, und führen manchmal Diskussionen, an die sich (in den meisten Fällen Gott sei Dank) am nächsten Tag niemand mehr erinnern wird. Manchmal ist unser Stromkasten Ausgangspunkt einer denkwürdigen Nacht, manchmal das Ende, bevor der Abend überhaupt begonnen hat. Was wir – ebenso wie Fans an egal welchem Nach-dem-Stadion-Ort – dort feiern, ist Fußball. Werder, das ist in diesen Momenten das Erzählen unserer Geschichten und Werder unsere große gemeinsame Geschichte.

ANMERKUNGEN

1 Nick Hornby: Fever Pitch. KiWi 1997, Seite 19
2 ebd., S. 26
3 Bild, 26.2.2006
4 Hans-Otto Busche und Heinz Fricke: Das große Werderbuch. Busche-Verlag 1983.
5 Alle zitiert nach: Arnd Zeigler: Lebenslang grün-weiß. Das große Werder-Bremen-Buch. Edition Temmen 2007. S. 148ff.
6 Hans-Otto Busche und Heinz Fricke: Das große Werderbuch. Busche-Verlag 1983, S. 95
7 Die Zitate von Günther Jauch und Marcel Reif stammen aus der RTL-Fernsehübertragung der Champions-League-Partie vom 1.4.1998.
8 Alle Zitate nach www.ndr.de/sport/fussball/50jahrebundesliga/ahlenfelder
9 Born-Zitate aus der DSF-Sendung »Bundesliga Aktuell« vom 8.10.2003.
10 Arnd Zeigler: Lebenslang grün-weiß. Das große Werder-Bremen-Buch. Edition Temmen 2007, S. 193
11 www.11freunde.de/interview/votava-und-skripnik-ueber-die-werder-familie
12 Bild am Sonntag, 24.6. 2007
13 Sven Bremer/Olaf Dorow: Grün-weißes Wunderland, Verlag die Werkstatt 2008, S. 92
14 www.11freunde.de/liveticker/die-jhv-von-werder-bremen-im-11freunde-liveticker, 8.11.2011
15 Moritz Rinke: Also sprach Metzelder zu Mertesacker … Lauter Liebeserklärungen an den Fußball. KiWi-Paperback 2012.
16 Kettcar, Song »Deiche« aus dem Album »Von Spatzen und Tauben, Dächern und Händen«. Grand Hotel van Cleef 2005.
17 Frankfurter Allgemeine Zeitung, 16.4. 2002

18 Bernd Cailloux: Gutgeschriebene Verluste, Suhrkamp 2012, S. 38

19 Arnd Zeigler: Lebenslang grün-weiß. Edition Temmen 2007.

20 Stoll im Video-Interview auf www.transfermarkt.de, 25.7.2012 (www.transfermarkt.de/de/stadionsprecher-stoll-ich-will-kein-marktschreier-sein/news/anzeigen_97164_2.html)

21 Bremer/Dorow: Grün-weißes Wunderland, Verlag die Werkstatt 2008, S. 197

22 Süddeutsche Zeitung, 21.2.2004

23 z. B. in: Berliner Zeitung, 5.12.2003

24 taz, 17.12.2007

25 Berliner Zeitung, 4.11.2006

26 Bremer/Dorow: Grün-weißes Wunderland, Verlag die Werkstatt 2008, S. 74

WEITERFÜHRENDE (WERDER-)LITERATUR

- Bausenwein, Christoph: Das große Werderbuch (Verlag Die Werkstatt, 2012)
- Bremer, Sven u. Dorow, Olaf: Grün-weißes Wunderland. Die Geschichte von Werder Bremen (Verlag Die Werkstatt, 2011)
- Busche, Hans-Otto u. Fricke, Heinz: Das große Werderbuch. Fußball-Geschichte und Geschichten (Bremen, Eigenverlag, 1983)
- Hornby, Nick: Fever Pitch: Die Geschichte eines Fans (KiWi Paperback, 1997)
- Klingebiel, Harald: Mythos Weser-Stadion. 80 Jahre Fußball, Kultur und Politik (Verlag Die Werkstatt, 2006)
- Zeigler, Arnd: Lebenslang grün-weiß (Edition Temmen, 2007)

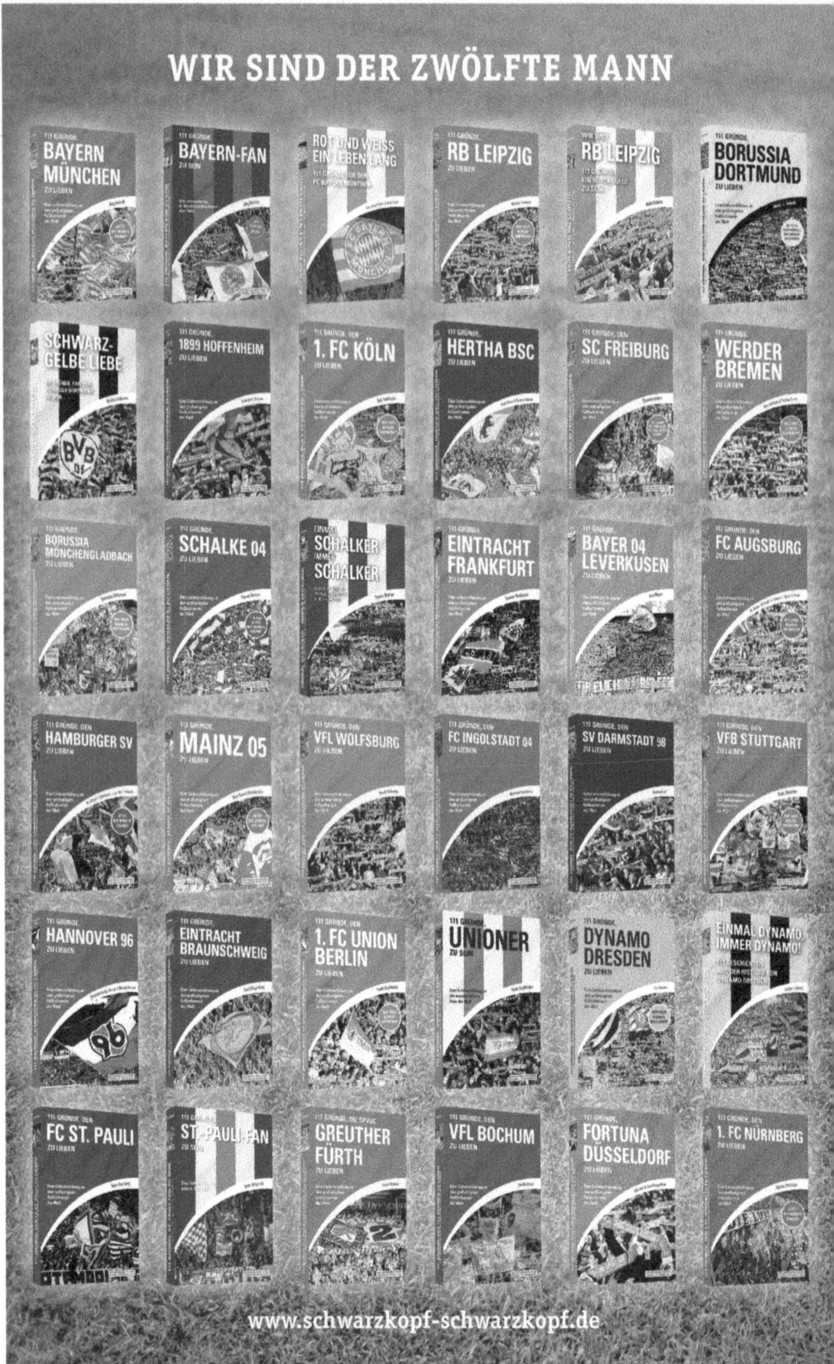
WIR SIND DER ZWÖLFTE MANN
BAYERN MÜNCHEN
BAYERN-FAN
ROT UND WEISS EIN LEBEN LANG
RB LEIPZIG
RB LEIPZIG
BORUSSIA DORTMUND
SCHWARZ-GELBE LIEBE
1899 HOFFENHEIM
1. FC KÖLN
HERTHA BSC
SC FREIBURG
WERDER BREMEN
BORUSSIA MÖNCHENGLADBACH
SCHALKE 04
EINMAL SCHALKER IMMER SCHALKER
EINTRACHT FRANKFURT
BAYER 04 LEVERKUSEN
FC AUGSBURG
HAMBURGER SV
MAINZ 05
VFL WOLFSBURG
FC INGOLSTADT 04
SV DARMSTADT 98
VFB STUTTGART
HANNOVER 96
EINTRACHT BRAUNSCHWEIG
1. FC UNION BERLIN
UNIONER
DYNAMO DRESDEN
EINMAL DYNAMO, IMMER DYNAMO!
FC ST. PAULI
ST.-PAULI-FAN
GREUTHER FÜRTH
VFL BOCHUM
FORTUNA DÜSSELDORF
1. FC NÜRNBERG
www.schwarzkopf-schwarzkopf.de